Edition KWV

Die „Edition KWV" beinhaltet hochwertige Werke aus dem Bereich der Wirtschaftswissenschaften. Alle Werke in der Reihe erschienen ursprünglich im Kölner Wissenschaftsverlag, dessen Programm Springer Gabler 2018 übernommen hat.

Weitere Bände in der Reihe http://www.springer.com/series/16033

Steffen Muhle

Strategisches Innovationsmanagement in überbetrieblichen Informationssphären

Phänomenologie und Bezugsrahmen für eine erweiterte Sicht des strategischen Managements von Informationsressourcen

 Springer Gabler

Steffen Muhle
Wiesbaden, Deutschland

Bis 2018 erschien der Titel im Kölner Wissenschaftsverlag, Köln
Dissertation Universität zu Köln, 2009

Edition KWV
ISBN 978-3-658-24247-3   ISBN 978-3-658-24248-0   (eBook)
https://doi.org/10.1007/978-3-658-24248-0

Die Deutsche Nationalbibliothek verzeichnet diese Publikation in der Deutschen Nationalbibliografie; detaillierte bibliografische Daten sind im Internet über http://dnb.d-nb.de abrufbar.

Springer Gabler
© Springer Fachmedien Wiesbaden GmbH, ein Teil von Springer Nature 2010, Nachdruck 2019
Ursprünglich erschienen bei Kölner Wissenschaftsverlag, Köln, 2010

Springer Gabler ist ein Imprint der eingetragenen Gesellschaft Springer Fachmedien Wiesbaden GmbH und ist
ein Teil von Springer Nature
Die Anschrift der Gesellschaft ist: Abraham-Lincoln-Str. 46, 65189 Wiesbaden, Germany

Vorwort

Amazon, Apple, IBM, Facebook und Google – diese Unternehmen werden seit einigen Jahren in wissenschaftlichen Arbeiten, in der Fachpresse und in Blogs intensiv diskutiert. Was an den Unternehmen fasziniert, ist ihr Umgang mit Unternehmensressourcen. Indem sie eigene wertvolle Ressourcen öffnen, nutzen sie Wertschöpfungspotenzial Dritter, z. B. von Kunden oder Programmierern, für eigene Zwecke. Gleichzeitig gelingt es den Unternehmen, Wettbewerber von Teilen dieser Wertschöpfung auszuschließen und sich somit einen Vorteil zu verschaffen. Derartige Phänomene unternehmerischer Öffnung deuten auf einen Weiterentwicklungsbedarf bestehender Theorien des strategischen Managements hin. Diesem spannenden Thema widmet sich die vorliegende Arbeit.

Die Arbeit entstand während meiner Zeit als wissenschaftlicher Mitarbeiter am Seminar für Wirtschaftsinformatik und Informationsmanagement an der Universität zu Köln und wurde im November 2009 von der Wirtschafts- und Sozialwissenschaftlichen Fakultät als Dissertation angenommen. Dabei soll diese Arbeit den Bedarf an Weiterentwicklung bestehender Theorien nicht abschließend decken. Ich hoffe vielmehr, dass der erarbeitete Bezugsrahmen und das Konzept der überbetrieblichen Informationssphären den Weg für weitere Forschung hin zu einer erweiterten Sicht des strategischen Managements von Informationsressourcen öffnen.

Besonderen Dank gebührt meinem akademischen Lehrer und Doktorvater Prof. Dr. Detlef Schoder. Er hat mir den notwendigen geistigen Freiraum gelassen und mir durch fachliche Anregungen und Diskussionen wertvolle Impulse gegeben, ohne welche diese Arbeit nicht denkbar gewesen wäre. Danken möchte ich ihm auch dafür, dass ich als Mitarbeiter des Seminars durch vielfältige Aufgaben wertvolle Erfahrungen sammeln konnte. Herrn Prof. Dr. Werner Mellis danke ich für die zügige Anfertigung des Zweitgutachtens, Frau Prof. Dr. Franziska Völker für die Übernahme des Vorsitzes in der Prüfungskommission.

Zu den Vorteilen einer Promotion an einem Seminar gehört ganz sicher die Zusammenarbeit mit „Gleichgesinnten". Ganz herzlich möchte ich daher meinen Kolleginnen und Kollegen am Seminar für die schöne Zeit, ihre Unterstützung und für die vielen – fachlichen und fachfremden – Gespräche und Diskussionen danken. Besonderer Dank gilt Dr. Kai Fischbach für die intensiven Diskussionen, in denen er meine Ideen herausgefordert, kritisch hinterfragt und damit wesentlich zum Gelingen der Arbeit beigetragen hat.

Danken möchte ich auch Frau Ulrike Wesjohann und Herrn Dr. Stefan Becker für das Korrekturlesen. Ganz besonderer Dank gilt Frau Dr. Katrin Neukamm für ihre Geduld und den Rückhalt, den sie mir während meiner Arbeit gegeben hat. Sie hat mich in meiner Arbeit stets unterstützt und dabei nicht vergessen, mir die Notwendigkeit vor Augen zu führen, den langen Schlussspurt zu einem Ende zu führen.

Abschließend und in besonderer Weise möchte ich meinen Eltern danken. Auf ihre großartige Unterstützung konnte ich auf meinem bisherigen Lebensweg stets bauen. Sie bilden insofern das wichtige Fundament für das Gelingen der Arbeit. Ihnen widme ich dieses Buch.

Düsseldorf, im März 2010 *Steffen Muhle*

Inhalt

Tabellenverzeichnis

Abbildungsverzeichnis

A. Einleitung

I. Problemstellung

Open Access, Open API, Open Innovation, Open Standards und Open Source – der Begriff „Open" hat sich in den letzten Jahren nahezu inflationär verbreitet. Immer häufiger stellen Eigentümer ihre Informationsressourcen (I.-Ressourcen) bewusst und freiwillig Dritten zur Verfügung. Sie geben ihren Anspruch auf exklusiven Besitz freiwillig zugunsten der Gemeinschaft auf. Dritte können so ihr Wissen, ihre Erfahrung, ihre Kreativität und ihre Wünsche einbringen und das Innovationspotenzial dieser Ressourcen erhöhen.

Bemerkenswert ist, dass die zunächst antikommerziell anmutende Öffnung von I.-Ressourcen zunehmend auch bei kommerziellen Unternehmen beobachtet werden kann. Information ist im Wettbewerb von strategischer Bedeutung, wie TEECE verdeutlicht: „The decreased cost of information flow […] is stripping away many traditional sources of competitive differentiation and exposing a new fundamental core as the basis for wealth creation. The fundamental core is the development and astute deployment and utilization of intangible assets, of which knowledge, competence and intellectual property are the most significant."[1] Dennoch öffnen Unternehmen, wie Apple, IBM und Sun Microsystems, ihren Quellcode als Open Source Software (OSS). Amazon, Facebook und Google öffnen ihre Informationssysteme, mit der Folge, dass die dort gespeicherten Informationen in Anwendungen Dritter eingebunden werden können. Damit verzichten sie freiwillig auf das Differenzierungs- und Verwertungspotenzial, das ihre I.-Ressourcen bieten.

Die beiden Beispiele IBM und Facebook zeigen, dass Unternehmen von der Öffnung ihrer I.-Ressourcen auch profitieren können:

IBM beteiligt sich im großen Umfang an der Erstellung von OSS, indem es sowohl Entwickler als auch Quellcode zu Entwicklungsprojekten beiträgt.[2] Der Geschäftsbericht des Jahres 2001 weist aus, dass IBM 1.000 Softwareentwickler für die Mitarbeit an Linux abgestellt und mehr als 40 Mio. USD für die Community der OSS Eclipse gespendet hatte.[3] Darüber hinaus brachte das Unternehmen im Jahr 2005 allein 500 Patente in die OSS-Community ein.[4] Mit dieser umfangreichen Öffnung investierte das Unternehmen in kollektive Wertschöpfungs-

---

[1]   Siehe Teece (2000), S. 3.

[2]   Vgl. Samuelson (2006), S. 21 ff.

[3]   Vgl. IBM (2001), S. 19.

[4]   Vgl. IBM (2005).

© Springer Fachmedien Wiesbaden GmbH, ein Teil von Springer Nature 2010
S. Muhle, *Strategisches Innovationsmanagement in überbetrieblichen Informationssphären*, Edition KWV, https://doi.org/10.1007/978-3-658-24248-0_1

prozesse. Dritte können auf den offenen Quellcode der Software zugreifen, ihn weiterentwickeln und das Ergebnis dieser Weiterentwicklung wiederum der Öffentlichkeit zur Verfügung stellen. IBM kann die Wertschöpfung Dritter ebenso nutzen, wie Dritte die Wertschöpfung von IBM. Das Unternehmen profitiert von der kollektiven Entwicklung dadurch, dass es Software und Hardware verkauft, die zum offenen Betriebssystem Linux und zum offenen Webserver Apache komplementär sind.

Auch *Facebook* profitiert von der Öffnung seiner I.-Ressourcen. Das Unternehmen betreibt ein gleichnamiges Informationssystem, in das Nutzer persönliche Informationen eingeben und mit dem sie ihr soziales Netzwerk pflegen können. Ende Mai 2007 öffnete das Unternehmen den Zugang zu seinem Informationssystem auch gegenüber externen Anwendungsentwicklern. Seitdem können diese die im System hinterlegten Nutzerinformationen in ihre Anwendungen einbinden. Sie müssen weder von Facebook zugelassen werden, noch Zugriffsgebühren zahlen oder sich vertraglich an die Plattform binden.[5] Nach nur einem halben Jahr waren in dem von Facebook erstellten Katalog bereits 7.433 Anwendungen Dritter registriert. Gleichzeitig stieg der Marktwert von Facebook rasant an. Microsoft zahlte Ende Oktober 2007 für einen Anteil von nur 1,6 % am Unternehmen 240 Millionen USD.[6] Obwohl das Unternehmen im Zuge der Finanzkrise an Wert verloren hatte, zahlte Digital Sky Technologies im Mai 2009 für einen Anteil von nur 1,96 % noch 200 Millionen USD.[7] Diese Zahlen und die Tatsache, dass die Wettbewerber MySpace und Xing das Öffnungsverhalten von Facebook imitieren,[8] deuten darauf hin, dass der Erfolg des Unternehmens auch auf die Öffnung des Informationssystems zurückzuführen ist.

Der Ressourcenansatz, der sich in den letzten 20 Jahren zu einem der führenden Ansätze des strategischen Managements entwickelt hat,[9] kann derartige Phänomene einer bewussten Öffnung nicht erklären. Dem Ansatz zufolge ist Information ein wertvoller Faktor der Wertschöpfung,[10] der gezielt in Wertschöpfungsprozesse eingebracht werden kann, um einen Wettbewerbsvorteil zu erzielen.[11] Zu einem Wettbewerbsvorteil kann Information – so der Ressourcenansatz – jedoch nur dann beitragen, wenn sie proprietär ist und sich in der Hoheit des Unternehmens be-

---

[5]   Eine Nutzung der Information durch die externen Anwendungen ist erst nach Zustimmung durch den jeweiligen Nutzer möglich.

[6]   Vgl. Guth/Vara/Delaney (2007), S. B.1.

[7]   Vgl. Wiede/Knüwer (2009), S. 13.

[8]   Vgl. Knüwer (2009), S. 13 und Steel (2008), S. B.5.

[9]   Vgl. Priem/Butler (2001), S. 25.

[10]   Vgl. Amit/Schoemaker (1993), S. 35.

[11]   Vgl. Amit/Schoemaker (1993), S. 35.

findet.[12] Damit ein Unternehmen einen Wettbewerbsvorteil erlangen und sich Renten aneignen kann, sei es daher notwendig, dass wertvolle, seltene I.-Ressourcen genutzt und vor einer fremden Imitation und Substitution geschützt werden.[13] Der Ressourcenansatz steht damit im Widerspruch zu den aktuell zu be-obachtenden Öffnungsphänomenen.

II.   Zielsetzung

Die vorliegende Arbeit leistet einen Beitrag, den Widerspruch zwischen den in der Praxis zu beobachtenden Öffnungsphänomenen und dem Ressourcenansatz aufzu-lösen. Hierzu wird eine Öffnung von I.-Ressourcen als bewusste Handlung ver-standen, mit der ein Unternehmen externe Innovation anregen kann. Durch eine Öffnung kann das Unternehmen das Wertschöpfungspotenzial externer Ressourcen besser nutzen und so einen Wettbewerbsvorteil gegenüber Dritten erlangen oder ausbauen. In der vorliegenden Arbeit wird eine Öffnung dem durch den vom Ressourcenansatz empfohlenen Schutz von I.-Ressourcen gegenübergestellt.

   Vor diesem Hintergrund verfolgt die Arbeit das Ziel:

- ein im Ressourcenansatz verankertes strukturiertes Problemverständnis von Phänomenen der bewussten Öffnung von I.-Ressourcen zu erarbeiten und

- eine erweiterte Sicht des Ressourcenmanagements als ein *Management von überbetrieblichen Informationssphären* zu entwickeln, das als konzeptionelle Grundlage für weitere Forschung im Bereich der überbetrieblichen Wertschöp-fung dient.

   Im Gegensatz zu bestehenden Arbeiten des betriebswirtschaftlichen Manage-ments von I.-Ressourcen werden Erklärungen einer bewussten unternehmerischen Öffnung in einen expliziten Bezug zum Ressourcenansatz gesetzt. Dies eröffnet eine differenzierte Sicht auf unternehmerisches Öffnungsverhalten – jenseits einer Reduzierung auf „offen" und „geschlossen". Öffnungsphänomene können dadurch exakter beschrieben und hinsichtlich ihrer Implikationen für eine erweiterte Sicht des Ressourcenmanagements untersucht werden. Mit dieser als ein *Management von überbetrieblichen Informationssphären* konzeptualisierten erweiterten Sicht wird der potenziellen Erfolgswirksamkeit von Öffnungshandlungen und der damit verbundenen Notwendigkeit Rechnung getragen, diese im betriebswirtschaftlichen Management von I.-Ressourcen abzubilden.

---

[12]   Vgl. Barney (1986), S. 1239, Kogut/Zander (1992), S. 386 und Peteraf (1993), S. 185 f.

[13]   Vgl. Barney (1991) und Dierickx/Cool (1989).

III. Vorgehen und Aufbau

Die Arbeit gliedert sich wie folgt:

Das folgende *Kapitel B* legt die innovationsökonomische Grundlage. Eine informationstheoretische Sicht der Innovation wird herausgearbeitet; die Begriffe *Wertschöpfung* und *Wertaneignung* werden erläutert. Auf dieser Grundlage wird die Innovation in einer geschlossenen der Innovation in einer offenen Wertschöpfung gegenübergestellt. Es wird aufgezeigt, dass die bestehende Literatur den Zusammenhang zwischen einer bewussten Öffnung, einem hieraus steigenden Innovationspotenzial und einem Unternehmenserfolg weitestgehend vernachlässigt.

Im *Kapitel C* werden der Ressourcenansatz sowie seine drei wesentlichen Erweiterungen – der Ansatz der dynamischen Fähigkeiten, der Wissensansatz und der relationale Ansatz – auf den Erklärungsbeitrag untersucht, den sie zur potenziell erfolgssteigernden Wirkung einer bewussten Öffnung von I.-Ressourcen erbringen können. Die Analyse zeigt, dass die herkömmlichen Ansätze nur sehr eingeschränkt in der Lage sind, eine derartige positive Erfolgswirkung zu erfassen.

Im *Kapitel D* wird auf Grundlage der innovationsökonomischen Betrachtung des Kapitels B und der erarbeiteten Erklärungsbeiträge des Kapitels C ein Bezugsrahmen geschaffen, mit dem unternehmerisches Öffnungsverhalten vor dem Hintergrund des Ressourcenansatzes erfasst werden kann. Hierzu konzeptualisiert der Bezugsrahmen das Wertschöpfungspotenzial externer Wissensressourcen und strukturiert anhand der Dimensionen *Zugriff* und *Kontrolle* verschiedene Arten der Offenheit von I.-Ressourcen. Der Bezugsrahmen zeigt den Zusammenhang zwischen einer Öffnung von I.-Ressourcen und der Nutzbarkeit des Wertschöpfungspotenzials externer Wissensressourcen auf.

Anhand des Bezugsrahmens werden im *Kapitel E* Phänomene der Öffnung analysiert und Erklärungen der bewussten Öffnung von I.-Ressourcen in das Konstrukt des Ressourcenansatzes eingebettet. Hierzu werden entlang der Dimension *Zugriff* verschiedene Formen der Wertschöpfung, der strategische Nutzen und die Bedingungen einer Aneignung dargestellt, die sich aus den verschiedenen Arten der Offenheit ergeben. Diese Analyse bettet damit bestehende Erklärungen für eine bewusste Öffnung von I.-Ressourcen in das Konstrukt des Ressourcenansatzes ein. Damit zeigt das Kapitel den Bedarf für eine erweiterte Sicht des Managements von I.-Ressourcen.

Eine solche erweiterte Sicht wird im *Kapitel F* als ein *Management überbetrieblicher Informationssphären* konzeptualisiert. Dieses erfasst entlang der identifizierten Dimensionen neben eigenen auch öffentliche und gruppenexklusive Ressourcen außerhalb von Unternehmensgrenzen sowie deren Beziehungen zueinander als Quelle unternehmerischen Erfolgspotenzials. Neben den Zielen des Managements überbetrieblicher Informationssphären werden auch dessen praxisbezogene Handlungsfelder erarbeitet. Damit werden ein Grundstein für weitere Forschung und neue Managementansätze im Bereich der überbetrieblichen Wertschöpfung gelegt.

Das *Kapitel G* trägt die Ergebnisse der Arbeit zusammen und leitet Implikationen für die Forschung und das Management ab.

Den Aufbau der Arbeit veranschaulicht Abbildung 1.

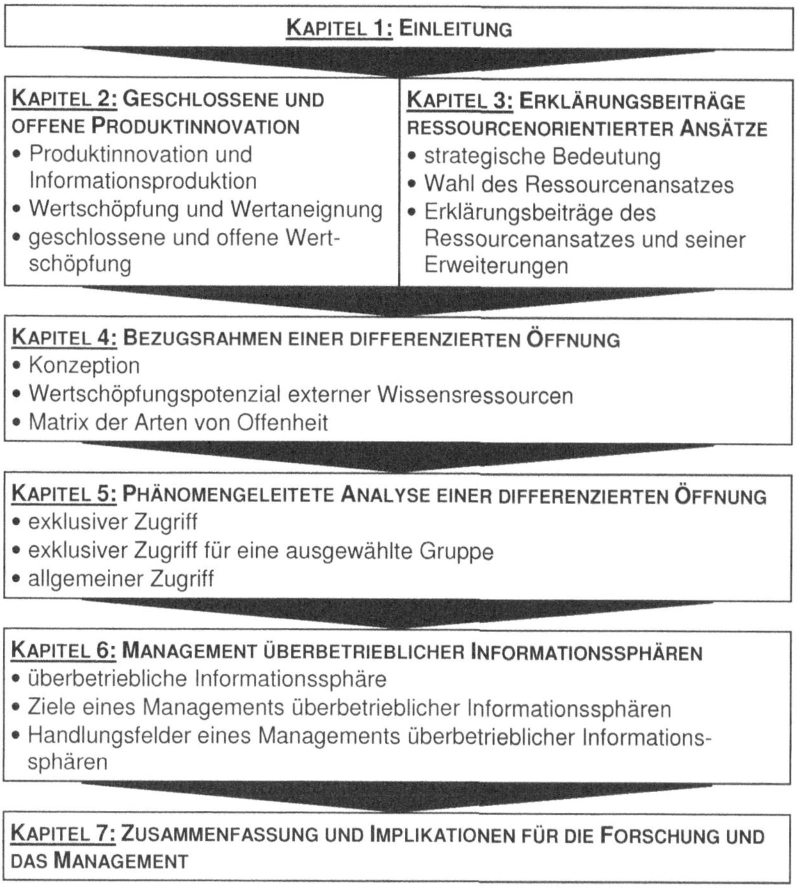

KAPITEL 1: EINLEITUNG

KAPITEL 2: GESCHLOSSENE UND OFFENE PRODUKTINNOVATION	KAPITEL 3: ERKLÄRUNGSBEITRÄGE RESSOURCENORIENTIERTER ANSÄTZE
• Produktinnovation und Informationsproduktion • Wertschöpfung und Wertaneignung • geschlossene und offene Wertschöpfung	• strategische Bedeutung • Wahl des Ressourcenansatzes • Erklärungsbeiträge des Ressourcenansatzes und seiner Erweiterungen

KAPITEL 4: BEZUGSRAHMEN EINER DIFFERENZIERTEN ÖFFNUNG
• Konzeption
• Wertschöpfungspotenzial externer Wissensressourcen
• Matrix der Arten von Offenheit

KAPITEL 5: PHÄNOMENGELEITETE ANALYSE EINER DIFFERENZIERTEN ÖFFNUNG
• exklusiver Zugriff
• exklusiver Zugriff für eine ausgewählte Gruppe
• allgemeiner Zugriff

KAPITEL 6: MANAGEMENT ÜBERBETRIEBLICHER INFORMATIONSSPHÄREN
• überbetriebliche Informationssphäre
• Ziele eines Managements überbetrieblicher Informationssphären
• Handlungsfelder eines Managements überbetrieblicher Informationssphären

KAPITEL 7: ZUSAMMENFASSUNG UND IMPLIKATIONEN FÜR DIE FORSCHUNG UND DAS MANAGEMENT

Abbildung 1: Aufbau der Arbeit

B. Produktinnovation in der geschlossenen und der offenen Wertschöpfung

Die einführend genannten Beispiele IBM und Facebook führen vor Augen, dass ein Unternehmen mit der Öffnung von I.-Ressourcen Innovation anregen kann. Diese Innovation in der offenen Wertschöpfung unterscheidet sich wesentlich von der geschlossenen Wertschöpfung, die herkömmlicherweise in Unternehmen beobachtet werden kann. Daher werden im Folgenden beide Innovationsformen – offene und geschlossene Wertschöpfung – gegenübergestellt.

Zunächst wird die Invention als Prozess der Informationsproduktion charakterisiert und im Hinblick auf die Wertschöpfung und Wertaneignung beschrieben (I). Diese Beschreibung bildet den Rahmen für eine Gegenüberstellung der geschlossenen und der offenen Wertschöpfung. Es wird aufgezeigt, dass sich diese beiden Wertschöpfungsformen hinsichtlich des Innovationspotenzials und des Potenzials einer direkten Aneignung unterscheiden. Zudem wird vor Augen geführt, dass diese beiden Wertschöpfungsformen keine ausschließlichen Alternativen sind, sondern die beiden Extreme eines Kontinuums von Wertschöpfungsformen markieren (II). Abschließend wird die bestehende Literatur daraufhin untersucht, inwieweit sie dieses Kontinuum erfasst und Empfehlungen für die Positionierung von Innovationsprozessen innerhalb des Wertschöpfungskontinuums geben kann (III).

I. Wertschöpfung und Wertaneignung in der Produktinnovation

Innovation unterscheidet sich in der Wertschöpfung und Wertaneignung grundlegend von der materiellen Produktion. Ursächlich hierfür ist, dass Invention als ein Bestandteil eines Innovationsprozesses den Charakter einer Informationsproduktion aufweist (1). Daher werden die Wertschöpfung (2) und die Wertaneignung (3) in der Informationsproduktion analysiert. Hieraus ergibt sich eine Struktur, mit der in Kapitel B.II die Innovation in der geschlossenen und der offenen Wertschöpfung gegenübergestellt werden.

© Springer Fachmedien Wiesbaden GmbH, ein Teil von Springer Nature 2010
S. Muhle, *Strategisches Innovationsmanagement in überbetrieblichen Informationssphären*, Edition KWV, https://doi.org/10.1007/978-3-658-24248-0_2

1.   Innovation, Invention und Informationsproduktion

1.1   Innovation und Invention

Der Begriff der Innovation wird im Alltagsgebrauch wie in der Literatur höchst unterschiedlich verwendet. Um zu einem einheitlichen Verständnis zu gelangen, haben HAUSCHILDT & SALOMO verschiedene definitorische Ansätze zusammengetragen und in dem folgenden Innovationsbegriff zusammengeführt:

> *„Innovationen sind qualitativ neuartige Produkte oder Verfahren, die sich gegenüber einem Vergleichszustand, merklich – wie auch immer das zu bestimmen ist – unterscheiden.“*[14]

Die Autoren stellen heraus, dass eine unternehmerische Innovation nicht ausschließlich aus einem technischen oder schöngeistigen Akt besteht, sondern auch eine Verwertung einschließt.[15] Eine Verwertung stellt sicher, dass die erfinderische Tätigkeit Einzug in Produkte oder Prozesse findet und dort einen Nutzen entfaltet. Findet hingegen keine Verwertung statt, kann lediglich von einer Invention (Erfindung) gesprochen werden.[16] ROBERTS drückt diesen Zusammenhang wie folgt prägnant aus:

> *„Innovation = Invention + Exploitation“.*[17]

Werden die beiden Begriffsauffassungen von HAUSCHILDT & SALOMO und ROBERTS zusammengeführt, ergibt sich der für diese Arbeit maßgebliche Innovationsbegriff:

> *Eine Innovation ist (1) ein qualitativ neuartiges Produkt oder Verfahren das sich gegenüber einem Vergleichszustand „merklich“ unterscheidet (=Invention) und (2) das verwertet wird, sodass es einen Nutzen erbringt.*

Im Folgenden fokussiert die Betrachtung auf die Invention als die Produktion eines neuartigen Produktes für Endkunden. Wie die Literatur zu Open Source-Projekten,[18] Mashups[19] oder zur Sportgeräteentwicklung[20] aufzeigt, lassen sich offene Wertschöpfungsprozesse im weit überwiegenden Maße bei dieser Inventionsform beobachten.

---

[14]   Siehe Hauschildt/Salomo (2007), S. 7.

[15]   Vgl. Hauschildt/Salomo (2007), S. 27.

[16]   Vgl. Brockhoff (1999), S. 35-37.

[17]   Siehe Roberts (2007), S. 36. Siehe auch Bröring (2005), S. 11, die von „Commercial Exploitation“ spricht.

[18]   Vgl. Dahlander/Magnusson (2005), S. 485 f. und Henkel (2004), S. 3

[19]   Vgl. Roush (2005) und Tapscott/Williams (2006), S. 183-185.

[20]   Vgl. Füller/Jawecki/Mühlbacher (2007), Lüthje/Herstatt/von Hippel (2005) und von Hippel (2005), S. 103 f.

1.2 Invention als Informationsproduktion

ARROW charakterisiert den Inventionsprozess als Informationsproduktion:[21] Der wesentliche Eingangsfaktor eines Inventionsprozesses ist – neben dem Know-how der Mitarbeiter – Information. Der Prozess lebt von vorhandenen Informationen, insb. Technologien, die in den Prozess eingehen und verarbeitet werden. Hinzu kommt Know-how von Mitarbeitern. Das wesentliche Ergebnis eines Inventionsprozesses ist eine Information. Sie beschreibt eine Invention und schlägt sich z. B. in der Bauanleitung für eine Maschine oder in der Formel für eine chemische Verbindung nieder. Die Kenntnis dieser Information ist notwendig, um eine Invention in ein Produkt zu überführen und somit verwerten zu können.

Diese Sicht auf Invention führt zu einer Abgrenzung der – in der Wirtschaftsinformatik uneinheitlich verwendeten[22] – Begriffe Information und Know-how. Dem Verständnis von ARROW folgend wird vorliegend Information als Wissen verstanden, das kommuniziert, gespeichert und gezielt in Wertschöpfungsprozesse eingebracht werden kann, also explizit vorliegt oder explizierbar ist. Information kann in den Köpfen von Menschen, in elektronischer Form (z. B. in einem Anwendungssystem) oder auf einem sonstigen mittelbar oder unmittelbar lesbaren Medium (z. B. einer Patentschrift) gespeichert sein. Know-how ist dagegen personengebundenes Wissen,[23] das auch als schweigendes oder tazites Wissen („tacit knowledge"[24]) bezeichnet wird. VON HIPPEL definiert: „know-how is the accumulated practical skill or expertise that allows one to do something smoothly and efficiently […]".[25] Know-how ist historisch gewachsenes Verfahrenswissen, das von den Mitarbeitern im Zeitverlauf gelernt oder durch die Neueinstellung von Mitarbeitern gewonnen wurde. Es beschreibt das Wissen um Möglichkeiten, wie

---

[21]   Vgl. Arrow (1962a), S. 616-618.

[22]   So wird Information z. B. definiert als „zusätzliches zweckorientiertes Wissen" (siehe Alpar et al. (1998), S. 8 f.), als „Angaben über Sachverhalte und Vorgänge" (siehe Hansen/Neumann (2005), S. 6), als „handlungsbestimmendes Wissen über […] Zustände der Wirklichkeit und Vorgänge in der Wirklichkeit" (siehe Heinrich/Heinzl/Roithmayr (2004), S. 316), als „Daten, die in eine Form gebracht wurden, die für Menschen bedeutungsvoll und nützlich sind" (siehe Laudon/Laudon/Schoder (2010), S. 17), als „der darstellungs-, sprecher- und hörerinvariante Gehalt einer u. U. maschinenvermittelten Sprachhandlung" (siehe Mertens et al. (2001), S. 232), als „Bedeutung tragende Signale, die aus Daten gewonnen werden und auf etwas aufmerksam machen" (siehe Mertens et al. (2004), S. 55), als „zweckorientiertes bzw. zielgerichtetes Wissen" (siehe Stahlknecht und Hasenkamp (2002), S. 10) oder als zweckorientiertes Wissen, das für den Zweck der Planung und Entscheidungsvorbereitung dient (vgl. Wittmann (1959), S. 14).

[23]   Vgl. Kogut/Zander (1992), S. 386.

[24]   Vgl. Polanyi (1958), S. 49 f. und Polanyi (1966), S. 4 und S. 60.

[25]   Siehe von Hippel (1988), S. 6.

und mit welchem vermuteten[26] Ergebnis Informationen zu einer gewünschten Invention kombiniert werden können.

Zwei Charakteristika, (1) die verwendungsunabhängige Abnutzung und (2) die Eigenschaften eines öffentlichen Gutes, prägen die so definierte Information:

(1) Information unterliegt *keiner verwendungsabhängigen Abnutzung.*[27] Während bei einer materiellen Wertschöpfung ein Produktionsfaktor untergeht und ein entstehendes Produkt in seiner Verwendung zerstört wird,[28] trifft dies auf Information nicht zu.[29] Auch einer Abnutzung ihres physischen Trägers (z. B. eine CD) kann eine Information entgehen, da sie in der Regel ohne Einbußen beliebig häufig auf ein unverbrauchtes Trägermedium übertragen werden kann. Information wird damit weder in der Produktion, noch im Konsum verbraucht. Sie kann bei einer vermehrten Verwendung sogar an Wert gewinnen.[30] So kann eine Information, die innerhalb eines Unternehmens vermehrt genutzt und kommuniziert wird, zu neuem Wissen führen[31] und damit den Wert der Information steigern.

(2) Darüber hinaus besitzt Information mit einer fehlenden Rivalität und einer mangelnden Ausschließbarkeit *Eigenschaften öffentlicher Güter*. Die fehlende Rivalität kommt darin zum Ausdruck, dass die Nutzung einer Information durch einen Akteur nicht die zeitgleiche Verwendung durch einen anderen Akteur beeinflusst oder gar ausschließt.[32] Eine unbegrenzte Anzahl von Akteuren kann eine Information gleichzeitig nutzen.[33] Eine mangelnde Ausschließbarkeit führt dazu, dass die Nutzung einer Information durch Dritte nur schwer verhindert werden kann: Ist eine Information einem Dritten bekannt, so kann diesem zwar der ur-

---

[26]   Know-how beschreibt eine Vermutung bzgl. eines Ergebnises einer Ressourcenkombination, nicht jedoch das Wissen um diese Kombination. Würde das Know-how bereits ein sicheres Wissen um das Ergebnis beinhalten, so wäre dieses Know-how bereits die Invention selbst.

[27]   Vgl. Müller (1987), S. 142.

[28]   Dies gilt zumindest mittelfristig.

[29]   Vgl. Levitan (1982), S. 44.

[30]   Vgl. Lei (1997), S. 208 ff.

[31]   Vgl. Gold/Malhotra/Segars (2001), S. 189.

[32]   Vgl. Olson (1965), S. 14.

[33]   Zu beachten ist, dass sich hierin *freie Güter* von *öffentlichen Gütern* unterscherden. Öffentliche Güter zeichnen sich dadurch aus, dass sie von ihrer Natur aus ohne Einschränkung von der gesamten Öffentlichkeit genutzt werden können. Ihr Bezug kann jedoch mit Kosten verbunden sein. Freie Güter könnten hingegen in ihrer Nutzung prinzipiell beschränkt sein. Sie sind jedoch dadurch charakterisiert, dass ihr Angebot höher ist als die mögliche Nachfrage, sodass sie nur zu einem Preis von Null verkauft werden können. Wenn die Nachfrage jedoch wieder über dem Angebot liegen sollte, so wird ein freies Gut zu einem Wirtschaftsgut. Damit ist ein freies Gut nicht von Natur aus frei, sondern alleine aufgrund eines Überangebots.

sprüngliche Informationsträger entzogen werden, nicht jedoch die Information selbst. Diese kann zu vernachlässigbaren Kosten auf beliebig viele Informationsträger kopiert werden, sodass sie vor einem Verlust gesichert und an Dritte weitergeben werden kann. Information ist damit ein flüchtiges Gut. Sobald sie an Dritte gelangt, kann sie nicht mehr auf natürliche Weise „eingefangen" werden.

Mit diesem Verständnis der Invention als Informationsproduktion werden im Weiteren die Wertschöpfung und die Wertaneignung in der Informationsproduktion genauer betrachtet.

2.   Wertschöpfung in der Informationsproduktion

2.1   Begriff der Wertschöpfung

Wertschöpfung resultiert aus einem Prozess, in dem verschiedene Produktionsfaktoren zu einem neuen Produkt kombiniert werden,[34] um eine Wertsteigerung zu erreichen. In diesem Prozess werden gezielt Synergieeffekte zwischen einzelnen Faktoren – z. B. zwischen Wissen von Mitarbeitern unterschiedlicher Abteilungen – genutzt, um eine Nutzensteigerung zu erzielen. Die Wertschöpfung wird in einem *Wertschöpfungsprozess* betrieben, während das *Wertschöpfungspotenzial* die durch die Synergieeffekte mögliche Wertsteigerung im Rahmen des Wertschöpfungsprozesses beschreibt. Der vom Unternehmen *geschaffene Wert* – auch Mehrwert genannt – spiegelt die Nutzensteigerung wider (vgl. Abbildung 2).[35] Er ist die Differenz zwischen dem vom Verwender bewerteten Nutzen eines Produktes und den Kosten der eingesetzten Produktionsfaktoren.

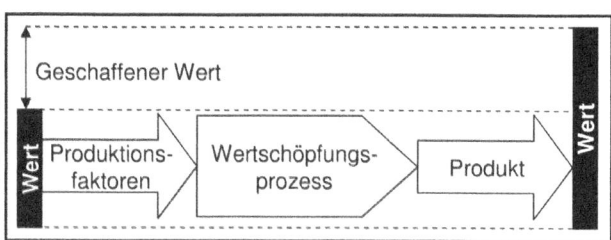

Abbildung 2: Wertschöpfung

Für die *Bewertung eingesetzter Produktionsfaktoren* werden die Opportunitätskosten herangezogen, um den ökonomischen Wert der Faktoren abzubilden.[36] Die Opportunitätskosten ergeben sich aus den Erlösen einer nächstbesten Verwendung der Faktoren, die dadurch ermöglicht würde, dass der Faktor nicht der betrachteten Verwendung zugeführt wird. Damit wird der Wert der eingesetzten Produktions-

---

[34]   Vgl. Brandenburger/Stuart (1996), S. 7.

[35]   Vgl. Müller-Stewens/Lechner (2003), S. 287.

[36]   Vgl. Brandenburger/Stuart (1996), S. 8 f.

faktoren nicht durch das Wertschöpfungspotenzial eines Unternehmens beeinflusst.[37] Zudem wird auch auch solchen Faktoren ein Wert zuerkannt, für die ein
Unternehmen – z. B. im Rahmen eines offenen Wertschöpfungsprozesses[38] –
keinen Preis zu zahlen hat.

Für die *Bewertung des geschaffenen Produktes* wird auf den vom Verwender
wahrgenommenen Produktnutzen abgestellt.[39] Insofern ist kein objektiv messbares
Qualitätskriterium für die Nutzenbewertung heranzuziehen. Der Nutzen wird vielmehr von der subjektiven Wahrnehmung des Verwenders als Adressat des Wertschöpfungsprozesses bestimmt. Der Preis, der für ein innovatives Produkt am
Markt erzielt wird, ist damit – in Analogie zur Bewertung der Produktionsfaktoren
– für die Nutzenbewertung unerheblich. Ein geschaffenes Produkt – z. B. eine
Software – hat damit auch dann einen Wert, wenn es nicht am Markt veräußert
wird, sondern frei veröffentlicht wird oder im Rahmen einer Verkettung von unternehmerischen Aktivitäten als Produktionsfaktor in einen weiteren Wertschöpfungsprozess eingeht.

Eine Invention entsteht dann aus einer Wertschöpfung, wenn die Produktionsfaktoren in einer neuartigen Art und Weise kombiniert werden. Dies entspricht
dem Verständnis von SCHUMPETER: „To produce other things, or the same things
by a different method, means to combine these materials and forces differently
[…]. Development in our sense is then defined by the carrying out of new
combinations."[40] Der hier in die Informationsproduktion eingebettete Wert-
schöpfungsbegriff lässt sich damit unmittelbar auf den Betrachtungsgegenstand der
Invention übertragen.

2.2   Struktur der Wertschöpfung

Im Folgenden wird die Struktur der Wertschöpfung in Anlehnung an das Verständnis von GUTENBERG näher betrachtet. GUTENBERG beschreibt Wertschöpfung
als eine Kombination verschiedener Faktoren zu einem Produkt und schlüsselt

---

[37]   Würden – wie vielfach gefordert (z. B. Peteraf/Barney (2003), S. 304, Porter (1985),
S. 38, Sirmon/Hitt/Ireland (2007), S. 276) – die zu zahlenden Preise angesetzt, würde ein
höheres Wertschöpfungspotenzial zu einer höheren Zahlungsbereitschaft bezüglich der
einzusetzenden Produktionsfaktoren führen. Diese höhere Zahlungsbereitschaft würde
sich damit nicht sachgerecht in höheren Kosten niederschlagen.

[38]   Vgl. Kap. B.II.2.

[39]   In der Literatur wird zumeist auf den Kunden als maßgebliche Instanz zur Bewertung
eines Produktnutzens abgestellt, vgl. Brandenburger/Stuart (1996), S. 7 f., Peteraf/Barney
(2003), S. 314 und Porter (1985), S. 38. Um die in dieser Arbeit alternativen Formen der
Wertschöpfung, die nicht auf den klassischen linearen Wertschöpfungssystemen basieren,
mit einzubeziehen, wird der Begriff Verwender genutzt, der unter der Annahme einer
klassischen Wertschöpfung mit dem Begriff Kunde gleichzusetzen ist.

[40]   Vgl. Schumpeter (1934), S. 65 f.

hierzu die beteiligten Faktoren auf.[41] In dem von ihm beschriebenen Wert-
schöpfungsprozess gehen menschliche Arbeit, Werkstoffe und Betriebsmittel als
Elementarfaktoren in den Produktionsprozess ein. Die Kombination dieser
Faktoren ist ein durch die Geschäfts- und Betriebsleitung gesteuerter Prozess der
Organisation und Planung, der als dispositiver Faktor berücksichtigt wird. Dieses
Verständnis hat BODE an die Informationsproduktion angepasst und hierbei sieben
Faktoren identifiziert: Objekt-Information, Betriebsmittel-Information, Betriebs-
mittel, menschliche geistige Arbeitsleistung, körperliche menschliche Arbeits-
leistung, materielle Repetierfaktoren und den dispositiven Faktor.[42]

Das generische Modell von BODE wird im Weiteren für die Betrachtung der
Invention angepasst. Wie bereits ausgeführt, sind Information und Know-how die
wesentlichen Faktoren einer Invention.[43] Daher werden im Weiteren nur entsprechende Faktoren berücksichtigt. Darüber hinaus werden die einzelnen
generisch definierten Faktoren soweit möglich bezüglich der Invention näher
spezifiziert. Für die vorliegende Arbeit können entsprechend vier Produktionsfaktoren identifiziert werden (vgl. Abbildung 3):

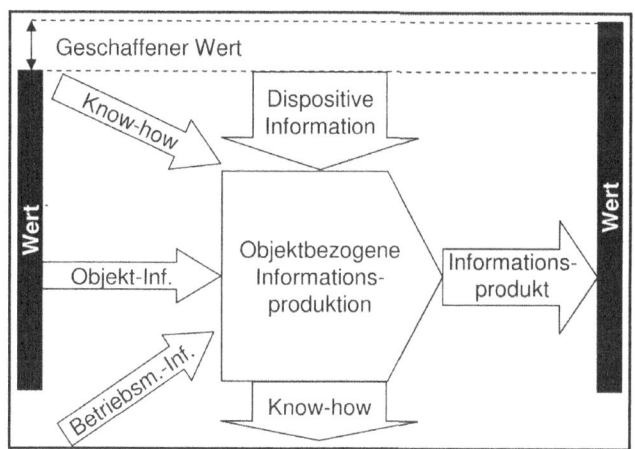

Abbildung 3: Struktur der Informationsproduktion

- Gegenstand der Informationsproduktion und wesentlicher Bestandteil des zu
  erstellenden Produktes sind *Objekt-Informationen*. Diese können in unterschiedlicher Gestalt (z. B. in Form von Quellcode, Daten oder Patentschriften)
  vorliegen und werden aus einem eigenen Informationspool oder extern bezogen. Materielle Repetierfaktoren, wie Papier und Energie,[44] werdtaben in der

---

41   Vgl. Gutenberg (1951).
42   Vgl. Bode (1993), S. 97 f.
43   Vgl. Kap. B.I.1.2.
44   Vgl. Bode (1993), S. 98.

weiteren Betrachtung vernachlässigt. In der Regel stellen sie keinen begrenzenden Faktor dar.

- Im Zentrum jeder Invention steht der Mensch als Erfinder. Er bringt seine geistige Arbeitsleistung in Form von *Know-how* ein, das seine Kreativität, Fähigkeiten und Fertigkeiten beschreibt[45]. Die körperliche menschliche Arbeitsleistung spielt hingegen nur eine untergeordnete Rolle und wird vorliegend nicht betrachtet.

- *Betriebsmittel-Informationen* beinhalten explizierbares Wissen über die Art und Weise, wie Objekt-Informationen verwendet und kombiniert werden können. In der Softwareentwicklung sind Betriebsmittelinformationen beispielsweise in einer Dokumentation zu einer Programmiersprache oder in Softwarewerkzeugen eingebunden. Physische Betriebsmittel, wie die Informations- und Kommunikationstechnik (IKT), werden im Weiteren nicht betrachtet.

- Gesteuert und auf das Unternehmensziel abgestimmt wird die Wertschöpfung durch *dispositive Informationen,* die von der Unternehmensführung und dem Prozessmanagement eingebracht werden.[46] Sie sind das Ergebnis der Planung einer Geschäftsführung[47] und steuern den Wertschöpfungsprozess entsprechend den Unternehmenszielen. In der dispositiven Information spiegelt sich insbesondere die unternehmerische Weitsicht bezüglich des zukünftigen Nutzens eines Informationsprodukts wider. Durch die dispositive Information wird die Wertschöpfung zu einem zielgerichteten, auf eine spätere Verwertung ausgerichteten Prozess.

Diese vier Faktoren gehen in die *objektbezogene Informationsproduktion* ein. Im Zuge der Produktion werden die Informationen gespeichert, transportiert, umcodiert und zu einer neuen Information transformiert und kombiniert. Als Ergebnis der Informationsproduktion ergeben sich zwei Güter:

- Das *Informationsprodukt*[48] – hier eine Invention – ist das primäre Ergebnis des Produktionsprozesses. Das Produkt kann als Eingangsfaktor in eine erneute Informationsproduktion Eingang finden oder an externe Verwender weitergegeben bzw. verkauft werden.

---

[45]   Vgl. Kap. B.I.1.2.

[46]   Vgl. Sabherwal/King (1991), S. 192.

[47]   Vgl. Gutenberg (1951), S. 103 f.

[48]   Im Rahmen dieser Arbeit deutet der Begriff Produkt nicht an, dass ein materielles Gut betrachtet wird. Vielmehr bezieht sich der Begriff Produkt auf das Ergebnis eines Prozesses und ist vorliegend eine Information.

- *Know-how* entsteht als ein Nebenprodukt des Wertschöpfungsprozesses.[49] Im Zuge ihrer konkreten Wertschöpfungshandlung[50] und dem Austausch mit anderen Teilnehmern des Produktionsprozesses[51] akkumulieren die Teilnehmer neues tazites Erfahrungswissen. Insbesondere entwickeln sie neuartige Systematiken und Fähigkeiten der Kombination von Wissen.[52] Darüber hinaus gewinnen die Akteure ein Verständnis über die Eigenschaften, Möglichkeiten und Grenzen der weiteren Nutzung des Informationsprodukts. Dieses gewonnene Know-how ist hilfreich für dessen Anwendung und kommerzielle Verwertung.[53] So kann ein Entwickler eines Abrechnungssystems dieses einfacher an ein Unternehmen anpassen, als ein Dritter, der mit der Struktur der Software nicht vertraut ist. Aufgrund ihrer taziten Natur steht das Know-how nur den Teilnehmern des Wertschöpfungsprozesses zur Verfügung und kann nicht oder nur in langwierigen Lernprozessen weitergegeben werden.

Der Wert der geschaffenen Invention fällt nicht notwendigerweise vollständig dem Erfinder zu. In der Verwertung einer Invention ist eine gezielte Wertaneignung zu betreiben.

3.   Wertaneignung in der Informationsproduktion

Eine unternehmerische Innovation zielt darauf ab, den Erfolg eines Unternehmens durch die *Verwertung* einer Invention zu erhöhen.[54] Voraussetzung hierfür ist eine Wertaneignung.

Die Wertaneignung drückt aus, dass ein Akteur einen Teil des geschaffenen Wertes für sich vereinnahmt.[55] So ersteht ein Verwender in der Regel ein innovatives Produkt zu einem geringeren Preis, als er zu zahlen bereit wäre; diese Differenz ist der unkompensierte Nutzen des Verwenders, den er sich als *Konsumentenrente* aneignet.[56] Den übrigen Teil des geschaffenen Wertes kann der Erfinder sich als *Produzentenrente* aneignen. Diese ergibt sich aus dem Preis abzüglich der Kosten. Diesen Zusammenhang zwischen Wertschöpfung und Wertaneignung veranschaulicht Abbildung 4.

---

[49]   Vgl. Cohen/Levinthal (1989).

[50]   Arrow spricht hier von „learning by doing", vgl. Arrow (1962b), S. 155.

[51]   Vgl. Lundvall (1988).

[52]   Vgl. Hauschildt/Salomo (2007), S. 408.

[53]   Vgl. Cohen/Levinthal (1990), S. 128 und Teece (1996), S. 196.

[54]   Vgl. Gerpott (2005), S. 37.

[55]   Ähnlich Harabi/der Aneignung über die Aufteilung von Rückflüsse einer Information zwischen Produzenten und der Gesellschaft definiert. Vgl. Harabi (1995), S. 982.

[56]   Neben der Aneignung gegenüber dem Adressaten einer Wertschöpfung kann spiegelbildlich auch die Aneignung gegenüber dem Lieferanten betrachtet werden, vgl. Brandenburger/Stuart (1996), S. 10.

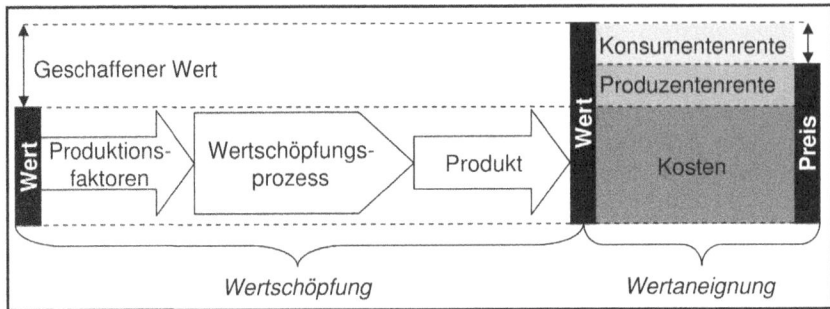

Abbildung 4: Wertschöpfung und Wertaneignung
(Quelle: Abb. der Wertaneignung in Anlehnung an Peteraf & Barney 2003, S. 314)

Die Verteilung des geschaffenen Wertes wird durch die Verhandlungsmacht des Erfinders gegenüber dem potenziellen Verwender determiniert.[57] Die Verhandlungsmacht wird insbesondere dann geschwächt, wenn mit einer Imitation der Invention[58] die Anzahl alternativer Anbieter steigt. Mit einer Imitation sinkt potenziell die Rente, die sich der Erfinder aneignen kann.

II.   Gegenüberstellung der geschlossenen und der offenen Wertschöpfung

Auf Grundlage des erstellten Betrachtungsrahmens werden im Folgenden die geschlossene und die offene Wertschöpfung charakterisiert und gegenübergestellt. Hierzu werden zunächst jeweils die Wertschöpfung und die Wertaneignung der geschlossenen (1) und der offenen (2) Wertschöpfung beschrieben. Daraufhin werden die sich aus dieser Betrachtung ergebenden Implikationen für das betriebswirtschaftliche Management von Informationen aufgezeigt (3).

1.   Geschlossene Wertschöpfung

1.1   Wertschöpfung auf Basis von Eigentum

Die geschlossene Wertschöpfung entspricht der herkömmlichen Form, in der unternehmerische Innovation stattfindet. Ihre Wurzeln hat sie in zwei historischen, durch die materielle Produktion geprägten Managementansätzen: Im Ansatz des „Scientific Management" nach TAYLOR ist es vor dem Hintergrund eines stabilen Marktumfelds vorrangig Aufgabe eines Unternehmens, durch eine Spezialisierung und Optimierung von Arbeitsprozessen die Produktionskosten zu senken.[59] In der

---

[57]   Brandenburger/Stuart (1996), S. 10.

[58]   Vgl. hierzu die Ausführungen zur mangelnden Ausschließbarkeit von Information in Kap. B.I.1.2.

[59]   Vgl. Taylor (1911).

Produktionsbetrachtung von GUTENBERG[60] und im Weiteren in der betriebswirtschaftlichen Entscheidungslehre konzentriert sich das Management auf die
optimale Allokation von Produktionsfaktoren.[61] Beide Managementansätze gehen
davon aus, dass ein Unternehmen Eigentum an den Eingangsfaktoren des Produktionsprozesses und damit eine Kontrolle über Wertschöpfungsprozesse besitzt.
Mithilfe einer zentralen Planung, Steuerung und Kontrolle des Ressourceneinsatzes
kann nach dieser Auffassung der Erfolg eines Unternehmens optimiert werden. In
dieser Tradition steht die geschlossene Wertschöpfung.

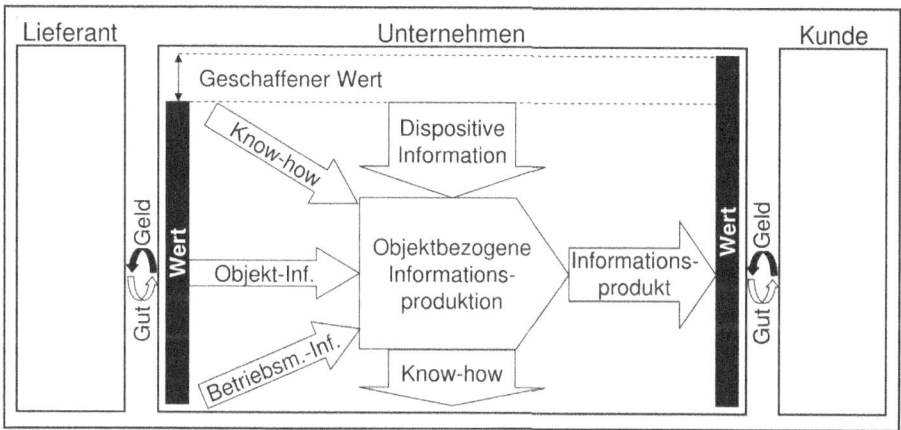

Abbildung 5: Struktur der geschlossenen Wertschöpfung

Auf Grundlage des erarbeiteten Betrachtungsrahmens kann die Innovation in
der geschlossenen Wertschöpfung folgendermaßen strukturiert werden
(Abbildung 5):

- Das Unternehmen nutzt *Betriebsmittel-* und *Objekt-Informationen*, die aus dem
  Informationsbestand des Unternehmens stammen oder extern gegen Vergütung
  beschafft werden. Diese Information wird als Eigentum des Unternehmens und
  damit als Bestandteil des Unternehmenswertes angesehen.[62]

- *Know-how* wird von den Mitarbeitern eingebracht, die durch Verträge an das
  Unternehmen gebunden sind und den Weisungen der Unternehmensführung
  unterstehen. Daher ist es wichtig, möglichst intelligente, kreative und fähige
  Mitarbeiter einzustellen[63] und dauerhaft an das Unternehmen zu binden, um
  einen Wissensabfluss zu vermeiden.[64]

---

[60] Vgl. Gutenberg (1951).

[61] Vgl. Heinen (1968), S. 31 f. und S. 50 f.

[62] Vgl. Edvinsson/Malone (1997), S. 52.

[63] Vgl. Chesbrough (2003a), S. xx.

[64] Vgl. Stieglitz/Heine (2007), S. 8.

- Die Wertschöpfung untersteht der Kontrolle einer Unternehmenshierarchie. Das Innovationsmanagement plant, organisiert, führt und kontrolliert den Innovationsprozess, indem es *dispositive Information* einbringt.[65] Das Innovationsmanagement unterstützt eine effektive und effiziente Nutzung des vorhandenen Wissens innerhalb eines Innovationsprozesses.[66] CHESBROUGH charakterisiert dieses Verständnis der geschlossenen Wertschöpfung durch die Aussage „successful innovation requires control."[67]

Das Eigentum garantiert einen exklusiven Besitz der Information und eine Kontrolle über den Wertschöpfungsprozess. Damit erfolgt der *objektbezogene Wertschöpfungsprozess* ausschließlich innerhalb der Unternehmensgrenzen und unbeeinflusst von Dritten. Der Prozess ist ebenso wie das beteiligte Wissen soweit wie möglich vor einem Einblick Dritter geschützt, um ein „Überschwappen" von Information an Dritte – sogenanntes Spillover[68] – zu vermeiden. Damit besitzt das Unternehmen auch das Eigentum an den aus dem Prozess resultierenden Gütern:[69]

- Da ein Unternehmen auf das *Informationsprodukt* ausschließlich zugreifen kann, kann es die Invention exklusiv verwerten. So kann es seine Entwicklungskosten decken und einen Gewinn erzielen. Dieser Gewinn kann als Vergütung für die produktive Faktorkombination verstanden werden.[70]

- Neben der Information gewinnt ein Unternehmen, quasi als Nebenprodukt, neu *geschaffenes Know-how*. Dieses ist exklusives Wissen über den Wertschöpfungsprozess und die Charakteristika der Invention, das für weitere Inventions- und Verwertungstätigkeit hilfreich ist.

Die geschlossene Wertschöpfung zeichnet sich durch ein Streben nach einem exklusiven Besitz des verwendeten und resultierenden Wissens und einer starken Kontrolle über den Wertschöpfungsprozess aus. Der geschlossenen Wertschöpfung liegt die Annahme zugrunde, dass ein Unternehmen seinen Inventionserfolg durch Investitionen in seine Forschungs- und Entwicklungstätigkeit unmittelbar steigern kann.[71] Die geschlossene Wertschöpfung entspricht damit dem Model von DEMSETZ, nach dem ein Investor ausschließlich über die Früchte seiner Tätigkeit verfügen sollte, um einen größtmöglichen Anreiz für Wertschöpfung zu er-

---

[65]   Vgl. Gerpott (2005), S. 57.

[66]   Vgl. Hauschildt/Salomo (2007), S. 44-46.

[67]   Siehe Chesbrough (2003a), S. xx.

[68]   Vgl. Griliches (1992), S. 30 f.

[69]   Dabei wird vorliegend davon ausgegangen, dass die Innovation objektiv neu ist und damit – im Fall einer technischen Invention – prinzipiell patentierbar ist.

[70]   Vgl. Gutenberg (1951), S. 4.

[71]   Vgl. Chesbrough (2003a), S. xx.

reichen.[72] Voraussetzung hierfür sind der exklusive Besitz der beteiligten Information und die Kontrolle über den Wertschöpfungsprozess.

1.2 Wertaneignung eigener Invention

Die geschlossene Wertschöpfung zielt darauf ab, den intern geschaffenen Wert möglichst vollständig anzueignen. BROCKHOFF spricht vom Ausschließbarkeitsprinzip: „Ausreichende Erträge können aber nur dann entstehen, wenn das durch Forschung und Entwicklung erworbene Wissen wenigstens zeitweise vor einer Nutzung durch den Wettbewerb geschützt werden kann."[73] KETTINGER drückt dieses Verständnis der Aneignung für Information im Allgemeinen aus: „Generally, knowledge must be proprietary and secret to yield advantage."[74] Angesichts der mangelnden natürlichen Ausschließbarkeit von Information sind Kontrollmechanismen notwendig, mit denen Dritte von der Nutzung einer Invention ausgeschlossen werden können (1.2.1). Die Stärke des Aneignungsregimes, das mit den Mechanismen geschaffen werden kann (1.2.2), sowie die Verfügbarkeit komplementärer Ressourcen (1.2.3) bestimmen, ob und inwieweit ein Erfinder sich seinen geschaffenen Wert aneignen kann.

1.2.1 Kontrollmechanismen

Mechanismen, mit denen Dritte von der Nutzung einer Invention ausgeschlossen werden können, werden in der Literatur zumeist als „Appropriability mechanisms" bezeichnet.[75] Diese Bezeichnung ist jedoch irreführend, da eine Anwendung dieser Mechanismen zumeist nicht direkt zu Erlösen führt, sondern lediglich eine Bedingung für die Aneignung schafft: Zum einen können die Mechanismen genutzt werden, um Dritte von einem Zugriff auf eine Information auszuschließen und damit eine Monopolposition zu schaffen. Zum anderen können sie genutzt werden, um Information selektiv an Dritte weiterzugeben und sie damit über Technologiemärkte zu verwerten. HENKEL schlägt daher den Begriff der *Kontrollmechanismen* vor, um zu betonen, dass mit deren Hilfe Dritte selektiv ausgeschlossen werden können.[76] Diese Kontrollmechanismen können rechtlicher oder faktischer Natur sein.[77]

---

[72] Vgl. Demsetz (1967), S. 354.
[73] Siehe Brockhoff (1999), S. 93.
[74] Vgl. Kettinger et al. (1994), S. 37.
[75] Siehe z. B. Dosi/Marengo/Pasquali (2006), 1116 f., Cohen/Nelson/Walsh (2000), S. 5 f., Dechenaux et al. (2008), S. 895 und Levin et al. (1987), S. 818.
[76] Vgl. Henkel (2007), S. 11 f.
[77] Ähnlich Teece (1986), S. 287, der zwischen „legal instruments" und „nature of technology" unterscheidet.

Zu den *rechtlichen Mechanismen* zählen das Gebrauchs- und Geschmacks-musterrecht, das Halbleiterschutzrecht, das Urheberrecht sowie das Patent. Der Urheberrechtsschutz über eine Information beschränkt sich auf ihre konkrete Repräsentationen und ist vorliegend insbesondere im Zusammenhang mit Software und Datenbanken von Bedeutung. Technische Erfindungen werden dagegen häufig mithilfe eines Patents geschützt, wobei hierzu – im Gegensatz zum Urheber-rechtsschutz – die Invention als Patentschrift zu veröffentlichen ist.[78]

Rechtlichen Mechanismen sichern einem Erfinder die Kontrolle über die Nutzung, Veränderung und Weitergabe der von ihm geschaffenen Information für einen beschränkten Zeitraum zu. Der Erfinder hat damit einerseits das Recht, Dritten die Nutzung zu verbieten und damit ein Monopol auf die Information zu schaffen. Andererseits kann er ausgewählten Dritten einen Zugang zur Information gewähren. Diese Mechanismen erschließen eine unternehmensexterne Verwertung, z. B. durch Veräußerung einer Invention.

Neben den rechtlichen können *faktische Mechanismen* – insbesondere die Geheimhaltung – zur Kontrolle einer externen Verwendung genutzt werden.[79] Durch Geheimhaltung wird die Informationsweitergabe auf eine geringe Anzahl vertrauenswürdiger Mitarbeiter innerhalb des eigenen Unternehmens beschränkt. Weiteren Mitarbeitern und Dritten wird der Zugriff auf die Information dagegen mittels Verschwiegenheitsverpflichtungen und technischer Vorkehrungen ver-wehrt. Dritten wird damit rein faktisch die Möglichkeit genommen, auf die Information zuzugreifen und sie zu verwerten.

Während die Geheimhaltung einer Information zum vollständigen Ausschluss Dritter genutzt werden kann, ist eine selektive Weitergabe nicht ohne Weiteres möglich. Dies gilt zumindest dann, wenn der Erfinder und der externe Verwerter nicht beide ein Interesse an der Geheimhaltung der Information haben. In diesem Fall sind unterstützende Vertraulichkeitsvereinbarungen notwendig, um eine Kontrolle zu sichern.

Die Wirksamkeit von Patenten hängt stark von der Branche ab, in der die Verwertung erfolgen soll.[80] Ein relativ wirksamer Patentschutz lässt sich für Produkte der Chemie- und Pharmabranche sowie in Teilbranchen des Maschinen-

---

[78]   Vgl. Laudon/Laudon/Schoder (2010), S. 171-174.

[79]   Vgl. hierzu Arundel (2001), 621 f., Cohen/Nelson/Walsh (2000), S. 10 und Harabi (1995), S. 983.

[80]   Dazu sei angemerkt, dass ein Patent für die hier nicht betrachteten *Prozess*innovationen ein geringeres Schutzniveau aufweist, als für *Produkt*innovationen, vgl. Levin et al. (1987), S. 795.

baus erkennen.[81] In anderen Branchen sind Patente hingegen häufig ineffektiv, da sich der Schutz nur auf die Invention bezieht, wie sie in der Patentschrift beschrieben ist. Bereits durch leichte Modifikationen der geschützten Invention – einem „inventing around" – kann ein Patentschutz häufig umgangen werden.[82] Erleichtert wird dies durch die mit einem Patent einhergehende Offenlegungspflicht.

Auch wenn die Geheimhaltung zumeist effektiver als ein Patentschutz ist, besteht auch bei ihr die Gefahr eines Spillovers.[83] Zum Ersten könnte es Dritte mithilfe von Reverse-Engineering gelingen, die Funktionsweise und Zusammensetzung eines Produktes in Erfahrung zu bringen, um es zu imitieren. Zum Zweiten kann innovationsrelevantes Wissen durch einen Mitarbeiterwechsel zu konkurrierenden Unternehmen fließen.[84] Zum Dritten besteht die Gefahr, dass Wettbewerber mit einem ähnlichen Wissensstand das Produkt unabhängig vom betrachteten Erfinder erfinden.[85] Als Ergebnis einer Untersuchung US-amerikanischer Unternehmen gibt MANSFIELD die typische Schutzdauer der Geheimhaltung mit zwölf bis 18 Monaten an.[86] Diese Schutzdauer kann genutzt werden, um einen Zeitvorteil gegenüber Wettbewerbern zu erlangen.[87] Alle dargestellten Kontrollmechanismen sind damit nur bedingt effektiv.

1.2.2 Aneignungsregime und Aneignungsmechanismen

Um die Wirksamkeit von Kontrollmechanismen zu charakterisieren, entwickelte TEECE das Konstrukt des *Aneignungsregimes*: „A regime of appropriability refers to the environmental factors, excluding firm and market structure, that govern an innovator's ability to capture the profits generated by an innovation."[88] Dabei unterscheidet TEECE zwischen einem starken und einem schwachen Aneignungsregime. In einem *starken* Aneignungsregime sind Kontrollmechanismen effektiv. Dritte können von dem Zugriff auf eine Invention ausgeschlossen werden. In einem *schwachen* Aneignungsregime haben hingegen auch Dritte einen Zugriff auf

---

[81] Vgl. Levin et al. (1987), S. 796 f. Dieses Ergebnis wird durch Cohen/Nelson/Walsh (2000) sowie durch Harabi (1995) für die Schweiz und Sattler (2003) für Deutschland bestätigt.

[82] Vgl. Arundel (2001), S. 622, Cohen/Levinthal (1990), S. 14 f., Dechenaux et al. (2008), S. 894, Dosi/Marengo/Pasquali (2006), S. 1116, Levin et al. (1987), S. 803 und Mansfield/Schwartz/Wagner (1981), S. 907.

[83] Vgl. z. B. Griliches (1992), S. 30 f.

[84] Vgl. Levin et al. (1987), S. 805-807.

[85] So erfanden der Deutsche Johann Philipp Reis und der Italo-Amerikaner Antonio Meucci um 1860 unabhängig voneinander den Prototypen des heutigen Telefons.

[86] Vgl. Mansfield (1985), S. 219.

[87] Vgl. Harabi (1995), S. 982 und Levin et al. (1987), S. 784.

[88] Siehe Teece (1986), S. 287.

die Invention. Der Erfinder muss befürchten, dass Dritte die Invention imitieren und konkurrierende Produkte auf den Markt bringen.[89] In diesem Sinne drückt ein Aneignungsregime aus, inwieweit es einem Erfinder gelingt, Dritte vom Zugriff auf die betrachtete Invention auszuschließen.

Für eine Aneignung in einem starken Aneignungsregime hat der Erfinder grundsätzlich zwei Möglichkeiten: die interne Verwertung durch eigene Nutzung der Invention oder die externe Verwertung durch ihre Veräußerung und Fremdnutzung.

Die *interne Verwertung* verfolgt das Ziel, Erlöse durch den Verkauf von Produkten zu generieren. Die Invention wird genutzt, um bestehende Produkte zu verbessern oder neue Produkte zu schaffen. Diese Form der Verwertung ist naheliegend, ist ein unternehmerischer Innovationsprozess doch häufig auf die Neu oder Weiterentwicklung eines Produktes ausgerichtet. So investieren Pharmakonzerne in die Produktion neuer Wirkstoffe, um neue Medikamente am Markt zu verkaufen, und Automobilhersteller in die Entwicklung neuartiger spritsparender Motoren, um diese in ihren Fahrzeugen zu verbauen. In beiden Fällen versuchen Unternehmen, durch das Erstellen neuartiger oder die Verbesserung bestehender Produkte, den geschaffenen Wert zu erhöhen. Sie rechtfertigen somit höhere Preise und können einen Teil des geschaffenen Wertes für sich vereinnahmen.[90]

Die *externe Technologieverwertung* bezeichnet die exklusive Weitergabe einer Invention an Dritte, um monetäre oder nicht monetäre Gegenleistungen zu erhalten. Zumeist tritt sie in Form einer Veräußerung auf, die zu einmaligen Erlösen durch den Verkauf oder nutzungsabhängige Lizenzzahlungen führt.[91] Die externe Verwertung setzt dabei voraus, dass die externe Nutzung in dreierlei Hinsicht kontrolliert wird: Nicht intendierte Nutzer müssen von der Nutzung der Information ausgeschlossen werden, die Nutzung durch den Vertragspartner muss sich in den vereinbarten Grenzen halten und er muss die Möglichkeit haben, die fragliche Information in der intendierten Form zu nutzen.[92] Eine externe Verwertung bedarf damit eines Kontrollsystems, das auf der einen Seite ein enges Aneignungsregime schafft, auf der anderen Seite jedoch den externen Verwerter nicht durch technische und organisatorische Regelungen in seiner Verwendung übermäßig einschränkt.

---

[89]   Vgl. Teece (1986), S. 287 und S. 290.

[90]   Vgl. hierzu Kap. B.I.3.

[91]   Vgl. Kamien/Tauman (1986), S. 424. Darüber hinaus ist denkbar, dass es zwischen zwei Erfindern zu einer gegenseitigen Lizenzgewährung kommt, vgl. Grindley/Teece (1997), S. 9-11, Merges/Nelson (1990), S. 908 f. und Shapiro (2000), S. 123 f. und S. 127.

[92]   Vgl. Henkel (2007), S. 32-34.

Anzumerken ist, dass sich eine interne und eine externe Verwertung nicht ausschließen.[93] So kann es für einen Erfinder nützlich sein, eine Invention auf eine bestimmte Weise zu verwerten und andere Verwertungsweisen, z. B. in einem anderen Markt, Dritten gegen Lizenzzahlungen zu überlassen.

1.2.3 Komplementäre Ressourcen

Neben dem Besitz einer Invention sind für die Aneignung ihres Wertes in der Regel komplementäre Ressourcen notwendig.[94] Bei einer externen Technologieverwertung ist der Erfolg insbesondere von spezifischem Verwertungs-Know-how und von Verwertungspartnern abhängig.[95] Produktionsfähigkeit und -kapazität, ein Markenimage, eine Kundenbasis, Vertriebskanäle sowie komplementäre Produkte sind Beispiele für komplementäre Ressourcen, die für eine interne Verwertung notwendig sind. Sie werden benötigt, um eine Invention in ein marktfähiges Produkt zu überführen, dieses effizient zu produzieren und zu vermarkten.

Verfügt ein Erfinder über die notwendigen komplementären Ressourcen oder gelingt es ihm, diese kurzfristig aufzubauen, steht einer Verwertung nichts im Wege.[96] Dabei können komplementäre Ressourcen, die auf die Invention spezialisiert sind und damit nicht über Märkte beschafft werden können,[97] zusätzlichen Imitationsschutz bieten.[98] Ein Imitator müsste neben der Invention auch die komplementären Ressourcen imitieren. Die hieraus resultierende Verzögerung kann der Erfinder als Zeitvorteil nutzen, um Know-how zu akkumulieren und Lernkurvenvorteile aufzubauen.[99] Der Besitz von spezialisierten komplementären Ressourcen unterstützt damit eine Wertaneignung.

Verfügt ein Erfinder jedoch nicht über notwendige komplementäre Ressourcen, so ist seine Wertaneignung gefährdet.[100] Dies gilt insbesondere dann, wenn die Invention auf eine komplementäre Ressource einseitig oder wechselseitig spezialisiert (kospezialisiert) ist.[101] Dabei ist zwischen einem starken und einem schwachen Aneignungsregime zu unterscheiden. Verfügt ein Erfinder über ein starkes Aneignungsregime, so wird er an den Besitzer der komplementären

---

93   Vgl. Arora/Fosfuri/Gambardella (2001), S. 430.

94   Vgl. Teece (1986), S. 288.

95   Weiterhin beeinflussen eine interorganisationale Kommunikation und ein partizipatorischer Ansatz den Erfolg einer externen Technologieverwertung positiv, vgl. Lichtenthaler/Ernst/Lichtenthaler (2007), S. 238 f.

96   Vgl. Teece (1986), S. 290.

97   Vgl. Dierickx/Cool (1989), S. 1508 f.

98   Vgl. Arora/Fosfuri/Gambardella (2001), S. 428.

99   Vgl. Levin et al. (1987), S. 784.

100   Vgl. Franck 2006, S. 71.

101   Vgl. Teece (1986), S. 288 f.

Ressourcen einen Teil des Inventionswertes abführen müssen, um im Gegenzug an die benötigte komplementäre Ressource zu gelangen. Verfügt er über ein schwaches Aneignungsregime, besteht die Gefahr, dass sich der Besitzer der komplementären Ressource den Wert vollständig aneignet. Letzterer kann aufgrund des schwachen Aneignungsregimes die Invention imitieren. Dadurch, dass er die notwendigen komplementären Ressourcen besitzt, hat er in der Verwertung einen Zeitvorteil gegenüber dem Erfinder, der die komplementären Ressourcen zunächst selbst schaffen muss.

Damit bleibt für die Innovation in einer geschlossenen Wertschöpfung festzuhalten, dass diese Form der Wertschöpfung vom Eigentum an den Produktionsfaktoren sowie an dem Produkt einer Innovationshandlung ausgeht. Dabei erfüllt Eigentum zwei Aufgaben: Zum Ersten ist es die Voraussetzung für einen exklusiven Besitz der Eingangsfaktoren und der entstehenden Invention. Zum Zweiten ist Eigentum die Voraussetzung für eine Kontrolle über den Innovationsprozess. An dem Prozess können ausschließlich Mitarbeiter eines Unternehmens oder vertraglich gebundene Akteure teilnehmen. Damit kann die Nutzung von Information und Know-how zielgerichtet durch eine hierarchische oder – im Falle eines externen Bezugs marktliche – Koordination gesteuert werden. Ein exklusiver Besitz und eine Prozesskontrolle gelten damit als Voraussetzungen für ein starkes Aneignungsregime, über das ein geschaffener Wert direkt angeeignet werden kann. Sie gelten damit herkömmlicherweise als eine Voraussetzung für eine kommerziell motivierte Innovation.

2.   Offene Wertschöpfung

Eigentum ist kein natürliches sondern ein von sozialen Gruppen bzw. der Gesellschaft vorgegebenes Verhältnis zwischen einerseits Personen bzw. Institutionen und andererseits (materiellen und immateriellen) Objekten.[102] Eine zur geschlossenen Wertschöpfung alternative Einstellung zu diesem Verhältnis führt zur Innovation in einer offenen Wertschöpfung. In dieser Form der Wertschöpfung stellen Akteure eigene Information der Öffentlichkeit kostenlos zur Verfügung und erlauben es Dritten, die Information für Inventionshandlungen zu nutzen. Um diese alternative Wertschöpfungsform der geschlossenen Wertschöpfung gegenüberzustellen, werden im Folgenden die Entstehung eines Wertes auf Basis offener Information (2.1) sowie dessen Aneignung (2.2) näher betrachtet.

---

[102]   Vgl. Hoppe (1987), S. 67.

2.1   Wertschöpfung auf Basis offener Information

Die offene Wertschöpfung ist ein Gegenentwurf zur geschlossenen Wertschöpfung. Sie ist insbesondere durch die Software GNU/Linux populär geworden: RICHARD STALLAMAN entwickelte seit Mitte der 1980er Jahre die Software GNU, die *frei* verwendet, modifiziert und weiterverbreitet werden sollte, um ihre Verbreitung und Entwicklung zu fördern.[103] Diese freie Software erweiterte LINUS TORVALDS zu Beginn der 1990er Jahre um den Kernel „Linux" und stellte dessen Quellcode öffentlich zur Verfügung. Es fand sich eine Vielzahl von Freiwilligen, die GNU und Linux weiterentwickelten und innerhalb kurzer Zeit ein vollwertiges freies Betriebssystem schufen. Auch jenseits der Softwareentwicklung lassen sich ähnliche Phänomene beobachten, wie z. B. in der Weiterentwicklung von Sportgeräten[104] oder der Entwicklung der Enzyklopädie Wikipedia.[105] Diese Wertschöpfungsprozesse haben gemein, dass durch die Veröffentlichung von Information möglichst viele Akteure in eine Wertschöpfung eingebunden werden, um den geschaffenen Wert zu steigern. Derartige Wertschöpfungsprozesse werden vorliegend als eine offene Wertschöpfung bezeichnet.

---

[103]   Vgl. Stallman (1999), S. 55-57. Diese Freiheit stellte er sicher, indem er die Software unter der GNU General Public License (GPL) lizenzierte. Die Software unterliegt damit keinem „Copyright", sondern einem „Copyleft": Jede Weiterentwicklung der Software muss wieder der GPL unterworfen werden und ist damit wiederum freie Software (vgl. hierzu die GPL bei Free Software Foundation (2007)). Neben der GPL ist ein breites Spektrum unterschiedlicher Lizenzen für freie bzw. OSS entstanden. Sie unterscheiden sich insbesondere dahingehend, inwieweit ein veränderter Quellcode kommerzialisiert werden darf, ohne dass diese Änderung veröffentlicht wird (de Laat (2005), S. 1517-1522). Die verschiedenen Lizenzen haben gemein, dass ein einmal veröffentlichter Quelltext nicht mehr der Öffentlichkeit entzogen werden darf.

[104]   Vgl. Franke/Shah (2003) und von Hippel (1986), S. 802.

[105]   Bemerkenswert ist eine Studie, nach der die Qualität von Wikipedia an die der renommierten Encyclopaedia Britannica heranreicht, vgl. Giles (2005), S. 900 f.

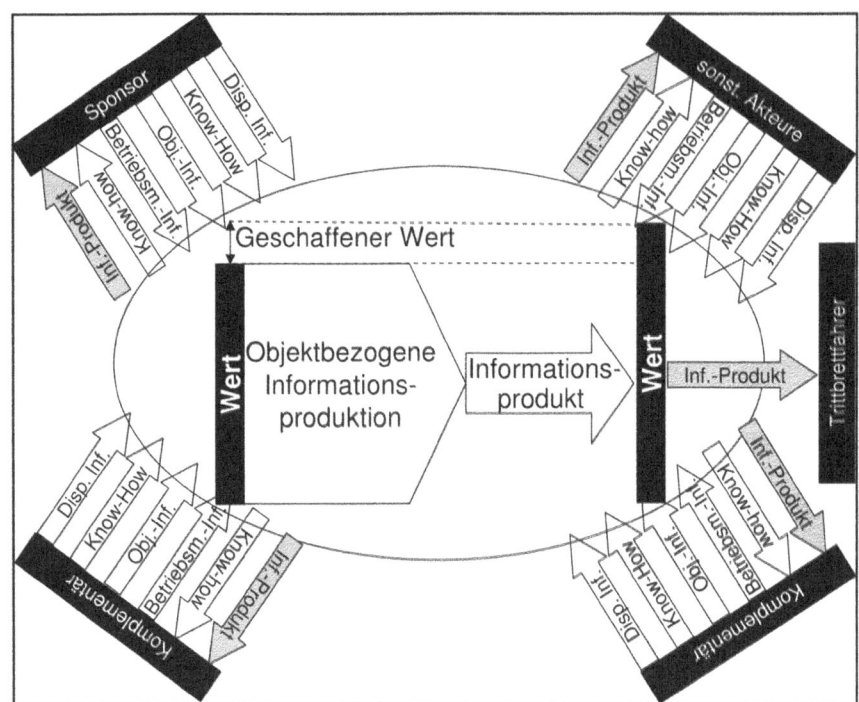

Abbildung 6: Struktur der offenen Wertschöpfung

Der Betrachtungsrahmen wird im Weiteren herangezogen, um die Innovation in der geschlossenen Wertschöpfung zu strukturieren. Bei dieser werden die Informationen denzentral vom Sponsor, von Komplementären, Kunden und sonstigen Akteuren eingebracht, wobei die resultierende Information von all diesen Akteuren ebenso genutzt werden kann, wie von Trittbrettfahrern (vgl. Abbildung 6). Anahnd des Betrachtungsrahmens kann die Struktur damit wie folgt beschrieben werden:

- Auslöser der Wertschöpfung ist die Veröffentlichung von *Objekt-Information* durch einen oder beliebig viele kommerzielle oder nichtkommerzielle Sponsoren. Öffnung bedeutet dabei, dass eine Information für jeden diskriminierungsfrei zugreifbar gemacht wird, unabhängig von seiner Beziehung zu den Sponsoren. Zudem verlangen die Sponsoren für die Nutzung der Information keine Vergütung[106] und gestatten es jedem, eigene Information beizutragen.

- Die Veröffentlichung von *Betriebsmittel-Information* dient in der Regel dazu, Dritten den Einstieg in den Wertschöpfungsprozess zu erleichtern. Derartige Hilfestellungen – z. B. eine Softwareentwicklungsumgebung, eine Dokumentation, eine Quellcodeannotation oder ein interaktives Hilfesystem – senken den

---

[106]   Vgl. Lessig (2001), S. 12.

für die Teilnahme am Wertschöpfungsprozess notwendigen Einarbeitungsaufwand zumeist beträchtlich.[107]

- Jeder kann sich an der Wertschöpfung beteiligen und sein *Know-how* einbringen. Die Akteure sind dabei frei in der Entscheidung, welches Know-how sie einbringen, und richten sich daher nach ihren jeweiligen Bedürfnissen.[108] Damit fließt potenziell eine weite Bandbreite an Know-how in den Wertschöpfungsprozess ein.

- Alle beteiligten Akteure können *dispositive Information* einbringen. Die Steuerung und Kontrolle der Wertschöpfung erfolgt überwiegend dezentral. Auch ein eventuell vorhandener Projektleiter ist lediglich Primus inter Pares und verfügt über keine endgültig durchsetzbare Weisungsbefugnis. Die Steuerung und Kontrolle basiert daher überwiegend auf einer gemeinsamen Kultur, gemeinsamen Werten und Normen.[109] Im Rahmen dieser Kultur vereinbaren die Akteure explizit oder implizit ein gemeinsames Wertschöpfungsziel. Um dieses Ziel zu erfüllen, entscheiden die Akteure selbstständig, welche Information und welches Know-how sie jeweils in den Wertschöpfungsprozess einbringen.[110] Ihren Beitrag kontrollieren sie gegenseitig – dem Prinzip des peer-reviews folgend. Sanktioniert wird Fehlverhalten durch Reputationsverlust innerhalb der Wertschöpfungsgemeinschaft.[111]

Die *objektbezogene Wertschöpfung* findet auf Basis öffentlich zugreifbarer Information und dezentral kontrolliert statt. Da die Information öffentlich ist, können beliebig viele Akteure an der Wertschöpfung teilnehmen. Dabei stellen sie eigene Information, insbesondere auch das Ergebnis ihrer Wertschöpfung, öffentlich zur Verfügung, und schaffen bewusst Spillover.[112] Dies führt zu Erfindungen, die sich gegenseitig ergänzten oder aufeinander aufbauen.[113] So zeigen VON KROGH, SPAETH & HAEFLIGER an 15 Open Source Software (OSS)-Projekten, dass diese sehr stark auf den Quellcode anderer öffentlicher Projekte und Soft-

---

[107]   Hintergrund ist, dass Dritte zunächst Fähigkeiten (absorptive Capacity) aufbauen müssen, um eine externe Information effektiv zu nutzen, vgl. Cohen/Levinthal (1990) und Zahra/George (2002).

[108]   Vgl. Reichwald/Piller (2009), S. 54 f.

[109]   Vgl. Bergquist/Ljungberg (2001), S. 312 f. und Mansell (2006), S. 299.

[110]   Vgl. Benkler (2006), S. 111.

[111]   Vgl. Bergquist/Ljungberg (2001) , S. 318.

[112]   So zeigen Prügl & Schreier in einer Untersuchung des Computerspiels „The Sims", dass 75 % aller Nutzer, die mit erheblichem Aufwand Erweiterungen für dieses Spiel entwickelt haben, diese Erweiterungen anderen zur Verfügung stellen, vgl. Prügl/Schreier (2006), S. 245 f.

[113]   Vgl. Scotchmer (1991), S. 29, 40.

warebibliotheken zurückgreifen.[114] Darüber hinaus zeichnet sich die Wert-schöpfung durch eine dezentrale Kontrolle aus. Die Akteure sind in ihrer Wert-schöpfung frei und können damit ihre Kreativität frei entfalten, was die er-finderische Tätigkeit fördert.[115] Damit führt die offene Wertschöpfung zu einem hohen Innovationspotenzial, wobei der Sponsor der Wertschöpfung das Produkt nicht oder nicht exklusiv besitzt:

- Das *Informationsprodukt* kommt dem Sponsor der Objekt-Information nicht ausschließlich zugute. Gibt ein dritter Erfinder das Produkt wieder an die Öffentlichkeit zurück – da er eine weitere Wertschöpfung ermöglichen möchte oder Lizenzvereinbarungen dies erfordern[116] – so haben alle Beteiligten, aber auch Trittbrettfahrer in gleicher Weise einen Zugriff auf die Information. Der Sponsor hat damit kein ausschließliches Nutzungs- und Verwertungsrecht. Hält ein dritter Erfinder sein geschaffenes Produkt geschlossen, kann der Sponsor nicht auf dieses zugreifen.

- Das *geschaffene Know-how* steht ausschließlich den Wertschöpfungspartnern zur Verfügung. Sie gewinnen es aus ihrer Teilnahme am Wertschöpfungs-prozess und können es nicht ohne weiteres kommunizieren, da es tazit ist. Damit können potenzielle Trittbrettfahrer auf das geschaffene Know-how nicht zugreifen.

Die offene Wertschöpfung zeichnet sich durch ein Streben nach Innovations-erfolg aus. Ihr liegt die Annahme zugrunde, dass durch eine frei verfügbare Information und eine vertraglich ungebundene, selbstbestimmte Teilnahme ein Höchstmaß an Information und Kreativität gebündelt werden kann. Sie trägt auch der Beobachtung Rechnung, dass Erfindungen sich häufig gegenseitig ergänzen und aufeinander aufbauen.[117] Sie folgt damit der Erkenntnis von ARROW, nach der ein höchstmöglicher Wert dann geschaffen werden kann, wenn Information öffentlich verfügbar ist.[118] Voraussetzung hierfür ist ein öffentlicher Zugriff auf und eine dezentrale Kontrolle über die beteiligte Information.

---

[114]   Vgl. von Krogh/Spaeth/Haefliger (2005).

[115]   Vgl. Lessig (2001), S. 12.

[116]   So existieren im Fall der OSS eine Vielzahl von Lizenzformen, die nur zum Teil die Ver-öffentlichung eigener Wertschöpfung verlangen, vgl. Raymond (1998).

[117]   So zeigen Gort & Klepper in einer Untersuchung von 23 mit großem Erfolg verwerteten Inventionen, dass auf jeder dieser Inventionen im Schnitt wiederum 19 weitere auf-bauen, vgl Gort/Klepper (1982).

[118]   Vgl. Arrow (1962a), S. 616 f.

2.2   Wertaneignung fremder Invention

„Why should thousands of top-notch programmers contribute freely to the provision of a public good?"[119] Diese Frage, die LERNER & TIROLE für die OSS-Entwicklung aufwerfen, stellt sich für jede Form der offenen Wertschöpfung. Zwar erschließt eine offene Wertschöpfung ein hohes Wertschöpfungspotenzial. Die Invention steht jedoch dem Sponsor nicht exklusiv zur Verfügung (falls sie vom fremden Erfinder veröffentlicht wurde) oder sie steht ihm gar nicht zur Verfügung (falls sie vom fremden Erfinder nicht veröffentlicht wurde). Damit sind die aus der geschlossenen Wertschöpfung bekannten Aneignungsmechanismen nicht unmittelbar anwendbar. Trotzdem bestehen zwei Erklärungsansätze für die Teilnahme an offenen Wertschöpfungsprozessen: die Aneignung von Umwegrenten und die indirekte Aneignung einer Innovationsrente.

2.2.1   Aneignung von Umwegrenten

Einen ökonomischen Erklärungsansatz für die Teilnahme an Wertschöpfungsprozessen, bei denen die geschaffenen Inventionen dem Sponsor nicht oder nicht exklusiv zur Verfügung stehen, bietet das Konstrukt der Umwegrenten.[120] Diese Renten ergeben sich aus einem Nutzen, den die einzelnen Akteure nicht durch die Verwertung der geschaffenen Invention erfahren, sondern aus der Beteiligung an der Wertschöpfung selbst. Mögliche Nutzen sind:[121]

- *Spaßempfinden:* Für viele Akteure steht der Spaß an der kreativen Arbeit und an der Interaktion mit anderen sowie an der Teilnahme an einem großen Wertschöpfungsprojekt im Vordergrund. Der Nutzen ergibt sich damit aus der Tätigkeit selbst. Das Produkt der Wertschöpfung ist – sobald einmal erstellt – von geringerer Bedeutung.

- *Beitrag zu einem politischen Ziel:* Wie anfangs dargestellt, entstand GNU/Linux aus der Überzeugung heraus, dass eine freie Gesellschaft einer freien Software bedarf. Auch heute ist diese Überzeugung noch stark in der Entwicklergemeinschaft verbreitet und zielt insbesondere darauf, die Abhängigkeit der Gesellschaft von Unternehmen, insbesondere Microsoft, zu mindern. Der individuelle Nutzen ergibt sich aus der Mitwirkung an der Verwirklichung eines gemeinsamen politischen Zieles. Die Art und Umstände des Produktes stehen damit im Vordergrund.

---

[119]   Siehe Lerner/Tirole (2002), S. 198.

[120]   Vgl. Franck (2006), S. 75 f. und Ghosh (2007), S. 33.

[121]   Vgl. Bonaccorsi/Rossi (2006), Franck (2006), S. 75, Ghosh (2007), S. 34, Hars/Qu (2002), S. 26-31, Hertel/Niedner/Herrmann (2003), Lakhani/von Hippel (2003) und Lerner/Tirole (2002), S. 212-215.

- *Lernen:* Know-how lässt sich nur durch die Teilnahme an Problemlösungs-prozessen aufbauen. Die Teilnahme an offenen Wertschöpfungsprozessen bietet die Gelegenheit, an komplexen Problemlösungen mitzuwirken und dadurch Er-fahrungen zu sammeln. Dabei können eigene Lösungen nicht nur erstellt, sondern auch mit der Gemeinschaft diskutiert werden. Das gelernte Know-how kann bei der Bewältigung von Aufgaben in anderen Kontexten von erheblichem Wert sein.

- *Reputationserwerb:* Der Beitrag jedes einzelnen Akteurs kann in einer offenen Wertschöpfung von Dritten wahrgenommen und bewertet werden. Eine Teil-nahme kann daher zur Befriedigung des Bedürfnisses nach Anerkennung inner-halb der Wertschöpfungsgemeinschaft genutzt werden. Darüber hinaus wird die Leistung von Akteuren auf dritten Märkten, z. B. dem Arbeitsmarkt, wahr-genommen. Mit einer Teilnahme können somit eigene Fähigkeiten Dritten gegenüber signalisiert werden, um den eigenen Wert bzw. den Wert der eigenen Leistung auf dritten Märkten zu erhöhen.

- *Eigenverwendung:* Wenn bestehende Software nicht hinreichend geeignet ist, eigene Zwecke zu unterstützen, kann es sinnvoll sein, durch einen eigenen Bei-trag die Entwicklung entsprechender Funktionalität zu unterstützen.

Die Veröffentlichung von Information muss damit nicht altruistisch motiviert sein. Jedoch ist es höchst fraglich, ob die Suche nach Umwegrenten eine Ver-öffentlichung wertvoller Information durch Unternehmen rechtfertigt. Der eigene Spaß, also die konsumptive Nutzung von Gütern trägt hierzu nicht bei. Auch die anderen vier Zwecke rechtfertigen eine Veröffentlichung von wertvoller Informa-tion durch Unternehmen im Allgemeinen nicht. Insbesondere größeren Unter-nehmen stehen andere Wege offen, die genannten Zwecke zu erfüllen, ohne wert-volle Information zu veröffentlichen. Wie eingangs aufgezeigt beteiligen sich jedoch auch große Unternehmen – wie z. B. IBM – an der Entwicklung von Open Source Software.

2.2.2   Indirekte Aneignung einer Innovationsrente

Hinweise, wie Unternehmen aus der Nutzung einer Invention durch Dritte Vorteile erzielen können, gibt HENKEL. Er zeigt auf, dass für ein Unternehmen die Ver-wendung einer Invention durch ein anderes Unternehmen durchaus sinnvoll sein kann, auch wenn keine direkte Gegenleistung erbracht wird. Hierzu schafft er folgendes Szenario: Gegeben sei ein Unternehmen U_I, das eine Invention ge-schaffen hat. Das Unternehmen U_I ermöglicht es dem Unternehmen U_V, diese In-vention ohne direkte Gegenleistung zu verwerten. In diesem Szenario existieren fünf Konstellationen, in denen die Freigabe der Invention durch U_I sinnvoll sein kann:[122]

- U_V ist ein Zulieferer von U_I. Er kann die Invention nutzen, um kostengünstigere oder leistungsfähigere Vorprodukte für U_I herzustellen.

- U_V ist Kunde von U_I. In diesem Fall könnte die Invention neue Nutzungsmöglichkeiten der Produkte von U_I schaffen und damit die Nachfrage nach diesen Produkten steigern.[123]

- U_V liefert Maschinen oder Werkzeuge für U_I: Die Verwertung der Invention durch U_V kann zu verbesserten Prozessen bei U_I führen, da U_I mit den innovativen Maschinen kostengünstiger, schneller oder flexibler produzieren kann.[124]

- U_V schafft ein Komplement zu einem Produkt für U_I, sodass die Nachfrage nach Produkten für U_I steigt.

- U_V schafft ein Substitut zu Produkten von U_I. In diesem Fall kann U_I von am Markt existierenden Netzeffekten („network externalities"[125]) profitieren. Zum Ersten könnte mithilfe der Substitute eine kritische Masse von Verwendern erreicht werden, die U_I aufgrund mangelnder Produktionskapazitäten nicht selbstständig bedienen kann.[126] Zum Zweiten könnten Verwender das Produkt von U_I aus der Befürchtung heraus ablehnen, dass U_I seine Monopolstellung auf dem Markt ausnutzt. Diese Befürchtung könnte durch Substitute ausgeräumt werden, die Wettbewerber von U_V anbieten.[127]

Diese Konstellationen zeigen, dass es sinnvoll sein kann, eine Invention in die Hand von Dritten zu geben, ohne eine Gegenleistung hierfür zu verlangen. Jedoch beschränkt sich diese Betrachtung auf einen kleinen Ausschnitt der offenen Wertschöpfung. Es werden ausschließlich Wege der Aneignung betrachtet, die sich aus der direkten Verwertung einer Invention durch Dritte ergeben. Nicht explizit betrachtet wird aber die Öffnung einer Information, mit der eine inventive Wertschöpfung außerhalb des Unternehmens angeregt wird. Darüber hinaus lassen sich die aufgezeigten Effekte unter Umständen auch auf herkömmlichen Wegen, wie z. B. durch exklusive Lizenzierung im Zuge einer geschlossenen Wertschöpfung, erreichen.

---

[122] Vgl. Henkel (2007), S. 35 f.
[123] Vgl. auch Harhoff (1996).
[124] Vgl. auch Harhoff/Henkel/von Hippel (2003).
[125] Vgl. Katz/Shapiro (1985), S. 424.
[126] Vgl. Farrell/Saloner (1985) und Katz/Shapiro (1992).
[127] Vgl. Economides (1996).

Für die Invention in einer offenen Wertschöpfung kann damit resümiert werden, dass sie von offen zugänglichen Eingangsfaktoren ausgeht und wiederum zu einem offenen Produkt führt. Die Veröffentlichung einer Information führt zu einem Verlust eigener Kontrolle über den Wertschöpfungsprozess. Jeder kann, ohne definierte Zulassungsvoraussetzungen erfüllen zu müssen, spontan an der Wertschöpfung teilnehmen. Damit sind Art und Umfang der in den Wertschöpfungsprozess eingehenden Information sowie die eingebrachten Erfahrungen, Kreativität und Talente zunächst lediglich durch eine Bereitschaft zur Teilnahme Dritter beschränkt. Dabei können die Akteure eigenständig ihre Beiträge für den Wertschöpfungsprozess bestimmen oder das Ergebnis kontrollieren. Die fehlenden Restriktionen und der potenziell unbeschränkte Beitrag von Dritten sind die wesentlichen Ursachen dafür, dass eine offene Information zu einem hohen Wertschöpfungspotenzial führen kann. Jedoch führt die Veröffentlichung einer Information dazu, dass aus ihr resultierende Werte nicht direkt angeeignet werden können. Auch wenn Hinweise bestehen, dass ein Unternehmen von einer externen Invention Vorteile erlangen kann, so bleibt unklar, wann die Öffnung einer Information und eine Innovation in einer offenen Wertschöpfung unternehmerisch sinnvoll sind.

3.   Implikationen für das betriebswirtschaftliche Management von Information

Eine Gegenüberstellung der beiden Innovationskonzepte – der Innovation in einer geschlossenen und in einer offenen Wertschöpfung – offenbart die Implikationen einer Veröffentlichung von Information. Verbleibt eine Information exklusiv, so führt sie zu einem geschlossenen Inventionsprozess. Zu diesem trägt ausschließlich der Eigentümer der Information bei. Er erlangt im Gegenzug einen exklusiven Zugriff auf die resultierende Invention und das Know-how. Eine Veröffentlichung von Information führt hingegen zu einem offenen Inventionsprozess. Zu diesem können beliebige Akteure beitragen, um die Wertschöpfung zu befeuern. Die resultierende Invention und das Know-how sind nicht exklusiv. Während eine exklusive Information damit zu einem hohen Potenzial direkter Aneignung führt, kann eine allgemein verfügbare Information ein hohes Wertschöpfungspotenzial entfalten (vgl. Tabelle 1).

Geschlossene Wertschöpfung	← →	Offene Wertschöpfung
Information im Eigentum des Unternehmens	Informa-tion	Information im Eigentum der Allgemeinheit
exklusive Information des Unternehmens		jegliche verfügbare Information
auf Unternehmensgrenzen beschränkt	Inventions-prozess	Teilnahme steht allgemein offen
vertragliche Bindung der Teilnehmer		spontane Teilnahme
zentrale Steuerung ausgerichtet auf Unternehmensziel		Beitrag nach eigenem Ermessen der Wertschöpfungspartner
Qualitätsanspruch in verbindlichen Richtlinien formalisiert		Qualitätsanspruch richtet sich nach gemeinsamen Werten und Normen
zentrale, vertragliche Kontrolle		dezentrale, gemeinsame Kontrolle
Invention steht ausschließlich zur Verfügung	Invention	Invention steht nicht oder nicht ausschließlich zur Verfügung
das Unternehmen gewinnt an Know-how		alle Beteiligten gewinnen an Know-how

hohes Potenzial einer direkten Wertaneignung   hohes Wertschöpfungs-potenzial

Tabelle 1: Gegenüberstellung der geschlossenen und offenen Wertschöpfung

Die geschlossene und die offene Wertschöpfung sind jedoch keine sich ausschließende Alternativen. Sie können vielmehr als zwei Pole eines Kontinuums betrachtet werden, in dem Unternehmen Innovation betreiben können. Diese Sicht hybrider Wertschöpfungsformen wird durch die Literatur gestützt. VON HIPPEL & VON KROGH kommen bei einer phänomen- und literaturgestützten Betrachtung von Anreizmodellen zu dem Schluss, dass die beiden Anreizmodelle „private investment model" und „collective investment model" zu einem „private-collective model for innovation incentives" kombiniert werden können.[128] Mit dieser Zwischenform erklären die Autoren die Stabilität von OSS und vergleichbaren Wertschöpfungsmustern. Ähnlich argumentiert ULHØI und erklärt die nachhaltige Existenz offener Wertschöpfungsmuster mit der Existenz von „hybrid models of agency", die er in einem Kontinuum zwischen „private model" und „collective model" ansiedelt.[129] Wenn diese Autoren auch das nachhaltige Bestehen mit zu Open Source vergleichbaren Wertschöpfungsformen zu erklären suchen und nicht

---

[128]   Vgl. von Hippel/von Krogh (2006), S. 302-304.

[129]   Vgl. Ulhøi (2004), S. 1096-1098.

den vorliegend gewählten Fokus des betriebswirtschaftlichen Umgangs mit Information teilen, untermauern sie doch die hier gewählte Konzeptualisierung eines Wertschöpfungskontinuums.

Für das betriebswirtschaftliche Management von Information stellt sich damit die Frage, ob und wann es sinnvoll ist, eigene Information zu öffnen. Diese Frage lässt sich jedoch nicht mit einem einfachen „geschlossen" oder „offen" beantworten. Vielmehr ist ein vorteilhaftes Innovationskonzept in einem Wertschöpfungskontinuum zu identifizieren. Auf der einen Seite gilt es, durch einen gezielten Schutz eigener Information die Vorteile der geschlossenen Wertschöpfung – ein Potenzial der direkten Aneignung – zu sichern. Auf der anderen Seite gilt es durch eine gezielte Öffnung eigener Information auch Information und Know-how Externer in die Wertschöpfung einzubinden und damit den Vorteil einer offenen Wertschöpfung – ein hohes Wertschöpfungspotenzial – zu erschließen.

III. Stand der Forschung zur unternehmerischen Veröffentlichung von Information

Die Veröffentlichung von Information ist ein schillernder Betrachtungsgegenstand: Eine Reihe von Literaturströmungen nähern sich diesem aus sehr unterschiedlichen Blickwinkeln und mit unterschiedlichen Konzepten. Um einen Überblick über den Stand der Forschung zu geben, werden diese Literaturströmungen im Folgenden hinsichtlich ihres Erklärungsbeitrags für eine unternehmerische Öffnung und der damit einhergehenden Positionierung im Wertschöpfungskontinuum vorgestellt.

Bereits seit den 1980er Jahren wird die Öffnung technischer Plattformen diskutiert. Im Vordergrund stehen dabei Netzeffekte[130] und der Erfolg von Produkten bzw. Plattformen in Abhängigkeit von komplementären Produkten.[131] Eine Veröffentlichung von Standards wird dadurch erklärt, dass ein Unternehmen mit dieser mangels eigener Kapazität die Entwicklung und Produktion komplementärer Produkte Dritter überlässt, um ein vollständiges System komplementärer Produkte zu gewährleisten.[132] Dabei wird die Standardsetzung auch als eine Handlung verstanden, mit der ein Produkt im Wettbewerb durchgesetzt werden kann.[133] Erkenntnisse hinsichtlich der Frage, welche Teile einer Plattform geöffnet werden sollten, erbringen Untersuchungen zu zweiseitigen Netzeffekten.[134] Verwandt mit diesen Betrachtungen ist die Erklärung für die Öffnung einer Invention, mit der ein

---

[130]   Vgl. Katz/Shapiro (1985).

[131]   Vgl. Schoder (1995).

[132]   Vgl. Cusumano/Gawer (2002), S. 53.

[133]   Vgl. Borowicz/Scherm (2001), Katz/Shapiro (1994) und Shapiro/Varian (1999).

[134]   Vgl. Parker/van Alstyne (2005).

Unternehmen bewusst einen Wettbewerb fördert. Begründet wird dies im Fall von nutzerseitigen Netzeffekten dadurch, dass ein Unternehmen nicht in der Lage ist, eine kritische Masse an Nutzer zu bedienen.[135] Eine weitere Erklärung für eine Öffnung ist, dass ein Unternehmen bewusst einen Wettbewerb schafft, da potenzielle Kunden aus Angst vor einer Abhängigkeit davor zurückschrecken, ein Monopolprodukt zu erwerben.[136]

Ein verwandter Blickwinkel sind Wertschöpfungsnetze. Hier fokussieren Betrachtungen auf die Koordination und Steuerung dieser Netze. Die Freigabe von Standards wird als Handlung verstanden, mit der Dritte – Komplementäre, aber auch Wettbewerber – in ein Wertschöpfungsnetz eingebunden werden.[137] Dabei wird auch die gezielte Gewinnung von Partnern,[138] ein gezieltes Ausschließen von Wettbewerbern[139] sowie die Wahl einer geeigneten Kooperationsform betrachtet.[140] Der Fokus hierbei liegt auf der Frage, wie das Wachstum eines Wertschöpfungsnetzes gesteuert werden kann, ohne die Interessen der Partner zu verletzen.[141] Auch der Wettbewerb zwischen Wertschöpfungsnetzen wird untersucht.[142] Eine erweiterte Betrachtung bieten Business Ecosystems, die Wertschöpfungsnetze auch jenseits zentraler Plattformen betrachten.[143]

Die Literatur zum Plattformmanagement sowie Wertschöpfungsnetzen und zu Business Ecosystems kann die vorliegend betrachtete Problematik jedoch nur partiell erfassen. Die Betrachtungen zu Plattformen und Wertschöpfungsnetzen fokussieren auf Standards, vernachlässigen jedoch überwiegend die Öffnung einer Invention. Darüber hinaus liegt der Fokus der Betrachtung ebenso wie bei Business Ecosystems, nur auf Unternehmen als Wertschöpfungspartner, nicht auf der Öffnung für die Allgemeinheit. Diese eingeschränkte Sicht blenden lediglich TAPSCOTT & WILLIAMS mit ihrem Konzept der „platforms for participation" weiter auf und beziehen explizit auch andere Formen der Information und auch Kunden in das Plattformmanagement ein.[144] Ihre Ausführungen beschränken sich jedoch überwiegend auf anekdotische Erläuterungen, betten sich nicht in die bestehende Literatur ein und bilden kein konsistentes System von Konzepten.

---

[135]   Vgl. Church/Gandal (1992), Farrell/Saloner (1985), Katz/Shapiro (1985), Katz/Shapiro (1992) und Katz/Shapiro (1994).

[136]   Vgl. Farrell/Gallini (1988) und Shepard (1987).

[137]   Vgl. Garud/Kumaraswamy (1993).

[138]   Vgl. Gawer/Cusumano (2002).

[139]   Vgl. Funk (2003).

[140]   Vgl. Franz (2003).

[141]   Vgl. Garud/Jain/Kumaraswamy (2002).

[142]   Vgl. Hagel III (1996) sowie Gomes-Casseres (1994).

[143]   Vgl. Iansiti/Levien (2004a), Iansiti/Levien (2004b) und Moore (1993).

[144]   Vgl. Tapscott/Williams (2006).

Ein weiterer Literaturstrang betrachtet eine Einbindung von Kunden in Wert-schöpfungsprozesse.[145] Hierzu werden Kunden kostenlos Werkzeuge – meist Computerprogramme oder Webdienste – bereitgestellt,[146] mit denen sie im Rahmen einer Massenfertigung Produkte auf ihre individuellen Bedürfnisse abstimmen können.[147] Ebenso können Kunden eingebunden werden, um ihre Bedürfnisse frühzeitig in einer Produktentwicklung zu berücksichtigen.[148] Dieser Literatur-strang betrachtet ausschließlich die Einbindung von Kunden, jedoch keine Ver-öffentlichung von Information für die Allgemeinheit.

Das Konzept der Open Innovation nach CHESBROUGH fasst bestehende ko-operationsorientierte Ansätze unter dem Blickwinkel des Innovationsmanagements zusammen. Er schlägt vor, mittels Kooperationen und Lizenzierungen Ressourcen auszutauschen, um bestehende Inventionen effizienter und effektiver nutzen zu können.[149] Während dieses Konzept in erster Linie auf Unternehmen ausgerichtet ist, beschreibt „Crowdsourcing" Ausschreibungen an die Allgemeinheit, mit denen weitere Wissensquellen erschlossen werden können.[150] Das ursprüngliche Konzept der Open Innovation betrachtet damit einen Transfer von Ressourcen über Unter-nehmensgrenzen hinweg; eine vollständige Öffnung liegt jedoch außerhalb des Fokus.

Weitere Literatur überträgt das Konzept der Open Innovation auf die OSS-Entwicklung.[151] Untersuchungen zeigen, dass Unternehmen von der Diffusion und hohen Qualität von OSS profitieren, indem eigene Produkte und Dienstleistungen in Verbindung mit dieser nutzen und vertreiben.[152] Diese Erkenntnisse greifen GRAND ET AL. auf und entwickeln ein Ebenenmodell, um verschiedene Stufen einer unternehmerischen Beteiligung an einer OSS-Entwicklung zu beschreiben.[153] HENKEL analysiert empirisch und modelltheoretisch die Bedingungen, unter denen eine unternehmerische Beteiligung an einer von rivalisierenden Unternehmen ge-prägten OSS-Entwicklung sinnvoll ist.[154] Dabei betrachtet er auch eine selektive

---

[145]   Vgl. Ramírez (1999).

[146]   Vgl. Dahan/Hauser (2002).

[147]   Vgl. Davis (1987), Piller (1998) und Pine (1993).

[148]   Vgl. Thomke/von Hippel (2002) und von Hippel (1994).

[149]   Vgl. Chesbrough (2003b) und Chesbrough (2006).

[150]   Vgl. Brabham (2008) und Howe (2006).

[151]   Vgl. Chesbrough (2006), S. 42-48, Henkel (2006), von Hippel/von Krogh (2003), West (2003), West/Gallagher (2006a) und West/Gallagher (2006b).

[152]   Vgl. Achtenhagen/Müller-Lietzkow/zu Knyphausen-Aufseß (2003), AlMarzouq et al. (2005), Dahlander (2005), S. 264, Fosfuri/Giarratana/Luzzi (2008) und Lerner/Tirole (2002).

[153]   Vgl. Grand et al. (2004).

[154]   Vgl. Henkel (2007).

Öffnung von Software.[155] Auch wenn diese Literatur einen bedeutenden Erkenntnisbeitrag leistet, vernachlässigt sie mit ihrem Fokus auf OSS exklusive Kooperationen und weitere Anwendungsbereiche der Öffnung.

Verschiedene Autoren übertragen Erklärungsmuster zur OSS auf weitere Anwendungsbereiche. VON HIPPEL & VON KROGH sowie ULHØI konzeptualisieren die OSS-Entwicklung als eine hybride Wertschöpfungsform.[156] HARHOFF ET AL. analysieren spieltheoretisch die Veröffentlichung von Inventionen durch einen unternehmerisch tätigen Kunden und zeigen, dass diese von der Implementierung der Invention durch Lieferanten profitieren können.[157] BENKLER abstrahiert von der Invention auf die Informationsproduktion im Allgemeinen und schafft, in Anlehnung an das Peer-to-Peer-Paradigma[158], das Konzept der „Commons based Peer Production".[159] JACOBIDES, KNUDSEN & AUGIER sowie PISANO & TEECE bringen die Öffnung mit der Aneignung von Innovationsrenten in Zusammenhang, indem sie den Einfluss einer Öffnung auf Industriestrukturen betrachten.[160] Aus dem Fokus dieser Betrachtungen gerät dabei jedoch die selektive Veröffentlichung von Information und die damit einhergehende Positionierung im Wertschöpfungskontinuum zwischen der geschlossenen und der offenen Wertschöpfung.

Die bestehende Literaturlandschaft gibt damit zahlreiche Erklärungsansätze für eine unternehmerische Öffnung, ist jedoch sehr stark fragmentiert. Die einzelnen Ansätze können damit dem Management von Information keinen einheitlichen Rahmen für Handlungsempfehlungen zur Veröffentlichung von Information und der damit verbundenen Positionierung im Kontinuum zwischen einer geschlossenen und einer offenen Wertschöpfung geben. Darüber hinaus vernachlässigt die bestehende Literatur überwiegend die strategische Relevanz von Öffnungsphänomenen, obwohl – insbesondere unter dem Eindruck der in der Ein-

---

[155]   Vgl. Henkel (2006).

[156]   Vgl. Ulhøi (2004), von Hippel/von Krogh (2006) und Kap. B.II.3.

[157]   Vgl. Harhoff/Henkel/von Hippel (2003).

[158]   Vgl. Schoder (2003).

[159]   Vgl. Benkler (2006).

[160]   Vgl. Jacobides/Knudsen/Augier (2006) und Pisano/Teece (2007).

leitung vorgestellten Beispiele – die unternehmerische Veröffentlichung von Information häufig strategisch motiviert zu sein scheint.[161] Daher werden im folgenden Kapitel bestehende Ansätze des strategischen Managements daraufhin untersucht, inwieweit sie einen Erklärungsbeitrag für die Öffnung leisten.

---

[161]   Vgl. Chesbrough/Appleyard (2007).

C. Erklärungsbeitrag der ressourcenorientierten Ansätze für die Öffnung von Informationsressourcen

Im Folgenden wird untersucht, inwieweit herkömmliche Ansätze des strategischen Managements Öffnungsphänomene erklären können und damit als Rahmen zur Betrachtung und Analyse dieser Phänomene in Betracht kommen. Hierzu wird Information als eine strategisch relevante Ressource begriffen (I) und der Ressourcenansatz als maßgeblicher theoretischer Ansatz gewählt (II). Der Ansatz wird daraufhin untersucht, welchen Erklärungsbeitrag er für die Öffnung von I.-Ressourcen leisten kann (III). Der Ressourcenansatz hat in der Literatur verschiedene Erweiterungen erfahren, die ebenfalls in die Untersuchung einbezogen werden (IV). Abschließend werden die Ergebnisse zusammengefasst. Es wird gezeigt, dass die ressourcenorientierten Ansätze lediglich einen begrenzten Erklärungsbeitrag leisten können (V). Dieser Erklärungsbeitrag bildet das Fundament, auf dem im Weiteren der Bezugsrahmen aufbaut, anhand dessen Öffnungsphänomene erfasst und analysiert werden können.

I. Strategische Bedeutung des Managements von Informationsressourcen

Die Begriffe „Strategie" und „strategisches Management" werden in nahezu allen Bereichen des unternehmerischen Handelns, wie z. B. dem strategischen Beschaffungsmanagement,[162] dem strategischen Produktionsmanagement,[163] dem strategischen Marketing[164] und dem strategischen Innovationsmanagement[165] verwendet. Häufig drängt sich jedoch der Verdacht auf, dass mit dem Attribut „strategisch" lediglich die Relevanz des besprochenen Sachverhalts im Gefüge unternehmerischer Aufgaben aufgewertet werden soll. GÄLWEILER bemerkt hierzu: „Auch in der Unternehmung muß das tatsächlich Strategisch-Notwendige leiden, wenn alles und jedes, was man für wichtig hält, jetzt auf einmal strategisch genannt wird."[166] Um die strategische Relevanz des Managements von I.-Ressourcen aufzuzeigen, werden im Folgenden zunächst Begriff und Gegenstand des strategischen

---

[162] Vgl. Krampf (2000).

[163] Vgl. Zäpfel (2000).

[164] Vgl. Backhaus/Schneider (2007).

[165] Vgl. Goos (2006).

[166] Vgl. Gälweiler/Schwaninger (2005), S. 57.

© Springer Fachmedien Wiesbaden GmbH, ein Teil von Springer Nature 2010
S. Muhle, *Strategisches Innovationsmanagement in überbetrieblichen Informationssphären*, Edition KWV, https://doi.org/10.1007/978-3-658-24248-0_3

Managements näher beleuchtet (1) und dann die strategische Signifikanz eines Managements von I.-Ressourcen verdeutlicht (2).

1.   Begriff und Gegenstand des strategischen Managements

Ausgangspunkt für das Begriffsverständnis des strategischen Managements ist der Begriff „Strategie".[167] Er wurde erstmalig in den Business-Policy-Kursen der Harvard Business School in einem betriebswirtschaftlichen Kontext verwendet.[168] Dem Business-Policy-Konzept entsprechend umfasst eine Strategie die Formulierung langfristiger Unternehmensziele, entsprechender Politiken und Richtlinien sowie der Mittel und Wege, diese Ziele zu erreichen.[169] Dabei beschäftigt sich die Strategie insbesondere mit dem fundamentalen Ziel eines Unternehmens: der Sicherung seiner Überlebensfähigkeit.[170] Eine Strategie ist damit ein konsistentes System langfristiger Ziele und der zu ihrer Erreichung festgelegten Maßnahmen, um das Überleben eines Unternehmens langfristig zu sichern.

Das dieser Arbeit zugrundeliegende Verständnis des „strategischen Managements" leitet sich aus dem dargestellten Strategiebegriff ab. Dabei wird „Management" im funktionsbezogenen Sinn verstanden.[171] Es umfasst Handlungen, die zur Steuerung von Unternehmensprozessen dienen, insbesondere die Planung, Organisation, Durchführung und Kontrolle dieser Prozesse. Damit beschreibt „strategisches Management" in der vorliegenden Arbeit Handlungen, (1) mit denen ein konsistentes System langfristiger Unternehmensziele gebildet wird, (2) mit denen Maßnahmen zur Erreichung dieser Ziele entwickelt und einzelnen Unternehmenseinheiten zugewiesen werden und (3) mit denen kontrolliert wird, ob die gesetzten Ziele durch die Handlungen erreicht werden. Damit sollen Ziele und Handlungen eines Unternehmens an veränderte Gegebenheiten angepasst werden, um letztlich das Überleben eines Unternehmens langfristig zu sichern. Die konkrete Umsetzung einer Strategie obliegt dem operativen Management. Ihm kommt die Aufgabe zu, Teilziele für konkrete Handlungen abzuleiten und in deren Rahmen die vom strategischen Management entwickelten Maßnahmen auszugestalten und umzusetzen.

---

[167]   Der Begriff „Strategie" kann abgeleitet werden von den Wörtern stratós (Heer, Lager) und ágein (führen) und bedeutet ursprünglich sinngemäß die Kunst der Heeresführung.

[168]   Vgl. Eschenbach/Eschenbach/Kunesch (2003), S. 5.

[169]   Vgl. Staehle/Conrad/Sydow (1999), S. 575.

[170]   Vgl. Rasche/Wolfrum (1994), S. 501.

[171]   Der Begriff „Management" kann entweder – im institutionellen Verständnis – als sämtliche durch die Aufbauorganisation eines Unternehmens definierten Positionen eines Unternehmens mit Weisungsbefugnis oder – im funktionalen Verständnis – als sämtliche Handlungen zur Steuerung von Leistungsprozessen verstanden werden, vgl. Steinmann/Schreyögg/Koch (2005), S. 5 f. Dieser Arbeit liegt das funktionale Verständnis zugrunde.

Gegenstand des strategischen Managements sind die Erfolgspotenziale eines Unternehmens. Sie umfassen unternehmensbezogene Faktoren, die Stärken und Schwächen eines Unternehmens sowie Umweltfaktoren, die zu Chancen und Risiken führen.[172] Diese Erfolgspotenziale bilden die Grundlage nachhaltiger strategischer Wettbewerbsvorteile, deren Erlangung im Zentrum des strategischen Managements steht.[173] Sie drücken sich dadurch aus, dass das Unternehmen ein günstigeres Preis-Leistungs-Verhältnis gegenüber Wettbewerbern anbieten kann.[174] Das strategische Management ist darauf auszurichten, die jeweiligen Erfolgs-potenziale zu identifizieren, sie zur Existenzsicherung zu erhalten und zur Steuerung der Unternehmensevolution aufzubauen bzw. zu entwickeln.[175]

2.   Strategisches Management von Informationsressourcen

Eine explizite strategische Betrachtung von I.-Ressourcen entwickelte sich aus dem Konzept des Information Resources Management (IRM), das Mitte der 1970er Jahre entwickelt und von HORTON erstmalig so bezeichnet wurde.[176] Bis in die 1970er Jahre hinein wurde Information noch als ein unkritisches Element für die Wertschöpfung angesehen,[177] das allen Akteuren zu Kosten von null zur Ver-fügung steht.[178] Mit einem steigenden Informationsaufkommen wuchs jedoch die Notwendigkeit, Information geplant, gesteuert und kontrolliert zu erfassen und zu nutzen.[179] Damit wurde Information zum Gegenstand unternehmenseinheitlichen Managements.[180]

Die strategische Relevanz von I.-Ressourcen wird kontrovers diskutiert. LYTLE postulierte als einer der Ersten die strategische Relevanz von Information: „Information can and must be used to achieve the overall strategic objective of the organization."[181] Hieran schloss sich ab den 1990er Jahren eine intensive Dis-kussion zur strategischen Signifikanz von I.-Ressourcen an. Dabei kamen Unter-suchungen zu sehr gemischten Ergebnissen. Zumeist wurden I.-Ressourcen nur dann als strategisch relevant erachtet, wenn sie mit herausragenden Fähigkeiten

---

[172]   Vgl. Andrews (1987), S. 69.

[173]   Vgl. Teece/Pisano/Shuen (1997), S. 509.

[174]   Vgl. Kirsch (1991), S. 17-19 und Simon (1988), S. 2.

[175]   Vgl. Gälweiler/Schwaninger (2005), S. 28.

[176]   Vgl. Horton (1979), Horton/Marchand (1982) und Horton (1985).

[177]   Vgl. Bell (1981), S. 70 f. und S. 77.

[178]   Vgl. Sampler (1998), S. 344.

[179]   Vgl. Eaton/Bawden (1991), S. 158.

[180]   Vgl. Lytle (1986), S. 310 f.

[181]   Siehe Lytle (1986), S. 317.

kombiniert werden.[182] Hintergrund ist, dass der Begriff „I.-Ressource" in den Untersuchungen neben Information auch Informationstechnik einschloss. Um zu aussagekräftigen Ergebnissen zu gelangen, ist jedoch eine Unterscheidung von Information und Technik notwendig.[183]

Wird ausschließlich Information als Ressource betrachtet, so klärt sich das Bild. Information wird in der Literatur als ein Faktor angesehen, mit dem ein Unternehmen sich im Wettbewerb differenzieren und Vorteile erlangen kann.[184] So wird proprietären Datenbanken ein Erfolgspotenzial zugesprochen.[185] Informationen können strategische Entscheidungen unterstützen,[186] Produktionsprozesse effizienter gestalten[187] und mit einer kundenindividuellen Anpassung zu einer Produktdifferenzierung beitragen.[188] Eine strategische Relevanz besitzt Information insbesondere auch in Innovationsprozessen.[189]

Aus der strategischen Relevanz der Ressource „Information" erhebt sich die Forderung nach einem „strategic use of information resources".[190] Die hiermit verbundenen Aufgaben werden im Weiteren als *strategisches Management von I.-Ressourcen* bezeichnet. Dieses grenzt sich vom IRM dadurch ab, dass ausschließlich die Ressource „Information", nicht aber die Technik, betrachtet wird. Als theoretisches Fundament für das strategische Management von I.-Ressourcen wird im Folgenden der Ressourcenansatz gewählt.

---

[182]   Für eine zusammenfassende Betrachtung von Analysen, die mit dem Erklärungskonstrukt des Ressourcenansatzes die strategischen Bedeutung von Informationsressourcen analysieren siehe Wade/Hulland (2004).

[183]   Vgl. King/Hufnagel/Grover (1988), S. 76.

[184]   Vgl. z. B. Barney (1986), S. 101, Kettinger et al. (1994) und S. 36 f., Kogut/Zander (1992), S. 384.

[185]   Vgl. Feeny/Ives (1990), S. 37 f., King/Hufnagel/Grover (1988), S. 77 f. und Sabherwal/King (1991), S. 193 f.

[186]   Vgl. Kogut/Zander (1992), S. 386.

[187]   Vgl. Zäpfel (2000)S. 189-192.

[188]   Vgl. Davis (1987), S. 169 ff., Piller (1998) und Pine (1993).

[189]   So stellen Hauschildt & Salomo sowie Sabherwal & King die strategische Bedeutung der Informationsversorgung in Innovationsprozessen heraus, vgl. Hauschildt/Salomo (2007), S. 41 f. und Sabherwal/King (1991), S. 194. Andere Autoren heben die strategische Bedeutung von Technologie und technologischer Innovation für den Wettbewerb hervor, z. B. Adner (2002), Christensen/Raynor (2003), S. 34 f. i. V. m. Christensen (1997), S. XV, Lieberman (1989), Meredith (1987) und Zahra/Covin (1993).

[190]   Siehe King/Hufnagel/Grover (1988), S. 79.

II. Begründung für die Wahl des Ressourcenansatzes als Ansatz des strategischen Managements

Bislang konnte sich weder in der Betriebswirtschaftslehre im Allgemeinen, noch im Management von I.-Ressourcen eine allgemein anerkannte Theorie des strategischen Managements herausbilden.[191] Daher werden im Weiteren zunächst die zwei dominierenden Ansätze des strategischen Managements – der Marktansatz (1) und der Ressourcenansatz (2) – vorgestellt, um danach ein Ansatz als theoretisches Fundament für das strategische Management von I.-Ressource auszuwählen. Dabei stehen jeweils der Erklärungsansatz, die abgeleiteten grundsätzlichen Empfehlungen sowie die Prämissen der Ansätze im Vordergrund.

1. Marktansatz

Der Marktansatz stammt aus der Industrieökonomik[192] und baut auf dem Structure-Conduct-Performance-Paradigma nach MASON und BAIN auf.[193] Dem Paradigma zufolge ist zum Ersten das Verhalten eines Unternehmens (*Conduct*) von der relativ stabilen Struktur (*Structure*) – den ökonomischen und technischen Zusammenhängen – einer Branche abhängig.[194] Diese Struktur wird insbesondere durch Markteintrittsbarrieren, Anzahl und Größe von Kunden sowie von Lieferanten, die im Markt vorhandene Produktdifferenzierung und dem Grad an vertikaler Integration bestimmt.[195] Zum Zweiten beeinflusst das Verhalten des Unternehmens seine Leistung (*Performance*) sowie die Leistung des Marktes, messbar z. B. an der Rentabilität, der technischen Effizienz und der Innovationskraft (*Conduct-Performance*).[196]

Das SCP-Paradigma hat PORTER zu Beginn der 1980er Jahre auf das strategische Management übertragen.[197] Die Annahme des Paradigmas, dass der Erfolg sowohl direkt als auch mittelbar über das Unternehmensverhalten von der Struktur einer Branche abhängt, bildet die Grundlage des Marktansatzes.[198] Das SCP-Paradigma erfährt jedoch zwei wesentliche Erweiterungen.[199] Zum Ersten wird die Betrachtungsebene auf Unternehmen *und* strategische Gruppen verschoben. Strategische Gruppen fassen Unternehmen mit gleichartigen Strategien

---

[191] Vgl. Rasche/Wolfrum (1994), S. 501.
[192] Vgl. Bürki (1996), S. 9 f.
[193] Vgl. Mason (1939) und Bain (1956).
[194] Vgl. Bain (1956), S. 4 ff. und S. 11 ff.
[195] Vgl. Teece (1984), S. 93.
[196] Vgl. Porter (1981), S. 611.
[197] Vgl. Porter (1981) und Porter (1985).
[198] Vgl. Lado/Boyd/Wright (1992), S. 79.
[199] Vgl. Porter (1981), S. 615 f.

innerhalb einer Branche zusammen und beschreiben damit die relative strategische Position eines Unternehmens innerhalb einer Branche. Zum Zweiten betrachtet der Marktansatz Unternehmen als Akteure, die durch strategisches Handeln ihre Position innerhalb einer Branche, aber auch die Strukturen der Branche, beeinflussen können. Dabei erklärt der Ansatz einen nachhaltigen Wettbewerbsvorteil aus der Branche, in der sich ein Unternehmen befindet, und aus der Position des Unternehmens innerhalb dieser Branche.[200]

Ziel des strategischen Managements ist es, eine vorteilhafte Branche zu suchen und innerhalb dieser Position eine vorteilhafte Position zu identifizieren, einzunehmen und zu verteidigen.[201] In einer solchen Position kann sich ein Unternehmen dem Wettbewerb entziehen, ist vor Substituten und Marktneueintritten geschützt und schafft gegenüber Kunden und Lieferanten eine gute Verhandlungsposition, aus der heraus es geschaffenen Wert aneignen kann.[202]

Diesem grundlegenden Erklärungsansatz wohnen drei Prämissen inne, welche seine Anwendbarkeit für die vorliegende Problemstellung stark einschränken:

• Die betrachtete Branche ist eindeutig identifizierbar und ihre Grenzen sind stabil.[203] Nur wenn diese Prämisse zutrifft, können relevante Wettbewerbskräfte identifiziert und bewertet werden, um eine vorteilhafte Position in einer Branche zu finden, einzunehmen und dauerhaft zu sichern.

• Unternehmen erreichen Wettbewerbsvorteile, indem sie sich Wettbewerbskräften entziehen. Renten sind in diesem Sinne Monopolrenten.[204] Wie ein Wert jedoch geschaffen wird, ist im Erklärungskonstrukt des Marktansatzes von nachrangiger Bedeutung. Der in der vorliegenden Arbeit gewählte Fokus auf die Wertschöpfung ist damit nicht unmittelbar mit dem Marktansatz vereinbar.

• Unternehmen sind homogen oder können eine Homogenität zumindest durch den Zukauf von Ressourcen herstellen.[205] Eine besondere Ressourcenausstattung ist nur dann von wesentlicher Bedeutung, wenn sie eine Voraussetzung dafür ist, eine Position im Wettbewerb zu erreichen oder zu sichern. Ressourcen und ihr Wertschöpfungspotenzial stehen damit nicht im Fokus der Betrachtung.

Aufgrund dieser drei Prämissen eignet sich der Marktansatz nur sehr eingeschränkt, die strategische Wirkung einer Öffnung zu erklären.

---

[200]   Vgl. Lado/Boyd/Wright (1992), S: 79 f.

[201]   Vgl. Porter (1980), S. 4.

[202]   Vgl. Porter (1991), S. 100.

[203]   Vgl. Bettis/Hitt (1995), S. 13, Sampler (1998), S. 344 und Stalk/Evans/Shulman (1992), S. 62.

[204]   Vgl. Teece/Pisano/Shuen (1997), S. 511.

[205]   Vgl. Müller-Stewens/Lechner (2003), S. 145 und Zahn/Foschiani/Tilbein (2000), S. 49.

2. Ressourcenansatz

Während der Marktansatz Wettbewerbsvorteile aus dem Umfeld eines Unternehmens erklärt, richtet der Ressourcenansatz den Fokus auf das Unternehmen selbst sowie seine Ressourcen und Fähigkeiten. Der Ressourcenansatz hat seine Quelle in den Arbeiten von SELZNICK und PENROSE, die in den 50er Jahren „distinctive competences" als eine Ursache für den Unternehmenserfolg identifiziert haben.[206] Diese Sicht griff WERNERFELT Mitte der 80er Jahre als Startpunkt einer breiten Diskussion wieder auf, indem er zeigte, dass Unternehmen sich durch eine gezielte Entwicklung und Kombination von Ressourcen über herausragende Produkte im Wettbewerb herausheben können.[207] BARNEY und PETERAF entwickelten hieraus den Ressourcenansatz des strategischen Managements.[208] Dem Ressourcenansatz folgend, sollen Unternehmen herausragende Ressourcen entwickeln, sie vor einer fremden Nutzung schützen und sie bestmöglich in Wert umsetzen, um sich Monopol- und Ricardorenten[209] aneignen zu können.

Im Gegensatz zum Marktansatz geht der Ressourcenansatz von einer Ressourcenheterogenität zwischen Unternehmen aus. Entsprechend unterscheidet sich die Ressourcenausstattung auch bei Unternehmen, die in einem direkten Wettbewerb stehen – im Verständnis des Marktansatzes: der gleichen strategischen Gruppe angehören. Diesen Unterschied können die Wettbewerber nicht ohne Weiteres ausgleichen, da strategisch wertvolle Ressourcen nicht über Märkte zu beziehen sind und nur schwer substituiert oder imitiert werden können.

Aus der Ressourcenheterogenität erklärt der Ressourcenansatz Leistungsunterschiede. Die Ressourcen der Unternehmen unterscheiden sich hinsichtlich ihrer Qualität und Eignung, ein bestimmtes Produkt für den Markt zu erstellen und anzubieten. Diese Ressourcenunterschiede führen zu einer unterschiedlichen Leistungsfähigkeit von Unternehmen.[210] Das Erfolgspotenzial eines Unternehmens liegt damit in seiner Ressourcenausstattung.[211]

Dem Ressourcenansatz liegt jedoch die Prämisse zugrunde, die seine Eignung für das vorliegende Problemfeld einschränkt: Der Ressourcenansatz geht von einer relativ stabilen Branche aus.[212] Um eine strategische Planung zu ermöglichen, muss bereits zum Planungszeitpunkt absehbar sein, welche Ressourcen zukünftig benötigt werden. An dieser Stelle leidet der Ressourcenansatz unter der gleichen

---

[206]   Vgl. Selznick (1957) und Penrose (1959).

[207]   Vgl. Wernerfelt (1984).

[208]   Vgl. Barney (1986), Barney (1991) und Peteraf (1993).

[209]   Vgl. Peteraf (1993), S. 180-182.

[210]   Vgl. Peteraf/Barney (2003), S. 315 f.

[211]   Vgl. Rasche/Wolfrum (1994), S. 501.

[212]   Vgl. Eisenhardt/Martin (2000), S. 1106 und Teece/Pisano/Shuen (1997).

Schwäche wie der Marktansatz, der ebenfalls stabile Märkte voraussetzt. Der Ressourcenansatz kann hingegen mit einer Erweiterung aufwarten, die seine Anwendbarkeit auch in dynamischen Märkten sicherstellt.[213] Dieser Kritikpunkt kann den Ressourcenansatz damit bei der vorliegend zu treffenden Entscheidung gegenüber dem Marktansatz zumindest nicht schlechter stellen.

3.   Wahl des Ressourcenansatzes

Der Markt- und der Ressourcenansatz sind zwei gegenläufige Betrachtungsweisen. Der Marktansatz verfolgt eine outside-in-Perspektive. Er sieht externe Einflüsse und den Rahmen, in dem ein Unternehmen sich bewegt, als Ursache für einen Wettbewerbsvorteil an. Entscheidungen des strategischen Managements hängen in diesem Verständnis vornehmlich von der Unternehmensumwelt ab. Der Ressourcenansatz verfolgt dagegen eine inside-out-Perspektive. Der Erfolg des Unternehmens hängt von seinen Ressourcen, d. h. seinen Eigenarten ab, mit denen es Wert schaffen kann. Entscheidungen des strategischen Managements hängen vornehmlich von den zur Verfügung stehenden Ressourcen ab.

Für diese Arbeit wird der Ressourcenansatz dem Marktansatz vorgezogen. Zwei Erwägungsgründe führen zu dieser Wahl:

- Der Marktansatz erfordert im Gegensatz zu Ressourcenansatz feste Branchengrenzen und eine Identifizierbarkeit von aktuellen und zukünftigen Marktakteuren. Branchen, in denen Öffnungsphänomene häufig beobachtet werden können, zeichnen sich jedoch durch eine Konvergenz, insbesondere zwischen der Telekommunikations-, Informations-, Medien- und Entertainmentbranche[214] aus. Daher lassen sich aktuelle und zukünftige Wettbewerber, potenzielle Kunden und Lieferanten nicht eindeutig identifizieren.

- Die Wertschöpfungsbetrachtung des Ressourcenansatzes entspricht der im Kapitel B.I.2.2 dargestellten Betrachtung der Informationsproduktion. Der Anansatz erklärt einen Wettbewerbsvorteil aus einer Wertschöpfung, die mehrere Ressourcen in Kombination erbringen können. Analog wurde oben das Wertschöpfungspotenzial einer Inventionshandlung mit der Kombination von Informationen beschrieben. Der Marktansatz blendet die Wertschöpfung selbst hingegen weitgehend aus und fokussiert auf eine Unterdrückung von Wettbewerbskräften, um auf diese Weise eine – zu eigenen Leistungen – gleichartige Wertschöpfung Externer oder zumindest deren Verwertung zu verhindern.[215]

---

[213]   Vgl. Kap. C.IV.1.

[214]   Zum Zusammenwachsen dieser Einzelbranche vgl. Zerdick et al. (2001), S. 140.

[215]   Anzumerken ist, dass Porter die Grundstruktur seines Modells um die Betrachtung von Wertschöpfungsketten erweitert hat (vgl. Porter (1985), S. 33 ff.). Ein Unternehmenserfolg wird jedoch weiterhin durch die Position eines Unternehmens in einer Branchenstruktur, nicht durch die Wertschöpfungsfähigkeit des Unternehmens erklärt.

Der Ressourcenansatz ist daher dem Marktansatz als theoretische Grundlage der weiteren Untersuchung vorzuziehen. Im Weiteren wird näher untersucht, welchen Erklärungsbeitrag der Ressourcenansatz für die Öffnung leisten kann.

III. Erklärungsbeitrag des Ressourcenansatzes

Im Folgenden werden die im Ressourcenansatz noch fragmentiert vorliegenden Erklärungskonstrukte zusammengeführt und Beiträge für die Erklärung einer Öffnung von I.-Ressourcen abgeleitet. Hierzu werden zunächst der Betrachtungsgegenstand des Ansatzes (1) sowie der durch den Ansatz beschriebene Zusammenhang zwischen Ressourcen und einem Wettbewerbsvorteil erarbeitet. Daraufhin wird untersucht, inwieweit die Anforderungen, die der Ansatz an wettbewerbskritische Ressourcen stellt (3), und die Erklärungsmuster für eine Aneignung entstehender Rente (4) Beiträge für die Erklärung von Öffnungsverhalten erbringen können.

1. Informationsressourcen als Betrachtungsgegenstand des Ressourcenansatzes

Betrachtungsgegenstand des Ressourcenansatzes sind Ressourcen. Mit dem Begriff „Ressource" werden unternehmensbezogene Ursachen für einen Wettbewerbsvorteil beschrieben.[216] Was genau unter einer Ressource zu verstehen ist, diese Frage wird unterschiedlich und häufig wenig konkret beantwortet.[217] Kleinster gemeinsamer Nenner der Definition einer Ressource ist ihre Beschreibung als produktives Gut bzw. Faktor (im Weiteren Faktor) (vgl. Tabelle 2).

---

[216] Vgl. Rasche/Wolfrum (1994), S. 502 f.

[217] Freiling (2001), S. 14 bietet eine umfassende Übersicht über verschiedene Definitionsvorschläge.

Wernerfelt (1984), S. 172, in Anlehnung an Caves (1980), S. 65, sowie Mahoney & Pandian (1992), S. 363	"[…] a firm's resources at a given time could be defined as those (tangible and intangible) assets which are tied semipermanently to the firm".
Barney (1991), S. 101 verweist auf Daft (1983).	„[…] firm resources include all assets, capabilities, organizational processes, firm attributes, information, knowledge etc. controlled by a firm that enable the firm to conceive of and implement strategies that improve its efficiency and effectiveness".
Conner (1991), S. 132	„[…] inputs – resources – used to produce the product […]"
Grant (1991), S. 118	„Resources are inputs into the production process – they are the basic units of analysis."
Amit & Schoemaker (1993), S. 35	„The firm's Resources will be defined as stocks of available factors that are owned or controlled by the firm"
Peteraf (1993), S. 180	bezeichnet Ressourcen als „productive factors"

Tabelle 2: Begriff der Ressource im Ressourcenansatz

Der Ressourcenansatz wäre jedoch kein Ansatz des strategischen Managements, würde jeder Faktor als Ressource betrachtet.[218] WERNERFELT merkt daher an, Ressourcen wären „anything which could be thought of as a strength or weakness of a given firm."[219] Dabei sind Stärken und Schwächen relativ zu Wettbewerbern zu betrachten. Hinsichtlich dessen, was unter Stärken und Schwächen im Rahmen des Ressourcenansatzes zu verstehen ist, konkretisiert BARNEY, dass unter Ressourcen nur solche Elemente eines Unternehmens zu betrachten sind, „[…] that enable the firm to conceive of and implement strategies that improve its efficiency and effectiveness".[220] Ressourcen führen damit zu einer Stärke, wenn mit ihrer Hilfe die Effektivität und Effizienz prinzipiell gesteigert wird bzw. zu einer Schwäche, wenn sie für eine mangelnde Effektivität und Effizienz verantwortlich sind bzw. fehlen. Derartig wettbewerbsrelevante Faktoren bezeichnet WERNERFELT als kritische Ressourcen.[221] Der Ansatz betrachtet mithin nur solche Faktoren, die eine signifikante Wirkung auf die Wertschöpfung eines Unternehmens haben.

---

[218]   An dieser Stelle sei noch einmal an den Ausspruch von Gälweiler erinnert: „Auch in der Unternehmensführung muß das tatsächlich Strategisch-Notwendige leiden, wenn alles und jedes, was man für wichtig hält, jetzt auf einmal strategisch genannt wird." (siehe Gälweiler/Schwaninger (2005), S. 57).

[219]   Vgl. Wernerfelt (1984), S. 172.

[220]   Vgl. Barney (1991), S. 101 verweist auf Daft (1983).

[221]   Vgl. Wernerfelt (1989), S. 4-6

Zusammenfassend lässt sich der *Betrachtungsgegenstand* des Ressourcenansatzes wie folgt definieren:

Ressourcen umfassen alle Faktoren im Eigentum eines Unternehmens, die genutzt werden können, um eine Wertschöpfung im Vergleich zu Wettbewerbern effektiver oder effizienter zu gestalten.

Erklärungsbeitrag

Den Ausführungen folgend ist Information ein Betrachtungsgegenstand des Ressourcenansatzes. Dies entspricht der Auffassung von BARNEY, der Information gemeinsam mit Wissen explizit in seiner Ressourcendefinition aufführt.[222] Dem schließen sich AMIT und SCHOEMAKER sowie LIEBESKIND in ihrer Definition des Ressourcenbegriffs an.[223] BAMBERGER & WRONA fassen in ihrer Ressourcensicht Information als immateriellen Vermögenswert und tazites Wissen – mithin Knowhow – als immaterielle Fähigkeiten auf.[224] Verschiedene Autoren bestätigen die strategische Relevanz der Ressource „Information" in empirischen Untersuchungen.[225] Der Betrachtungsgegenstand des Ressourcenansatzes entspricht damit der Wertschöpfungsbetrachtung in Kapitel B.I.2. Auch dort wurde Information als Faktor angesehen, der das Ergebnis einer Wertschöpfung – und damit deren Effektivität und Effizienz – beeinflusst. Ein konkreter Erklärungsbeitrag ergibt sich hieraus jedoch nicht.

2. Ressourcen, Wertschöpfung, Wettbewerbsvorteil und Rente

Ausgestattet mit einem Ressourcenbegriff kann der Zusammenhang zwischen den Ressourcen eines Unternehmens, einem Wettbewerbsvorteil und der aus ihm entstehenden Rente expliziert werden. Ausgangspunkt ist die Erkenntnis, dass Marktteilnehmer sich hinsichtlich ihrer Ressourcenausstattung unterscheiden.[226] Insbesondere zeichnen sich die Ressourcen durch eine unterschiedliche Qualität

---

[222] Vgl. Barney (1991), S. 101.

[223] Vgl. Amit/Schoemaker (1993), S. 35 und Liebeskind (1996), S. 94 f.

[224] Vgl. Bamberger/Wrona (1996), S. 133.

[225] So zeigen Aral und Will eine positive Korrelation zwischen Investitionen in die Informationsversorgung des Managements und die Profitabilität eines Unternehmens, vgl. Aral/Weill (2007). Zahay, Griffin und Fredericks zeigen auf, dass Information in der Neuproduktentwicklung eine strategische Ressource ist, deren Nutzung Unternehmen jedoch vor eine starke Herausforderung stellt, vgl. Zahay/Griffin/Fredericks (2004). Zhang stellt heraus, dass eine herausragende Informationsbasis in Verbindung mit Informationssystemen die Leistung eines Unternehmens positiv beeinflusst, vgl. Zhang (2007).

[226] Zu den Gründen für Ressourcenheterogenität siehe Nelson (1991).

aus.[227] Besitzt ein Unternehmen eine überlegene Ressource, so kann es Produkte effizienter und/oder effektiver erstellen als seine Wettbewerber. Das Unternehmen schafft damit einen höheren Wert. Dieser höhere Wert verschafft ihm einen Wettbewerbsvorteil. Das Unternehmen besitzt einen Wertschöpfungsvorsprung gegenüber seinen Wettbewerbern, der die ökonomische Rente widerspiegelt: Effizientere Ressourcen führen zu geringeren Kosten und damit zu höheren Erlösen, wohingegen effektivere Ressourcen in einen höheren Gesamtwert und damit einer höheren Zahlungsbereitschaft der Kunden münden (vgl. Abbildung 7).

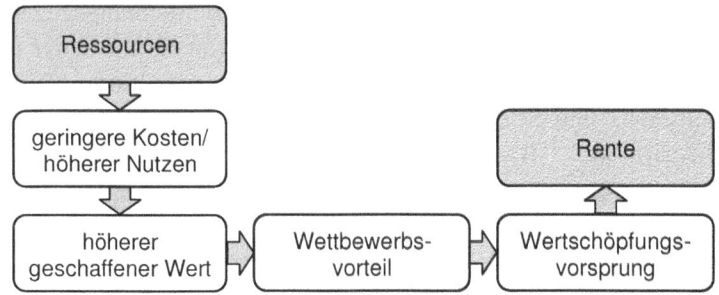

Abbildung 7: Zusammenhang zwischen Ressourcenheterogenität und einem Wettbewerbsvorteil (Quelle: In Anlehnung an Peteraf &Barney 2003, S. 316.)

Den Zusammenhang zwischen einem höher geschaffenen Wert und einem Wettbewerbsvorteil sowie einer Rente illustriert das folgende Beispiel: Im Zentrum eines Wettbewerbs steht ein Produkt, das ein Unternehmen U sowie seine Wettbewerber A und B anbieten. Die Konsumentenrente $KR = 50 €$ sei für alle Spieler gegeben und fix, da der Kunde nach einem gleichen Preis-Leistungs-Verhältnis verlangt. Damit kann ein Wettbewerbsvorteil wie folgt dargestellt werden (vgl. Abbildung 8, die sich an der Darstellung von Abbildung 4 anlehnt):

- Das *Unternehmen U* schafft ein Produkt, dem der Kunde einen Gesamtwert $GW_U = 275 €$ beimisst. Da U Kosten $K_U = 55 €$ aufwendet, schafft es einen Wert $W_U = GW_U - K_U = 220 €$.

- Der Wettbewerber A hat *weniger effiziente Ressourcen* als U, sodass er bei gleichem Gesamtwert $GW_U = GW_A = 275 €$ höhere Kosten $K_A = 125 €$ aufwenden muss. Er schafft damit einen geringeren Wert $W_A = 275 - 125 = 150 €$.

- Den gleichen Nachteil besitzt Wettbewerber B mit *weniger effektiven Ressourcen*. Er kann zwar zu den gleichen Kosten wie U $K_U = K_B = 55 €$ produzieren. Das von ihm erstellte Produkt besitzt jedoch nur einen Gesamtwert $GW_B = 205 €$, sodass B auch nur einen Wert $GW_B = 205 - 55 = 150 €$ schafft.

---

[227]   Vgl. Peteraf (1993), S. 180.

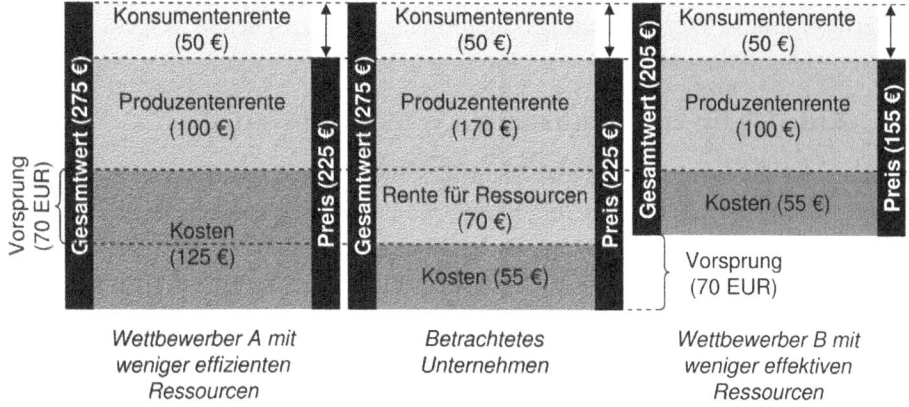

Abbildung 8: Wertschöpfung im Wettbewerb und ökonomische Rente aus einem Wettbewerbsvorteil

Der Wettbewerbsvorteil von U spiegelt sich im höher geschaffenen Wert $\Delta W_U = W_U - W_A = W_U - W_B = 70\ €$ wider. Da die Konsumentenrente als fix angenommen wird, schafft U eine ökonomische Rente in gleicher Höhe.[228] Kommt es nun zu einem verschärften Preis- oder Qualitätswettbewerb, wobei letzterer zu steigenden Kosten führt, sinkt die Rente aller Beteiligten. In diesem Fall kann U von seinem Wertschöpfungsvorteil bzw. seiner ökonomischen Rente zehren, während bei den Wettbewerbern die Produzentenrente sinkt. Fällt die Produzentenrente der Wettbewerber unter 0, müssen A und B aus dem Markt austreten, während U weiterhin ein positives Ergebnis besitzt und damit am Markt bleiben kann.[229] U hat damit einen strategischen Vorteil gegenüber A und B, da U im Falle eines verschärften Wettbewerbs sein Bestehen am Markt länger sichern kann, als A und B.[230]

Erklärungsbeitrag

Dreh- und Angelpunkt des Ressourcenansatzes ist die Wertschöpfung. In seinem Wertschöpfungsfokus entspricht der Ressourcenansatz der Betrachtung verschiedener Innovationsformen aus Kap. B.II. Dabei kann für eine offene Wertschöpfung argumentiert werden, dass sich potenziell effektivere und effizientere Ressourcen zusammenfinden können, als dies in einer geschlossenen Wertschöpfung möglich ist. Dem Verständnis des Ressourcenansatzes folgend, führt dies zu einem höheren geschaffenen Wert. Jedoch würde eine Öffnung von Ressourcen potenziell zur Verringerung der Ressourcenheterogenität und damit zur

---

[228] Eine ökonomische Rente beschreibt den Erlös aus einem Faktor, der über den Opportunitätskosten liegt, vgl. Peteraf (1994), S. 154.

[229] Vgl. Peteraf/Barney (2003), S. 315.

[230] Vgl. Kap. C.I.1.

Minderung eines Wertschöpfungsvorsprungs führen. Dieser Aspekt wird im Weiteren näher beleuchtet.

3.   Kriterien für einen nachhaltigen Wettbewerbsvorteil

Nachdem der Zusammenhang zwischen Ressourcen und Wettbewerbsvorteil aufgezeigt worden ist, stellt sich die Frage, welche Eigenschaften Ressourcen aufweisen müssen, damit sie zu einem nachhaltigen Wettbewerbsvorteil beitragen können. Diese Frage hat zwei Facetten. Zunächst sind Kriterien zu untersuchen, nach denen eine Ressource überhaupt zu einem Wettbewerbsvorteil beiträgt. Daran schließt sich die Frage nach den Kriterien an, nach denen ein solcher Wettbewerbsvorteil nachhaltig ist.

Als Erstes ist an eine Ressource die Anforderung zu stellen, dass sie strategisch *wertvoll* ist.[231] Hierzu muss sie ein Wertschöpfungspotenzial für das betrachtete Unternehmen aufweisen. Zu beachten ist, dass der strategische Wert einer Ressource von einem Unternehmen und seinem jeweiligen Kontext abhängig ist. Ein und dieselbe Ressource kann in einem Unternehmen die Wertschöpfung nicht tangieren, während sie den geschaffenen Wert eines anderen Unternehmens maßgeblich steigern kann. So wird eine hocheffiziente Druckmaschine in einem Reinigungsunternehmen keinen strategischen Wert besitzen, einer Druckerei jedoch unter Umständen einen Wettbewerbsvorteil verschaffen. Die Werthaltigkeit einer Ressource ist damit im Kontext der strategischen Ziele eines Unternehmens und im Kontext des Marktes[232] zu bewerten. Die Werthaltigkeit ist die Grundvoraussetzung für eine Wettbewerbsrelevanz.

Während die Werthaltigkeit einer Ressource das Wertschöpfungspotenzial eines Unternehmens bestimmt, determiniert ihre *Seltenheit*, ob die wertvolle Ressource zu einem Wertschöpfungsvorsprung beitragen kann. Die Forderung nach der Seltenheit folgt unmittelbar aus der Grundannahme der Ressourcenheterogenität. Damit eine wertvolle Ressource zu einer im Wettbewerb überlegenen Wertschöpfung führen kann, darf sie nicht oder nur einer begrenzten Zahl Wettbewerbern zur Verfügung stehen. Würde sie hingegen der Allgemeinheit offenstehen und könnte jeder sie nutzen, so könnten alle Wettbewerber bezogen auf die Ressource den gleichen Wert schaffen – ein Wettbewerbsvorteil könnte durch die Ressource nicht entstehen.[233]

Ressourcen, die wertvoll und selten sind, können einen Wertschöpfungsvorsprung schaffen und zu einem Wettbewerbsvorteil führen. Um diesen Vorteil

---

[231]   Vgl. Barney (1991), S. 106.

[232]   Vgl. Amit/Schoemaker (1993), S. 36, 39.

[233]   Vgl. Barney (1991), S. 103 f.

nachhaltig aufrecht zu erhalten, sind jedoch Isolationsmechanismen[234] notwendig, mit denen wertvolle und seltene Ressourcen vor einer Imitation und einer Substitution[235] geschützt werden.

Die *Nicht-Imitierbarkeit* schützt ein Unternehmen davor, dass Wettbewerber eine seltene wertvolle Ressource nachbilden. Eigenschaften einer Ressource, die eine Imitierbarkeit verhindern oder zumindest erschweren sind die Pfadabhängigkeit,[236] die eine langwierige Entwicklung einer Ressource voraussetzt, die soziale Komplexität, die eine Ressource einer systematischen Einflussnahme entzieht,[237] unklare Kausalbeziehungen, die nicht erkennen lassen, welchen Ressourcen ein Wettbewerbsvorteil zuzuschreiben ist,[238] sowie eine Spezifität zu anderen Ressourcen, die den Besitz weiterer Ressourcen für eine erfolgreiche Imitation voraussetzt.[239] Unternehmen sollten versuchen, eine Nicht-Imitierbarkeit gezielt herbeizuführen, indem sie Isolationsmechanismen wie z. B. Rechte zum Schutz geistigen Eigentums nutzen.[240]

Das zweite Kriterium für einen nachhaltigen Wettbewerbsvorteil ist die *Nicht-Substituierbarkeit* einer Ressource. Eine Substitution kann zwei Formen annehmen. Zum Ersten kann ein Wettbewerber eine ähnliche, strategisch äquivalente Ressource schaffen, um einen Vorteil aufzuholen. Beispielsweise kann ein Unternehmen versuchen, ein zum Wettbewerber äquivalentes Forschungsteam aufzubauen, das zwar aus anderen Mitgliedern besteht, jedoch zu sehr ähnlichen Ergebnissen kommt. Zum Zweiten kann er versuchen, mit einer vollständig anderen Ressource denselben Effekt zu erzielen. So mag ein Unternehmen eine klare Unternehmensvision mithilfe eines Planungssystems entwickeln, während in einem anderen Unternehmen ein charismatischer Manager diese Funktion in gleicher Güte ausfüllen kann.[241] Eine Ressource sollte daher vor eine Substitution geschützt sein, damit Wettbewerber einen auf dieser Ressource basierenden Wertschöpfungsvorteil nicht aufholen können.

---

[234]   Vgl. Rumelt (1984).

[235]   Vgl. Barney (1991) und Dierickx/Cool (1989).

[236]   Vgl. Barney (1991), S. 107 f. und Dierickx/Cool (1989), S. 1507 f.

[237]   Vgl. Barney (1991), S. 110 f. und Grant (1991), S. 123, 127 f.

[238]   Vgl. Barney (1991), S. 108 f., Dierickx/Cool (1989), S. 1508, Grant (1991), S. 125 f. und Lippman/Rumelt (1982).

[239]   Vgl. Amit/Schoemaker (1993), S. 39, Dierickx/Cool (1989), S. 1508 und Grant (1991), S. 126 f.

[240]   Vgl. Rumelt (1984) und Rumelt (1987), S. 145.

[241]   Vgl. Barney (1991), S. 111 f.

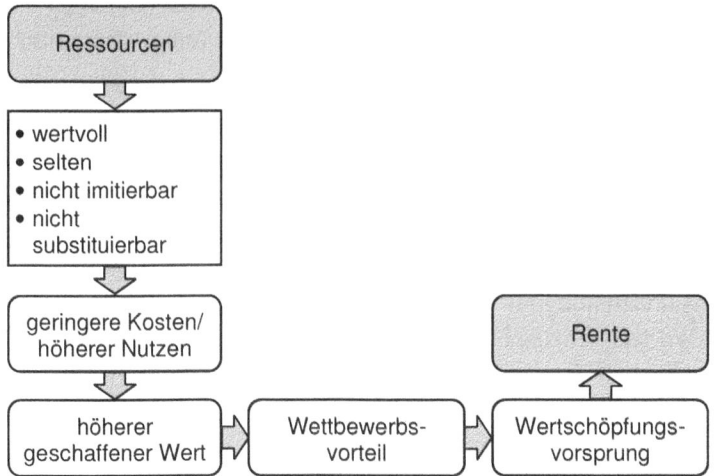

Abbildung 9: Zusammenhang zwischen Ressourcenheterogenität, Ressourceneigenschaften und einem Wettbewerbsvorteil

Die Kriterien wertvoll, selten, nicht-imitierbar und nicht-substituierbar erweitern damit das Modell des Ressourcenansatzes (vgl. Abbildung 9).

Erklärungsbeitrag

Den Kriterien zufolge widerspricht der Ressourcenansatz dem Erfolgspotenzial einer Öffnung. Das Ziel einer Öffnung ist es, eine Ressource allgemein verfügbar und nutzbar zu machen. Es steht damit den Kriterien Seltenheit und Nicht-Imitierbarkeit entgegen. Wird eine wertvolle und seltene I.-Ressource geöffnet, so verliert sie dem Ressourcenansatz zufolge ihr Erfolgspotenzial.

Der Ressourcenansatz argumentiert damit für eine geschlossene Wertschöpfung. Dies wird darin deutlich, dass sich die vier aufgeführten Kriterien mit der Forderung nach einem festen Aneignungsregime decken. Das Aneignungsregime wird nach TEECE dadurch charakterisiert, dass Dritte keinen Zugriff auf eine wertvolle Invention haben, d. h. sie weder kopieren können, noch durch ein „inventing around" eine ähnliche Invention mit gleicher Wirkung schaffen können.[242] Eine Invention sollte damit sowohl nach dem Ressourcenansatz als auch nach dem Paradigma der geschlossenen Wertschöpfung wertvoll, selten, nicht imitierbar und nicht substituierbar sein.

---

[242]   Vgl. Teece (1986), S. 287.

4.   Aneignung einer Rente

Zwischen einer geschaffenen Rente und ihrer Aneignung besteht – anders als
häufig in der Literatur angenommen – kein direkter Zusammenhang.[243] Vielmehr
kann es Dritten gelingen, einen Teil des aus dem Wettbewerbsvorteil entstehenden
Erlösstroms für sich zu öffnen, sodass sich das fokale Unternehmen nur einen Teil
der Rente aneignen kann. GRANT nennt zwei Aspekte, welche die Aneignung von
Renten aus einem Wettbewerbsvorteil positiv beeinflussen: das Eigentum über beteiligte Ressourcen und die relative Verhandlungsmacht über Miteigner von genutzten Ressourcen.[244]

Die Aneignung von Renten ist dann gefährdet, wenn ein Unternehmen nicht
ausschließlich über das *Eigentum* an einer Ressource verfügt. Dies illustriert
GRANT anhand des Beispiels eines Mitarbeiters. Ein Unternehmen besitzt trotz
eines festen Arbeitsvertrags kein vollständiges Eigentum an dem Know-how eines
Mitarbeiters.[245] Das Know-how ist fest an den Mitarbeiter gebunden und geht nach
dessen Kündigung dem Unternehmen verloren. Begründet sich der Wettbewerbsvorteil auf das Know-how eines Mitarbeiters, z. B. eines visionären Leiters einer
Forschungsabteilung, kann sich der Mitarbeiter über erhöhte Lohnforderungen
einen Teil der aus einem Wettbewerbsvorteil entstehenden Rente aneignen. Dieses
Beispiel illustriert, dass immer dann eine Aneignung von Renten gefährdet ist,
wenn Dritte wesentliche Ressourcen für die Wertschöpfung beisteuern.

In welcher Höhe sich ein Unternehmen die geschaffene Rente aneignen kann,
hängt wesentlich von der *relativen Verhandlungsmacht* ab, die das Unternehmen
gegenüber einem dritten Ressourceneigentümer besitzt.[246] Wie dargestellt, werden
der Mitarbeiter und das Unternehmen die Verteilung der Rente in einer Lohnverhandlung bestimmen. Die Verhandlungsmacht des Unternehmens wird dabei umso
größer sein, je weniger der Mitarbeiter sich seines eigenen Beitrags bewusst ist und
je spezifischer sein Know-how zum Unternehmen ist. Ist sich z. B. ein Mitarbeiter
seiner strategischen Bedeutung nicht sicher, so kann er in einer nachträglichen
Verhandlung nur sehr zurückhaltend eine Lohnerhöhung fordern. Ebenso wird die
Position des Mitarbeiters in der Lohnverhandlung geschwächt, wenn sein Know-
how ausschließlich für das betrachtete Unternehmen relevant ist, in anderen Unternehmen jedoch keinen Wert erbringen kann. Eine geringe Gewissheit des
strategischen Beitrags und die Unternehmensspezifität einer Ressource beeinflussen mithin die Aneignung von Renten.

---

[243]   Vgl. Peteraf/Barney (2003), S. 319 und Ray/Barney/Muhanna (2004), S. 25.

[244]   Vgl. Grant (1991), S. 128 f.

[245]   Vgl. Grant (1991), S. 128.

[246]   Für diesen Abschnitt vgl. Grant (1991), S. 129.

Die Höhe der Rente, die sich ein Unternehmen aneignen kann, wird damit durch die Eigentumsverhältnisse und die relative Verhandlungsmacht beeinflusst. Dieses Verständnis vervollständigt das Erklärungskonstrukt des Ressourcen-ansatzes und zeigt den Zusammenhang zwischen einer Ressourcenheterogenität und der Aneignung von Renten aus einem Wettbewerbsvorteil auf (Abbildung 10).

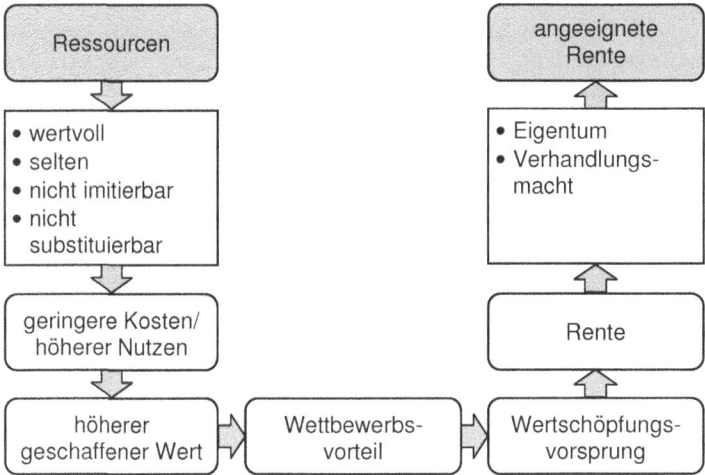

Abbildung 10: Zusammenhang zwischen Ressourcenheterogenität, Ressourceneigen-schaften, einem Wettbewerbsvorteil, einer Renten und deren Aneignung

Erklärungsbeitrag

Auch die Aneignungsbetrachtung deckt sich mit dem Aneignungsverständnis einer geschlossenen Wertschöpfung nach TEECE.[247] Diesem Verständnis nach ist die An-eignung von Innovationsrenten gefährdet, wenn ein Erfinder komplementäre Ressourcen von Dritten beziehen muss. In diesem Fall muss er über die Kompen-sationszahlung für die Nutzung der komplementären Ressource verhandeln und entsprechend einen Teil der entstehenden Rente an den Eigentümer der komplementären Ressource abführen. Die Verhandlungsmacht ist dabei – ebenso wie beim Ressourcenansatz – von der Spezialisierung der Ressourcen aufeinander und damit der Existenz alternativer Einsatzzwecke abhängig.

Der Ressourcenansatz widerspricht damit dem strategischen Potenzial einer Öffnung von I.-Ressourcen. Zwar zählt der Ressourcenansatz I.-Ressourcen zu seinem Betrachtungsgegenstand. Auch kann der vorliegend als wesentlich er-achtete Effekt einer Öffnung – die Steigerung des geschaffenen Wertes – durch den Ressourcenansatz erklärt werden. Jedoch fordert der Ressourcenansatz, einen

---

247   Vgl. Kap. B.II.1.2.

Schutz eigener wertvoller Ressourcen und die Kontrolle über fremde komplementäre Ressourcen, um einen Wettbewerbsvorteil zu erreichen und die geschaffenen Renten anzueignen. Damit deckt sich der Ressourcenansatz mit dem Verständnis der geschlossenen Wertschöpfung.[248] Eine Öffnung fasst der Ressourcenansatz hingegen als eine Schwächung der eigenen Wettbewerbs-position[249] oder bestenfalls – wenn die Ressource wertlos ist – als irrelevant auf.

IV. Erklärungsbeitrag der Erweiterungen des Ressourcen-ansatzes

Der Ressourcenansatz hat verschiedene Erweiterungen erfahren, die an das be-stehende Erklärungskonstrukt anknüpfen und die Erklärungsreichweite des An-satzes auf weitere Phänomene ausdehnen. Drei Erweiterungen sind vorliegend hervorzuheben: Der Ansatz der dynamischen Fähigkeiten betrachtet, wie Unter-nehmen ihre Ressourcenausstattung an die Umweltbedingungen anpassen und be-rücksichtigt dabei die Integration externer Ressourcen (1). Der Wissensansatz rückt die Ressource Wissen – einschließlich Information – in den Vordergrund, die auch im Fokus der vorliegenden Arbeit steht (2). Der relationale Ansatz überträgt den Ressourcenansatz auf Kooperationen und berücksichtigt damit auch Ressourcen dritter Unternehmen (3). Im Folgenden werden auch diese Ansätze auf ihren Erklärungsbeitrag für die Öffnung von I.-Ressourcen untersucht.

1. Ansatz der dynamischen Fähigkeiten

Der Ansatz der dynamischen Fähigkeiten betrachtet Wettbewerbsvorteile in dynamischen Märkten. Der Ansatz wird aus der Erkenntnis heraus motiviert, dass der Wert einer Ressourcenausstattung von der Unternehmensumwelt abhängt.[250] Unvorhergesehene Änderungen des Branchenumfelds – häufig eine Folge von Innovationen Dritter[251] – können den Wert von Ressourcen schmälern und eine Neuausrichtung einer Ressourcenausstattung erfordern.[252] Eine derartige Neuaus-richtung betrachtet der Ressourcenansatz jedoch nicht. Daher rückt der Ansatz die Fähigkeiten in den Vordergrund, mit denen ein Unternehmen sich an Umweltver-änderungen anpassen kann.

Als Betrachtungsgegenstand wählt der Ansatz nicht einzelne Ressourcen, sondern verlagert den Fokus auf ein unternehmensweites Konstrukt – die Fähig-

---

[248]   Vgl. Kap. B.II.1.

[249]   Vgl. Barney (1991).

[250]   Vgl. Kap. C.III.3.

[251]   Vgl. Schumpeter (1934).

[252]   Vgl. Barney (1991), S. 103.

keit.[253] Fähigkeiten können nach GRANT als komplexe Koordinationsmuster zwischen Menschen sowie zwischen Menschen und Ressourcen verstanden werden, die sich in Routinen oder Prozessen äußern.[254] Fähigkeiten beschreiben das Vermögen eines Unternehmens, Ressourcen effektiv und effizient zu verarbeiten. Da derartige Fähigkeiten sich auf ein Unternehmen als Ganzes beziehen, werden sie im Weiteren als „organisationale Fähigkeiten" bezeichnet, um sie von den Fähigkeiten eines Individuums abzugrenzen.

Der Ansatz der dynamischen Fähigkeiten geht auf TEECE, PISANO & SHUEN zurück.[255] Dynamische Fähigkeiten sind Metafähigkeiten – übergeordnete organisationale Fähigkeiten zur Änderung bestehender organisationaler Fähigkeiten[256] – die genutzt werden können, „to integrate, build, and reconfigure internal and external competences to address rapidly changing environments"[257]. Sie können dann zu einem Wettbewerbsvorteil führen, wenn ein Unternehmen mit ihnen schneller neue Produkte auf einem Markt einführen oder schneller auf technologische Neuentwicklungen reagieren kann als seine Wettbewerber.[258] Ein solcher Wettbewerbsvorteil ist auch nachhaltig, da dynamische Fähigkeiten tazit und damit schwer zu imitieren sind.[259] Der Ansatz der dynamischen Fähigkeiten erklärt damit, wie organisationale Fähigkeiten entwickelt, eingesetzt und geschützt werden können, um Unternehmen an eine veränderte Umwelt auszurichten. Damit rücken Lern- und Innovationsprozesse in den Vordergrund. Jedoch entfernt sich der Ansatz der dynamischen Fähigkeiten vom Ressourcenansatz insofern, als er auf Routinen fokussiert,[260] die Ressourcen eines Unternehmens jedoch nicht direkt betrachtet.

EISENHARDT & MARTIN stellen einen stärkeren Bezug zwischen dem Ansatz der dynamischen Fähigkeiten und dem Ressourcenansatz her. Sie betrachten dynamische Fähigkeiten als Prozess, „that use resources – specifically the processes to integrate, reconfigure, gain and release resources – to match and even create market change"[261]. Dynamischen Fähigkeiten zielen damit auf die Modifikation einer Ressourcenausstattung ab, mit der sich ein Unternehmen an einen Markt-

---

[253]   So schreiben Teece/Pisano & Shuen: „Dynamic capabilities thus reflect an organization's ability […]", siehe Teece/Pisano/Shuen (1997), S. 516.

[254]   Vgl. Grant (1991), S. 122.

[255]   Vgl. Teece/Pisano/Shuen (1997).

[256]   Winter nennt diese grundlegenden Fähigkeiten „zero-level capabilities" oder „'how we earn a living now' capabilities", siehe Winter (2003), S. 992.

[257]   Siehe Teece/Pisano/Shuen (1997), S. 516.

[258]   Vgl. Teece/Pisano/Shuen (1997), S. 518.

[259]   Vgl. Teece/Pisano/Shuen (1997), S. 525 f.

[260]   Vgl. Winter (2003), S. 992 f.

[261]   Vgl. Eisenhardt/Martin (2000), S. 1107.

wandel angepasst oder einen Marktwandel, z. B. mit einer Innovation, herbeiführt. Dabei lassen sich drei Arten von Prozessen unterscheiden: (1) bestehende Ressourcen verschiedener Abteilungen eines Unternehmens können integriert werden, um neue Ressourcen zu schaffen, (2) bestehende Ressourcen können rekonfiguriert werden, indem Ressourcen innerhalb eines Unternehmens kopiert, transferiert und neu kombiniert werden, und (3) neue Ressourcen können von außerhalb des Unternehmens gewonnen oder abgestoßen werden.[262] Diesem Verständnis zufolge können dynamische Fähigkeiten zu einem Wettbewerbsvorteil beitragen, indem sie die *Ressourcenausstattung* eines Unternehmens schneller anpassen als es Wettbewerbern möglich ist.

Eine Quelle für einen nachhaltigen Wettbewerbsvorteil sind dynamische Fähigkeiten nach EISENHARDT & MARTIN jedoch nicht. Dynamische Fähigkeiten sind häufig „best practices", die sich bei Wettbewerbern ähneln oder relativ einfach zu imitieren sind.[263] Gelingt es einem Unternehmen jedoch, diese Fähigkeiten besser zu nutzen als seine Wettbewerber und damit die eigene Ressourcenausstattung schneller an Umweltveränderungen anzupassen, besitzt es im Zeitverlauf wertvollere Ressourcen, aus denen ein Wettbewerbsvorteil entsteht.[264] Mit dynamischen Fähigkeiten kann damit ein Zeitvorteil in der Anpassung der eigenen Ressourcenausstattung erreicht werden, indem z. B. eine Invention schneller entwickelt und verwertet wird. Der nachhaltige Wettbewerbsvorteil wird jedoch weiterhin durch die vor einem fremden Zugriff geschützte Ressourcenausstattung erklärt.

Erklärungsbeitrag

Aus dem Ansatz lässt sich ein Vorteil ableiten, der sich aus einer Teilnahme an kollektiven offenen Wertschöpfungsprozessen ergibt. Mit einer Teilnahme kann ein Unternehmen Know-how akkumulieren[265] und somit eine Absorptionskapazität aufbauen, mit der es die öffentlich geschaffene Invention besser verwerten kann.[266] So kann ein Unternehmen z. B. mit einer Teilnahme an einem OSS-Entwicklungsprojekt Erfahrungen im Umgang mit dieser Software gewinnen, um sie effektiver im Unternehmen einzusetzen oder mit eigener Software zu

---

[262] Vgl. Eisenhardt/Martin (2000), S. 1107.

[263] Vgl. Eisenhardt/Martin (2000), S. 1108-1110.

[264] Vgl. Eisenhardt/Martin (2000), S. 1117.

[265] Vgl. Kap B.I.2.2. Genau genommen eignen sich zunächst die Mitarbeiter dieses Know-how an. Ist sich das Management dessen aber bewusst, so kann es dieses Know-how für das Unternehmen erschließen.

[266] Vgl. Cohen/Levinthal (1990), zur dynamischen Betrachtung der Absorptive Capacity vgl. Zahra/George (2002).

kombinieren.[267] Hieraus wird jedoch kein nachhaltiger Vorteil entstehen, da sich Wettbewerber ihrerseits jederzeit an einem offenen Wertschöpfungsprozess beteiligten können.

Einen Vorteil aus dem Öffnen einer eigenen I.-Ressource, ohne dass sich ein Unternehmen an einem offenen Wertschöpfungsprozess beteiligt, vermag der Ansatz nicht zu erkennen. Zwar kann der Ansatz dieses Öffnen als ein Abstoßen von Ressourcen erfassen. Ein Abstoßen im Sinne des Ansatzes hat jedoch ausschließlich das Ziel, sich wertloser Ressourcen zu entledigen, die einer strategischen Neuorientierung entgegenstehen.[268] Einen Vorteil aus dem Öffnen einer wertvollen Ressource und deren externen Nutzung erfasst der Ansatz nicht.

Damit bleibt festzuhalten, dass der Ansatz der dynamischen Fähigkeiten die positive Wirkung der Öffnung von I.-Ressourcen nur zum Teil erklärt. Er erfasst zwar das Vermögen, eigene I.-Ressourcen zu öffnen und fremde zu nutzen, als dynamische Fähigkeit. Auch erkennt er den Vorteil, den die Teilnahme an offenen Wertschöpfungsprozessen bietet. Einen nachhaltigen Wettbewerbsvorteil sieht der Ansatz hierin aber nicht. Der Wettbewerbsvorteil wird – wie nach dem Ressourcenansatz – mit einer exklusiven Ressourcenausstattung erklärt.

2.   Wissensansatz

Der Wissensansatz (knowledge-based view) baut auf dem Ressourcenansatz auf, konzentriert die Betrachtung jedoch auf die Unternehmensressource „Wissen". Diese Einschränkung wird dadurch gerechtfertigt, dass Wissen den wesentlichen Beitrag sowohl für eine Wertschöpfung[269] als auch für eine Differenzierung im Wettbewerb[270] leistet und daher als die primäre Quelle von Wettbewerbsvorteilen anzusehen ist.[271] Dies gilt insbesondere für den Inventionsprozess, in den als Prozess der Informationsproduktion die Wissensformen Information und Knowhow eingehen.[272] Daher beleuchtet der Wissensansatz, wie und unter welchen Voraussetzungen bestehende Wissensressourcen zur Erhöhung einer Wertschöpfung führen. Für die Problematik der vorliegenden Arbeit verspricht der Wissensansatz damit einen Beitrag zu leisten, indem er einen tieferen Einblick in Innovationsprozesse und deren Voraussetzungen gibt.

---

[267]   Vgl. von Hippel/von Krogh (2006), S. 303 und West/Gallagher (2006a), S. 321 f.

[268]   Vgl. Sull (1999a), S. 461 und Sull (1999b), S. 50 f.

[269]   Vgl. Hawken (1983), S. 11 f. und Grant (1996a), S. 111.

[270]   Vgl. Teece (2000), S. 3

[271]   Vgl. Spender (1996), S. 46.

[272]   Vgl. Kap. B.I.1.2.

Betrachtungsgegenstand des Ansatzes ist Wissen, das in taziter oder expliziter Form vorliegt[273] und heterogen zwischen Unternehmen verteilt ist.[274] Neues Wissen entsteht als Interaktionsprozess, indem die Form des Wissens gewandelt und Wissen zwischen Mitarbeitern ausgetauscht wird.[275] Diese Umwandlungs- und Austauschprozesse können durch Informationssysteme wesentlich unterstützt werden.[276] Für einen erfolgreichen Wertschöpfungsprozess ist (1) individuelles Wissen erforderlich, das (2) im Kontext des Unternehmens genutzt, ausgetauscht und erweitert wird.

(1) Das *individuelle Wissen* von Mitarbeitern ist im Verständnis des Wissensansatzes die Quelle für neues Wissen. Eine Wertschöpfung ist ein sozialer Prozess, in dem Mitarbeiter interagieren, um ihr individuelles Wissen für die Entwicklung neuen Wissens zu nutzen.[277] Da sich das implizite Wissen als wesentlicher Bestandteil der Wertschöpfung im Besitz der einzelnen Mitarbeiter befindet, haben Vorgesetzte hiervon nur sehr begrenzt Kenntnis. Sie können mögliche Wissenskombinationen nur unzureichend entdecken und bewerten sowie die Wissensarbeit ihrer Mitarbeiter kontrollieren. Die Steuerung der Wissensarbeit kann daher nur bedingt durch eine hierarchische und weisungsgestützte Organisation erfolgen.[278] Sie obliegt im Wesentlichen den Mitarbeitern.

(2) Aufgabe der Unternehmensorganisation ist es, einen produktiven *Kontext der Wissensarbeit* zu schaffen. Wesentliche Elemente dieses Kontextes sind eine gemeinsame Perspektive der Mitarbeiter und Strukturen, die zu einem gegenseitigen Vertrauen der Mitarbeiter führen.[279] Eine Wissensarbeit, z. B. eine Invention, ist damit ein gemeinschaftlicher Wertschöpfungsprozess, für den ein Unternehmen einen produktiven Kontext schafft, in dem einzelne Mitarbeiter durch Kombination bestehendes Wissen nutzen, um neues Wissen zu schaffen.

Im Weiteren werden zwei Strömungen herausgearbeitet, die den Kontext der Wissensarbeit unterschiedlich modellieren und damit zu verschiedenen Aussagen für die Wettbewerbsrelevanz von Wissen kommen. Diese Strömungen unterscheiden sich dahingehend, ob sie (1) das organisationale Wissen oder (2) die Integration von individuellem Wissen betrachten. Damit führen sie zu unterschiedlichen Aussagen bezüglich möglicher Wettbewerbsvorteile.

---

[273] Vgl. Kogut/Zander (1992), S. 386, Grant (1996a), S. 111, Nonaka (1994), S. 15, Spender (1996), S. 50 und Kap. B.I.1.2.

[274] Vgl. Kogut/Zander (1992), S. 387 und Liebeskind (1996), S. 94 f.

[275] Vgl. Nonaka (1994), S. 19 f.

[276] Vgl. Alavi/Leidner (2001), S. 117 f.

[277] Vgl. Grant (1996a), S. 113.

[278] Vgl. Grant (1996a), S. 118

[279] Vgl. Kogut/Zander (1992), S. 383, Grant (1996b), S. 380 f. und Nonaka (1994), S. 24 f.

(1) Die erste Strömung des Wissensansatzes betrachtet das *organisationale Wissen* als Kontext der Wissensarbeit. Organisationales Wissen besteht aus explizitem und implizitem Wissen auf der Ebene eines gesamten Unternehmens oder seiner Abteilungen.[280] NELSON & WINTER bezeichnen dieses Wissen als organisationale Routinen, die explizit als bürokratische Regeln und implizit als eine Organisationskultur existieren.[281] Derartige Routinen sind im Verständnis von SPENDER soziales Wissen, das explizit als objektiviertes Wissen (objectified knowledge) oder implizit als kollektives Wissen (collective knowledge) vorliegen kann.[282] Dabei ist insbesondere das kollektive Wissen von Bedeutung, das inhärent in kollektiven Praktiken vorliegt. Individuen interagieren nach einem kollektiven Handlungsmuster und schaffen damit ein Wertschöpfungsergebnis, das sie eigenständig nicht schaffen können und dessen Zustandekommen durch die einzelnen Handlungen nicht erklärt werden kann.[283] Zum kollektiven Wissen verwandte Konzepte sind die Collective Intelligence[284], die Swarm Creativity[285] oder der Wisdom of Crowds[286]. Das organisationale Wissen bestimmt damit wesentlich das Wertschöpfungspotenzial eines Unternehmens.

Organisationales Wissen kann zu einem Wettbewerbsvorteil führen. Es ist zwischen verschiedenen Unternehmen heterogen, da es fest in den unterschiedlichen Strukturen von Unternehmen verankert ist. Es ist auch inhärent unternehmensspezifisch, sodass die Routinen, die sich für ein Unternehmen als vorteilhaft erwiesen haben, nur schwer imitiert und einer Organisation mit anderen Mitarbeitern übergestülpt werden können.[287] Darüber hinaus sind Routinen häufig informeller Natur.[288] Sie können damit nur schwer beobachtet werden, sodass häufig der Beitrag von Routinen zu einer erfolgreichen Wertschöpfung unbekannt oder unklar ist. Das organisationale Wissen – konzeptualisiert als kollektives Wissen oder Routinen – erklärt damit den Wettbewerbsvorteil eines Unternehmens.

(2) Ein zweiter Zweig des Wissensansatzes betrachtet die *Integration von Wissen* als Quelle eines Erfolgspotenzials. Der Betrachtungsgegenstand dieses Ansatzes sind nicht das kollektive Wissen und die Routinen eines Unternehmens, sondern das Wissen der einzelnen Mitarbeiter, das integriert werden kann, um

---

[280]   Vgl. Spender (1996), S. 51 f.

[281]   Vgl. Nelson/Winter (1982), S. 14 und S. 134.

[282]   Vgl. Spender (1996), S. 52.

[283]   Vgl. Spender (1994), S. 359.

[284]   Vgl. Brown/Lauder (2001), S. 209-226.

[285]   Vgl. Gloor (2006).

[286]   Vgl. Surowiecki (2004).

[287]   Vgl. Spender (1996), S. 52 und Spender (1994), S. 360 - 365.

[288]   Vgl. Nonaka/Toyama/Byosière (2001), S. 495 und Spender (1996), S. 53 f.

neues Wissen zu schaffen.[289] Hierzu arbeiten die einzelnen Mitarbeiter zusammen – sie kommunizieren und interagieren. Voraussetzung für die Interaktion der Mitarbeiter – und damit die Integration ihres Wissens – ist ein gemeinsames Wissen. Dieses besteht aus einer gemeinsamen verbalen und nonverbalen Sprache, einem gemeinsamen, auf die Aufgaben spezialisierten Wissen, einem gemeinsamen Verständnis der betrachteten Sachverhalte sowie einer Kenntnis darüber, welches Wissen die Wertschöpfungspartner besitzen. Das gemeinsame Wissen schafft damit die Grundlage für eine gemeinsame Wissensarbeit.[290] Die Beschaffenheit des gemeinsamen Wissens bestimmt wesentlich die Fähigkeit des Unternehmens, die Information und das Know-how der einzelnen Mitarbeiter zu einer Invention zu kombinieren; es bestimmt die Kombinationsfähigkeit (combinative capabilities) des Unternehmens.[291] Damit ist Wissensarbeit die Integration des Wissens einzelner Mitarbeiter, die in einem gemeinsamen Interaktionsprozess stattfindet, sowie der Kombination dieses individuellen Wissens zu neuem Wissen, z. B. einer Invention.

Inwieweit eine Wissensintegration gelingen und hieraus ein Wettbewerbsvorteil erlangt werden kann, bestimmen nach GRANT vier Faktoren:[292]

- *Effizienz der Wissensintegration:* Dieser Faktor entspricht dem zuvor vorgestellten organisationalen Wissen. Er erfasst das Ausmaß an gemeinsamen Wissen, die Routine i. S. v. Gleichartigkeit der Aufgaben sowie die Organisationsstruktur. Die Effizienz der Wissensintegration zwischen den verschiedenen Funktionsbereichen großer Unternehmen kann durch Informationssysteme wesentlich unterstützt werden.[293]

- *Breite des Wissensbereichs,* der integriert werden kann: Je mehr komplementäres Wissen integriert werden kann, desto höher wird potenziell der geschaffene Wert und desto weniger wird es einem Wettbewerber – wegen

---

[289]   Grant lehnt organisationales Wissen als Betrachtungsgegenstand mit der Begründung ab, dass Wissen ausschließlich durch die Interaktion von Individuen entsteht. Die Wahl von kollektivem Wissen oder Routinen als Betrachtungsgegenstand blendet seiner Ansicht nach aus, wie organisationales Wissen entsteht – durch die Interaktion von Individuen und die Integration ihres Wissens, vgl. Grant (1996a), S. 113.

[290]   Vgl. Grant (1996a), S. 115 f. Das Konzept des gemeinsamen Wissens unterscheidet sich dabei von dem des kollektiven Wissens dahingehend, dass ersteres redundant gespeichertes Wissen als Interaktionsgrundlage beschreibt und redundant gespeichertes Wissen beinhaltet, während letzteres Wissen beschreibt, dass sich erst durch eine gemeinsame Handlung ergibt.

[291]   Vgl. Kogut/Zander (1992), S. 385 und S. 391 f.

[292]   Vgl. Grant (1996b), S. 380 - 382.

[293]   Vgl. Tanriverdi (2005).

kausaler Ambiguität,[294] Zeitvorteilen und Komplementarität der zu imitierenden Wissensressourcen[295] – gelingen, die Integrationsform zu imitieren.

- *Flexibilität*: Dieser Faktor drückt aus, inwieweit die Kombinationsfähigkeit eines Unternehmens an die Erfordernisse eines sich wandelnden Marktes angepasst werden kann.[296]

- *Kongruenz des Unternehmenswissens und des Produktportfolios eines Unternehmens*:[297] Eine effiziente Nutzung einer Wissensbasis setzt voraus, dass zum einen das für die Produkte notwendige Wissen vorhanden ist und zum anderen kein Wissen ungenutzt im Unternehmen ruht. Bestehende Inkongruenzen gilt es – insb. durch einen Austausch über Märkte oder durch eine vertragsbasierte Kooperation – auszugleichen.

Diese vier Faktoren erklären Wettbewerbsvorteile aus dem Wissen eines Unternehmens. Analog zur zuerst aufgezeigten Strömung des Wissensansatzes – die Betrachtung organisationalen Wissens – geht auch diese davon aus, dass im Unternehmen vorliegendes gemeinsames Wissen vor einer Imitation geschützt ist. Ursächlich hierfür können der tazite Charakter von Wissens, seine Spezifität, die soziale Komplexität eines Unternehmens, eine kausale Ambiguität zwischen Wissen und Wettbewerbsvorteilen sowie vom Unternehmen implementierte Schutzmechanismen, wie z. B. ein Patentschutz, sein.[298]

Erklärungsbeitrag

Beide Strömungen – die Betrachtung des organisationalen Wissens und die Betrachtung der Integration von Wissen – erweitern das Verständnis des Ressourcenansatzes. Beide Ansätze zeigen auf, dass eine Informationsproduktion als ein sozialer Prozess aufzufassen ist. Wettbewerbsvorteile können nicht nur aus den einzelnen Wissensressourcen entstehen, sondern auch aus dem Kontext, in dem diese Ressourcen genutzt und zu neuem Wissen kombiniert werden.

Für die vorliegende Arbeit kann insbesondere der Ansatz der Wissensintegration einen Erklärungsbeitrag für die Nutzung des Wertschöpfungspotenzials externer Ressourcen geben. Sein Erklärungskonstrukt entspricht dem im Kapitel B.I.2.2 aufgestellten Betrachtungsrahmen, nach dem eine Invention als die Integration von Information und Know-how in einen Prozess sowie deren

---

[294]   Vgl. Lippman/Rumelt (1982) und Dierickx/Cool (1989), S.1508 f.

[295]   Vgl. Dierickx/Cool (1989), S. 1507 f.

[296]   Vgl. Kogut/Zander (1992), S. 392.

[297]   Auch wenn Grant dies nicht explizit als Faktor für einen Wettbewerbsvorteil anführt, ist die Kongurenz doch Bestandteil seiner Überlegungen zu den Grenzen eines Unternehmens, vgl. Grant (1996a), S. 120 und Grant/Baden-Fuller (1995), S. 19 f.

[298]   Vgl. Kogut/Zander (1992), S. 387 f.

Kombination beschrieben wird. Darüber hinaus berücksichtigt der Wissensansatz, dass wertvolles Wissen von außen, insbesondere aus der Wissenschaft, durch Spillover oder aus der Interaktion mit Wertschöpfungspartnern, gewonnen werden kann.[299] Eine derartige Rezeption externen Wissens kann die Entwicklung neuer Ideen im Unternehmen fördern.[300] Auch werden Unternehmenskooperationen berücksichtigt und als ein Weg angesehen, eine Inkongruenz zwischen dem Wissen eines Unternehmens und seinem Produktportfolio abzubauen.[301] Voraussetzung hierfür ist jedoch ein zur Wertschöpfungsgemeinschaft kompatibles Verständnis. Eine Nutzung des Wertschöpfungspotenzials externer Wissensressourcen ist damit explizit im Wissensansatz berücksichtigt.

Eine Öffnung von I.-Ressourcen kann der Wissensansatz jedoch nicht erklären. Der Ansatz begründet die herausragende strategische Relevanz der Ressource Wissen gerade mit ihrer heterogenen Verteilung, Immobilität und mangelnden Imitierbarkeit[302] und stellt auf den Schutz dieses Wissens ab.[303] Eine Öffnung würde diese Voraussetzung für einen Wettbewerbsvorteil zerstören. Darüber hinaus verkennt der Ansatz das Wertschöpfungspotenzial einer offenen Wertschöpfung. Er erklärt die Existenz von Unternehmen dadurch, dass ausschließlich die Organisationsform eines Unternehmens mit verbindlichen Routinen und kollektivem Wissen bzw. gemeinsamem Wissen die Voraussetzung schaffen kann, unter der Expertenwissen verschiedener Akteure gemeinsam genutzt werden kann.[304] Die Annahme, dass eine offene wissensbasierte Wertschöpfung außerhalb von Unternehmensgrenzen ein mindestens ebenso hohes Wertschöpfungspotenzial erzielen könnte wie eine unternehmerische Wertschöpfung, würde die Existenzberechtigung von Unternehmen infrage stellen.

Abschließend bleibt festzuhalten, dass der Wissensansatz das bisherige Verständnis einer Informationsproduktion erweitert. Er fordert, neben der Wettbewerbsrelevanz der Information und des Know-hows auch die Integration von Wissen als einen wesentlichen Faktor für die Wertschöpfung und für einen Wettbewerbsvorteil zu berücksichtigen. Eine Erklärung für die Öffnung von I.-Ressourcen kann der Ansatz jedoch nicht leisten.

---

[299]   Vgl. Malerba (1992), S. 847.

[300]   Vgl. Antonelli (1999), S. 246.

[301]   Vgl. Grant (1996b), S. 385.

[302]   Vgl. Antonelli (1999), S. 246, Liebeskind (1996), S. 94 f., Kogut/Zander (1992), S. 387 und S. 390, Spender (1994), S. 360 und Spender (1996), S. 52.

[303]   Vgl. Liebeskind (1996).

[304]   Vgl. Grant (1996a), S. 112 f. und Spender (1989), S. 185.

3.   Relationaler Ansatz

Der relationale Ansatz (relational view) wird durch das Phänomen motiviert, dass Unternehmen sich in Kooperationen zusammenfinden und gemeinsam Wert-schöpfung betreiben. Dieses Phänomen erklären die oben dargestellten Ansätze damit, dass Unternehmen in Kooperationen Information und Know-how ihrer Partner absorbieren und damit ihre eigene Ressourcenausstattung ausbauen können.[305] Die Ansätze blenden jedoch aus, dass in Kooperationen Ressourcen der Partner gemeinsam genutzt werden, um einen Wert zu schaffen, den die einzelnen Kooperationspartner nicht selbstständig schaffen könnten.[306] In einer Kooperation können mehrere Unternehmen gemeinsam ihre Effektivität und Effizienz steigern.

DYER & SINGH schließen die Lücke der bestehenden Ansätze mit dem relationalen Ansatz. Dieser Ansatz verlagert die Betrachtung von der Ressourcen-ausstattung eines Unternehmens auf die in einer Kooperation gemeinsamen Ressourcen sowie die Bedingungen, unter denen eine Kooperation stattfindet. Einen Wettbewerbsvorteil erklärt der relationale Ansatz aus eigentümlichen und schwer kopierbaren Beziehungen, die im Rahmen einer Kooperation aufgebaut werden. Diese führen zu einer gemeinsam erhöhten Wertschöpfung und damit relationale Renten („relational rents"), die ausschließlich mit den gemeinschaft-lichen idiosynkratischen Beiträgen der speziellen Partner geschaffen werden können.[307]

---

[305]   Anand/Khanna (2000) zeigen, dass Unternehmen in Joint Venturs für F&E sowie für eine Produktion höhere Lerneffekte erzielen als in solchen für gemeinsame Marketingaktivi-täten. Grant (1996b) zeigt, dass Unternehmen mithilfe von Kooperationen die Kohärenz zwischen eigenem Wissen und eigenem Produktportfolio verbessern können. Dussauge/Garrette/Mitchell (2004) zeigen, dass das Lernpotenzial in Allianzen für komplementäre   Produkte   größer   ist   als   in   solchen   für   Substitute. Eisenhardt/Schoonhoven (1996), S. 137 f. erklären ein Entstehen von Kooperationen einerseits aus einem Ressourcenmangel eines Unternehmens und andererseits aus dessen sozialen Ressourcen, die für eine Kooperation notwendig sind. Kale/Singh/Perlmutter (2000) untersuchen Faktoren, die gleichzeitig ein Lernen und den Schutz eigener Ressourcen in Allianzen ermöglichen. Khanna/Gulati/Nohria (1998), S. 204 f. dis-kutieren, dass Unternehmen ihre Routinen anpassen müssen, um auch in multilateralen Umgebungen lernen und somit von Kooperationen profitieren zu können. Madhok (1997), S. 43 zeigt auf, dass Kooperationen eine Möglichkeit sind, um benötigte Ressourcen zu gewinnen. Mowery/Oxley (1998) zeigen, dass Unternehmen Ko-operationspartner mit einer gewissen aber nicht zu starken Überlappung an Fähigkeiten suchen, um von diesen zu lernen.

[306]   Vgl. Duschek (2004), S. 61.

[307]   Vgl. Dyer/Singh (1998), S. 662.

DYER & SINGH haben vier Determinanten identifiziert, die zu einer höheren Wertschöpfung, einem daraus resultierenden Wettbewerbsvorteil sowie zu relationalen Renten führen:[308]

- Beziehungsspezifische Güter und Prozesse (relation specific assets): Unternehmen können gemeinsam ihre Produktivität steigern, wenn sie in Güter und Prozesse investieren, die gegenseitig abgestimmt und damit spezifisch zueinander sind.[309] Beispielsweise kann ein Zulieferer eine Maschine entwickeln, die ausschließlich von einem Kooperationspartner benötigte Produkte erstellen kann.

- Wissensaustauschroutinen (knowledge-sharing routines): Um durch eine Kooperation das Wertschöpfungspotenzial steigern zu können, muss spezialisiertes Wissen transferiert, rekombiniert oder neu geschaffen werden. Wie der Wissensansatz verdeutlicht, ist hierzu ein gemeinsamer Kontext erforderlich, der seine Ausprägung unter anderem in Routinen findet.

- Komplementäre Ressourcen und organisationale Fähigkeiten (complementary resources/capabilities): Eine Kooperation erscheint nur dann sinnvoll, wenn sich die Ressourcen und organisationale Fähigkeiten der Partner ergänzen, sodass durch deren gemeinsame Nutzung Synergien entstehen.[310] Die Höhe des geschaffenen Wertes hängt daher von der Fähigkeit ab, geeignete Partner zu identifizieren und die Organisationen durch kompatible Entscheidungsprozesse, Informations- und Kontrollsysteme sowie eine gemeinsame Kultur miteinander abzustimmen.[311]

- Effektive Governance-Mechanismen (effective governance): Um das Risiko opportunistischen Verhaltens bei beziehungsspezifischen Investitionen zu mindern, sind effektive Governance-Mechanismen notwendig. Diese können auf einer Fremddurchsetzung (z. B. Verträge) oder auf einer Selbstdurchsetzung (z. B. gemeinsame Verhaltensnormen) basieren.[312]

DYER & SINGH zufolge kann ein entsprechender Wettbewerbsvorteil auch nachhaltig gesichert werden:[313] Da die gemeinsam genutzten Ressourcen stark verwoben sind und dieses Ressourcengeflecht damit komplex sowie an die Ko-

---

[308]   Vgl. Dyer/Singh (1998), S. 662-671.
[309]   Vgl. Milgrom/Roberts (1992), S. 108.
[310]   Vgl. Oliver (1997), S. 707.
[311]   Vgl. Doz (1996), S. 69-73 und Kanter (1994), S. 101.
[312]   Vgl. Dyer (1997), S. 547-549. Dabei können selbstdurchsetzende Mechanismen formaler Natur, wie z. B. gegenseitige Beteiligung von Unternehmen, oder informaler Natur, wie z. B. gemeinsame Werte, Normen oder Vertrauen, sein, vgl. Baker/Gibbons/Murphy (2002), S. 39 f.
[313]   Vgl. Dyer/Singh (1998), S. 671-674.

operation gebunden ist, können Wettbewerber erfolgskritische Ressourcen nur schwer erkennen und ein ebenbürtiges Ressourcengeflecht in einer angemessenen Zeit aufbauen. Zudem ist es für einen Wettbewerber fast unmöglich, einen gleichwertigen Partner zu finden und mit diesem eine Partnerstruktur aufzubauen, die zumindest gleichwertige Routinen und Governance-Mechanismen aufweist.

Damit zeigt der relationale Ansatz auf der interorganisationalen Ebene, dass ein Wettbewerbsvorteil durch Kooperationen entstehen und nachhaltig gesichert werden kann.

Erklärungsbeitrag

Der relationale Ansatz berücksichtigt als einziger Ansatz das Wertschöpfungspotenzial externer Ressourcen sowie die gegenseitige Öffnung als Mittel, dieses zu erschließen. Der relationale Ansatz verschiebt damit den Schwerpunkt vom Schutz eigener Ressourcen auf die Steigerung einer gemeinsamen Wertschöpfung. Er ist damit im eigentlichen Sinn keine Erweiterung des Ressourcenansatzes – auch wenn die Autoren ihn als einen solchen bezeichnen[314] – sondern ein Komplement, indem er kooperationsspezifische Aspekte zur Erklärung von Wettbewerbsvorteilen heranzieht.[315] Der Ressourcenansatz vollzieht damit einen ersten Schritt in Richtung einer Öffnung von I.-Ressourcen.

Eine Öffnung von I.-Ressourcen, wie sie im Rahmen einer offenen Wertschöpfung erfolgt, vermag der relationale Ansatz jedoch nicht zu erklären. Der Ansatz verlangt nach einer Exklusivität von Ressourcen. Ein Wettbewerbsvorteil kann nur dann erreicht werden, wenn Wettbewerber keinen Zugriff auf die Ressourcen der Kooperation haben. Diese Forderung steht der offenen Wertschöpfung entgegen. Darüber hinaus basiert der durch den relationalen Ansatz beschriebene Wettbewerbsvorteil auf einer langfristigen und festen Kooperation. Er geht davon aus, dass gemeinsame Routinen und Governance-Mechanismen initial aufgebaut und im Laufe der Kooperation entwickelt werden. Dieses Erklärungsmuster widerspricht jedoch der bewussten Senkung von Ein- und Austrittshürden, wie sie für eine offene Wertschöpfung charakteristisch ist.

---

314   Vgl. Dyer/Singh (1998), S. 660.
315   Vgl. Friedli (2006), S. 55.

V. Begrenzter Erklärungsbeitrag der ressourcenorientierten Ansätze

Die Analyse der ressourcenorientierten Ansätze hat aufgezeigt, dass diese in dem Verständnis der geschlossenen Wertschöpfung verhaftet sind. Ebenso wie das im Kapitel B.II.1 vorgestellte Verständnis betrachten die ressourcenorientierten Ansätze den Beitrag von Faktoren zur unternehmerischen Wertschöpfung, den durch sie geschaffenen Wert sowie die Möglichkeit des Unternehmens, sich eine entstehende Rente anzueignen. Voraussetzungen für einen Wettbewerbsvorteil sind exklusive Ressourcen im Eigentum eines Unternehmens oder einer Kooperation. Trotzdem bietet jeder der vier Ansätze – der Ressourcenansatz, der Ansatz der dynamischen Fähigkeiten, der Wissensansatz sowie der relationale Ansatz – einen Erklärungsbeitrag, der für die weitere Betrachtung von Öffnungsphänomenen herangezogen werden kann (vgl. Tabelle 3).

Der *Ressourcenansatz* bildet das Fundament aller dargestellten ressourcenorientierten Ansätze. Er zeigt auf, dass aus einer strategischen Warte heraus nicht der gesamte geschaffene Wert, sondern lediglich die Wertedifferenz zum Wettbewerber von Belang ist. Ein derartiger Wertevorsprung ist ein Wettbewerbsvorteil und führt zu einer Rente. Dabei entspringt diese Rente aus Ressourcen, über die ein Unternehmen exklusiv verfügt und die vor einer fremden Imitation und Substitution geschützt – mithin geschlossen – sind. Unternehmen sollten daher eine *Kontrolle*[316] und einen bevorzugten *Zugriff* auf wertvolle Ressourcen sichern,[317] um einen Wettbewerbsvorteil zu erzielen. Die beiden Begriffe *Kontrolle* und *Zugriff* werden in Kap. D.III als Dimensionen des zu erarbeitenden Bezugsrahmens aufgegriffen.

Der *Ansatz der dynamischen Fähigkeiten* führt vor Augen, dass die Teilnahme an einer offenen Wertschöpfung sinnvoll sein kann. Ein Unternehmen kann hierdurch eine für die Integration externer Ressourcen notwendige Absorptionskapazität aufzubauen. Es kann damit externe Ressourcen nutzen, um seine Ressourcenbasis gegenüber Wettbewerbern schneller an ein verändertes Marktumfeld anzupassen. Jedoch zeigt dieser Erklärungsversuch nicht auf, warum Wettbewerber nicht ebenso handeln und den Vorteil in kürzester Zeit wieder nivellieren sollten. Ebenso bleibt unklar, welchen Vorteil eine Öffnung von Ressourcen bringt, wenn ein Unternehmen sich nicht selbst an einer Wertschöpfung beteiligt.

---

[316] Vgl. Amit/Schoemaker (1993), S. 35, Barney (1991), S. 101 und Peteraf/Barney (2003), S. 312.

[317] Vgl. Amit/Schoemaker (1993), S. 40, Ghemawat (1986), S. 55 f. und Peteraf/Barney (2003), S. 318.

Auch der *Wissensansatz* betont die Notwendigkeit, eine Ressourcenausstattung – konkret das Wissen – eines Unternehmens weiterzuentwickeln. Er eröffnet einen Einblick in die Wissensentwicklung, indem er deren Kontext als eine wesentliche Einflussvariable identifiziert. Der Ansatz zeigt auf, dass nicht nur die Integration externen Wissens, sondern bereits die Teilnahme an einer offenen Wertschöpfung an Voraussetzungen geknüpft ist. Damit berücksichtigt der Ansatz explizit auch die Nutzung externen Wissens. Der Ansatz legt jedoch nicht dar, warum ein Unternehmen aus einer Öffnung eigener Ressourcen einen Wettbewerbsvorteil erzielen kann.

Einen vielversprechenden Anhaltspunkt bietet der *relationale Ansatz*. Er führt vor Augen, dass eine Ressourcenbetrachtung nicht in der Sicherung von Wettbewerbsvorteilen und der Aneignung von Renten verhaftet sein sollte, sondern stärker das Wertschöpfungspotenzial von I.-Ressourcen betrachten sollte. Durch eine Kooperation können sich Unternehmen gegenseitig Ressourcen zur Verfügung stellen. Damit können das Wertschöpfungspotenzial in den Händen Dritter erschlossen und gemeinsame beziehungsspezifische Investitionen eingegangen werden. Die an der Kooperation beteiligten Unternehmen können sich damit gegenüber Dritten besserstellen und eine relationale Rente erwirtschaften. Jedoch verhaftet der relationale Ansatz insofern im Erklärungskonstrukt des Ressourcenansatzes, das er auf dem Ausschluss Kooperationsexterner beruht. Ein Zugriff auf die gemeinsame Ressourcenbasis bleibt exklusiv den Kooperationspartnern vorbehalten.

Die ressourcenorientierten Ansätze können damit eine Öffnung von I.-Ressourcen nicht erklären. Diesen Ansätzen zufolge liegt das Erfolgspotenzial eines Unternehmens in seinen wertvollen und seltenen Ressourcen, die sich unter der Kontrolle des Unternehmens befinden und vor einem fremden Zugriff geschützt sind. Externe Ressourcen spielen den erweiterten Ansätzen zufolge nur dann eine strategische Rolle, wenn sie die eigene Ressourcenbasis exklusiv erweitern können oder exklusiv in einer Kooperation zur Verfügung stehen. Die ressourcenorientierten Ansätze widersprechen damit dem strategischen Potenzial einer Öffnung. Die Betrachtung untermauert die Forderung von CHESBROUGH & APPLEYARD nach der Entwicklung einer „Open Strategy".[318]

---

[318]   Vgl. Chesbrough/Appleyard (2007), S. 73.

Dimension	Ressourcenansatz	Ansatz der dynamischen Fähigkeiten	Wissensansatz		Relationaler Ansatz
			Organisatorisches Wissen	*Wissensintegration*	
Betrachtungsebene	Unternehmen	Unternehmen	Unternehmen	Unternehmen	Unternehmenspaare oder Unternehmensnetzwerke
Betrachtungsgegenstand	Faktoren im Eigentum eines Unternehmens, welche die Effektivität und Effizienz der Wertschöpfung wesentlich beeinflussen	Prozesse (z. B. Produktinvention, Kooperation) zur Änderung der eigenen Ressourcenbasis und deren Anpassung an ein verändertes Marktumfeld	organisationales Wissen, das die Effizienz gemeinsamer Wertschöpfung beeinflusst und kollektives Handeln ermöglicht	individuelles Wissen und gemeinsames Wissen, wobei letztes die Effektivität und Effizienz der Integration individuellen Wissens determiniert	kollektive Ressourcenbasis, die eine kooperative Wertschöpfung ermöglicht
Quellen für Wettbewerbsvorteile	Ressourcen, die wertvoll und selten sind und damit einen Wertevorsprung ermöglichen	Ressourcenbasis, die durch wertvolle und seltene dynamische Fähigkeiten besser und schneller angepasst wird	organisationales Wissen, das die Voraussetzung für eine Wertschöpfung in einem Unternehmen ist und den geschaffenen Wert maßgeblich beeinflusst	• Effizienz einer Wissensintegration • Breite d. Wissensbereichs • Flexibilität der Kombinationsfähigkeit • Produkt-Wissen-Kongruenz	• Beziehungsspezifische Investitionen • interorganisationale Wissensaustauschroutinen • komplementäre Ressourcenausstattung • effektive Governance

Mechanismen zur Sicherung von Wettbewerbsvorteilen	Imitationsschutz durch • Pfadabhängigkeit • Zeitvorteil • soziale Komplexität • kausale Ambiguität • Spezifität • rechtlicher Schutz und Schutz vor Substitution	Verteidigung eines Vorteils nur durch ständige Anpassung, da dynamische Fähigkeiten substituier- und austauschbar sind sowie eine Äquifinalität aufweisen	Imitationsschutz durch • taziter Charakter • kausale Ambiguität • soziale Komplexität • Spezifität zur Organisation eines Unternehmens	Imitationsschutz durch • taziter Charakter • kausale Ambiguität • soziale Komplexität • Spezifität zur Organisation eines Unternehmens • rechtlichen Schutz	Imitationsschutz durch • kausale Ambiguität • Zeitvorteil • verwobene Ressourcen • Unteilbarkeit gemeinsamer Ressourcen • institutionale Umgebung • Seltenheit von Partnern
Besitz/ Kontrolle	Unternehmen	Unternehmen	Unternehmen	Unternehmen/ Mitarbeiter	Vertragskollektiv
Bedingungen einer Aneignung	• Eigentum an Ressourcen • Verhandlungsmacht	keine erweiterte Betrachtung	keine erweiterte Betrachtung		Schutzmechanismen vor Opportunismus
Erklärungsbeitrag für Öffnungsphänomene	Schutz bestimmter Ressourcen	• Notwendigkeit des Wandels • Lerneffekte/ Absorptionskapazität durch kooperative Wertschöpfung	• Kontext der Wertschöpfung – das organisationale Wissen bzw. das gemeinsame Wissen – ist neben den eigentlichen Faktoren von Bedeutung • Lernen kann durch externes Wissen gefördert werden • gemeinsames Verständnis ist Voraussetzung für Lernen		• Fokus auf Wertschöpfung, nicht ausschl. auf Schutz • Öffnung in Kooperation ermöglicht Zugang zu Ressourcen Dritter

Tabelle 3: Erklärungsbeitrag des Ressourcenansatzes, des Ansatzes der dynamischen Fähigkeiten, des Wissensansatzes und des relationalen Ansatzes

D. Bezugsrahmen für die Implikationen einer differenzierten Öffnung von Informationsressourcen

Das vorangegangene Kapitel hat aufgezeigt, dass die Ressourcenansätze das Erfolgspotenzial einer Öffnung nicht erklären. Zwar geben sie Erklärungsbeiträge für die Wirkung einer Öffnung. Jedoch führt den Ansätzen zufolge der Beitrag, den IBM zum Quellcode von Linux und Eclipse leistet, ebenso zu einem Verlust von Erfolgspotenzial, wie die Öffnung von Facebook, durch die dritte Anwendungsentwickler die gespeicherten Nutzerdaten in ihre Anwendungen einbinden können. In diesen und anderen Fällen fördern öffnende Unternehmen den Ressourcenansätzen zufolge eine fremde Wertschöpfung und schmälern damit potenziell ihren Wettbewerbsvorteil. Das herkömmliche Verständnis des Managements von I.-Ressourcen widerspricht damit den jüngst zu beobachtenden Öffnungsphänomenen.

Ein derartiger Widerspruch zwischen einem bestehenden theoretischen Verständnis und Phänomenen ist nach KUBICEK primäre Quelle für wissenschaftlichen Fortschritt.[319] Hierzu sollten neue Konzepte entwickelt werden, mit denen die Phänomene erfasst und in das bestehende Verständnis eingebettet werden können.

Im Folgenden wird ein Bezugsrahmen als Instrument entwickelt, mit dem die herkömmlichen Ressourcenansätze fortgeschrieben werden (I). Hierzu wird die Öffnung von I.-Ressourcen als Handlung konzeptualisiert, mit der ein Unternehmen das Wertschöpfungspotenzial externer Wissensressourcen nutzen kann (II). Dabei wird die Öffnung als differenzierte Öffnung aufgefasst, mit der I.-Ressourcen in verschiedene Arten der Offenheit überführt werden, um – gemäß Kapitel B.II.3 – einen Innovationsprozess im Kontinuum zwischen einer geschlossenen und einer offenen Wertschöpfung zu positionieren (III). Im weiteren Verlauf der Arbeit werden auf Grundlage dieses Bezugsrahmens Öffnungsphänomene in das Konstrukt des Ressourcenansatzes eingebettet.

---

[319] Dies gilt nach Kubicek zumindest dann, wenn – wie auch in der vorliegenden Arbeit – die Gewinnung von allgemeinen Aussagen zur Lösung von Problemen der betrieblichen Wirklichkeit als Ziel der Wissenschaft angesehen wird, vgl. Kubicek (1977), S. 5 und S. 7.

© Springer Fachmedien Wiesbaden GmbH, ein Teil von Springer Nature 2010
S. Muhle, *Strategisches Innovationsmanagement in überbetrieblichen Informationssphären*, Edition KWV, https://doi.org/10.1007/978-3-658-24248-0_4

I.   Konzeption des Bezugsrahmens

Zunächst wird der Bezugrahmen als Instrument der Theoriefortschreibung im All-gemeinen vorgestellt (1). Im Anschluss wird dann der Aufbau des vorliegend ver-wendeten Bezugsrahmens begründet (2).

1.   Bezugsrahmen als Instrument der Theoriefortschreibung

Inhalt und Zweck eines Bezugsrahmens – im Englischen zumeist „Framework" genannt – werden in der Literatur sehr unterschiedlich aufgefasst.[320] Die deutsch-sprachige Auffassung hat KUBICEK geprägt. Er sieht einen Bezugsrahmen als einen ersten Schritt zur wissenschaftlichen Betrachtung eines nicht genügend ver-standenen und/oder beherrschten generellen Phänomens, das er als theoretisches Problem bezeichnet.[321] Mit dem Bezugsrahmen soll der Grundstock für eine wissenschaftliche Aufarbeitung des Phänomens gelegt werden. Der Bezugsrahmen sollte darauf abzielen, eine konsistente theoretische Perspektive zu schaffen, mit der das infrage stehende Phänomen gedanklich und sprachlich gefasst werden kann. Hierzu ist zuvorderst ein konsistentes System aus Begriffen und vermuteten kausalen Beziehungen notwendig.[322] Dieses System sollte auf Konzepte und Er-klärungsmuster der Literatur zurückgreifen und so einerseits bestehendes Wissen in das zu schaffende Verständnis einbringen und andererseits das Verständnis in die bestehende Literatur einbetten. Ein Bezugsrahmen kann damit ein inter-subjektives Verständnis eines theoretischen Problems unter Rückgriff auf be-stehende theoretische Konstrukte schaffen. Dieses bildet die Voraussetzung für eine strukturierte Beschreibung, Analyse und Erklärung eines Phänomens.

Das dargestellte Verständnis aus der deutschsprachigen Literatur überschneidet sich weitgehend mit dem des Frameworks in der englischsprachigen Literatur. SCHWARZ ET AL. haben Aussagen zu Frameworks in 118 englischsprachigen Artikeln[323] sowie in einer Umfrage mit 40 Wissenschaftlern aus dem Bereich *Information Systems* analysiert und diese Aussagen in ein konsistentes Verständnis von Begriff und Zweck eines Frameworks synthetisiert: „A framework article can

---

[320]   Für eine Übersicht über die in der englischsprachigen Literatur vorkommenen Verständ-nisse des Zwecks eines Frameworks siehe Schwarz et al. (2007), S. 32 f.

[321]   Vgl. Kubicek (1977), S. 17.

[322]   Vgl. Kubicek (1975), S. 37.

[323]   Die Artikel stammen aus den Quellen MIS Quarterly, Information Systems Research, Journal of Management Information Systems, The Database for Advances in Information Systems, International Conference on Information Systems, Annual Review of Psycho-logy, Annual Review of Sociology, American Sociological Review und Academy of Management Review. Aufgrund des Forschungsdesigns der Studie schließen diese 118 Artikel auch solche mit ein, die sich ausschließlich mit Reviews, nicht aber mit Frameworks befassen.

be defined as the exposition of a set of assumptions, concepts, values, and practices that constitutes a way of understanding the research within a body of knowledge."[324] Mit ihrem Verständnis betonen SCHWARZ ET AL. zwar stärker eine Integration bestehender Konzepte.[325] Sie sehen jedoch wie KUBICEK ein Framework als Instrument der Theoriefortschreibung an, mit dem die wesentlichen Elemente eines Phänomens beschrieben werden, um die Grenzen eines Betrachtungsgegenstands gegenüber der bestehenden Literatur neu zu definieren und Richtungen zur Theoriefortschreibung aufzuzeigen.[326] Beide erachten die Fortschreibung theoretischer Konzepte als wesensgebendes Merkmal eines Bezugsrahmens bzw. Frameworks.[327]

Zur Fortschreibung bestehender Konzepte kann ein Bezugsrahmen drei Beiträge leisten:

- *Ein Bezugsrahmen ist ein Werkzeug zur Phänomenbetrachtung.* Mit einem System aus Begriffen und Beziehungen schafft er das für eine Phänomenbetrachtung notwendige gedankliche und sprachliche Gerüst. Er zeigt auf, welche Aspekte eines Phänomens für eine Betrachtung wesentlich sind und wo die Grenzen einer Betrachtung liegen sollten.[328] Damit schafft der Bezugsrahmen ein in der Literatur verhaftetes Verständnis des Phänomens und die Struktur für eine nachvollziehbare Phänomenbetrachtung.[329]

- *Ein Bezugsrahmen ist ein Kommunikationsmedium.* Er schafft mit der Begriffs- und Konzeptbildung ein gemeinsames Verständnis des Phänomens. Dieses Verständnis bildet die Grundlage für einen fruchtbaren Diskurs und eine intersubjektive Wissensbildung.[330] Dabei sollte das geschaffene Verständnis auch in der betriebswirtschaftlichen Realität praktisch anwendbar sein, um neben Wissenschaftlern auch Praktiker in den Diskurs einzubeziehen und damit eine praktische Relevanz zu gewährleisten.

- *Ein Bezugsrahmen ist ein Mittel zur Modellentwicklung.* KIRSCH beschreibt den Begriff des Bezugsrahmens wie folgt: „Er enthält eine Reihe theoretischer Begriffe, von denen angenommen wird, daß sie einmal Bestandteil von Modellen bzw. Theorien werden könnten. Darüber hinaus umfaßt ein theo-

---

[324]   Vgl. Schwarz et al. (2007), S. 41.

[325]   Vgl. Schwarz et al. (2007), S. 35 und S. 42.

[326]   Vgl. Schwarz et al. (2007), S. 42.

[327]   Im Weiteren wird daher nicht mehr zwischen den beiden Begriffen unterschieden, sondern einheitlich der deutsche Begriff „Bezugsrahmen" verwendet.

[328]   Vgl. Schwarz et al. (2007), S. 42 f.

[329]   Vgl. Porter (1991), S. 98.

[330]   Vgl. hierzu auch das in Kap. C.IV.2 dargelegte Konzept des gemeinsamen Wissens, das im Wissensansatz als Voraussetzung für die gemeinsame Entwicklung neuen Wissens angesehen wird.

retischer Bezugsrahmen einige, freilich sehr allgemeine Gesetzeshypothesen, die jedoch meist nur tendenzielle Zusammenhänge andeuten. Nicht selten beschränken sich die Aussagen darauf, daß zwischen Variablen funktionale Beziehungen angenommen werden können, ohne daß diese Funktionen eingehender präzisiert werden."[331] Die in einem Bezugsrahmen aufgestellten Konzepte und Beziehungen können damit als eine Vorstufe für ein Modell angesehen werden.

Ein Bezugsrahmen ist damit ein Werkzeug zur Phänomenbetrachtung, zur intersubjektiven Entwicklung eines Modells sowie eine Vorstufe zu diesem Modell. Jedoch ist ein Bezugsrahmen kein Modell. Ein formales Modell zielt darauf ab, mit einem möglichst reduzierten System von Variablen und kausalen Beziehungen unter einem engen Korsett von Annahmen die Konzeptualisierung eines Phänomens mathematischen Methoden zugänglich zu machen. Ergebnis der Modellbildung sind empirisch prüfbare Hypothesen. Demgegenüber vermittelt ein Bezugsrahmen nach PORTER ein Verständnis eines Problems in seiner Komplexität und berücksichtigt dabei eine Vielzahl von Variablen.[332] Ein Bezugsrahmen ist damit keine Behauptungen der Realität im Sinne von Hypothesen, sondern stellt Fragen an die Realität, welche den wissenschaftlichen Fortschritt treiben.[333] Ein Bezugsrahmen schafft damit ein intersubjektives Verständnis eines theoretischen Problems, das nicht den aktuellen Stand der Wissenschaft konserviert, sondern gezielt Wege zu dessen Fortschreibung öffnet.

Ausgerüstet mit diesem Verständnis des Bezugsrahmens als Instrument der phänomengeleiteten Theoriefortschreibung wird im Folgenden der Aufbau für einen konkreten Bezugsrahmen zur Beschreibung und Analyse strategischer Implikationen von Öffnungsphänomenen entworfen.

2.   Aufbau des Bezugsrahmens

Vorliegend besteht das theoretische Problem darin, dass das bestehende Verständnis des strategischen Managements von I.-Ressourcen aktuelle Öffnungsphänomene nicht erklären kann. Insbesondere verkennt es ein strategisches Potenzial offener I.-Ressourcen und ist nicht in der Lage, das Öffnungsverhalten von Unternehmen differenziert zu beschreiben. Um einen Beitrag zum Schließen dieser Erkenntnislücke zu leisten, wird ein Bezugsrahmen wie folgt aufgebaut:

---

[331]   Siehe Kirsch (1971), S. 241.

[332]   Vgl. Porter (1991), S. 98.

[333]   Vgl. Kubicek (1977), S. 16. Schwarz et al. grenzen ein „Review" von einem „Framework" dahingehend ab, dass ersteres deskriptiv und letztes preskriptiv ist und damit aufzeigt, welche Richtung die weitere Forschung einschlagen sollte, vgl. Schwarz et al. (2007), S. 42 f.

Betrachtungsgegenstand des Bezugsrahmens sind I.-Ressourcen. Der Bezugs-rahmen knüpft damit an die in Kap. B gelegten innovationsökonomischen Grund-lagen sowie an die in Kap. C erarbeiteten Erklärungsbeiträge der Ressourcen-ansätze an. Es wird angenommen, dass I.-Ressourcen in Verbindung mit Know-how zu einer Invention führen. Eine Invention führt zu einem Wertschöpfungsvor-sprung und damit zu einem Wettbewerbsvorteil, wenn sie wertvoller ist als vergleichbare Inventionen der Wettbewerber oder wenn ein Unternehmen sie besser nutzen kann.

Das erste Element des Bezugsrahmens ist die Konzeptualisierung externen Wertschöpfungspotenzials mit den Begriffen und Konstrukten des Ressourcen-ansatzes. Diese Betrachtung lässt sich vom relationalen Ansatz inspirieren, der wertvolle Ressourcen auch außerhalb eines Unternehmens annimmt. Dabei be-trachtet die vorliegende Konzeptualisierung im Gegensatz zum relationalen Ansatz jedoch nicht die Umstände, unter denen in langfristigen Kooperationen relationale Renten entstehen. Vielmehr wird ein von der Kooperationsform unabhängiger Be-griff des Wertschöpfungspotenzials externer Ressourcen aus Sicht eines Unter-nehmens geschaffen. Darüber hinaus werden die Faktoren erarbeitet, die dieses Wertschöpfungspotenzial beeinflussen.

Als zweites Element werden anhand der Dimensionen (1) Zugriff und (2) Kontrolle verschiedene Arten der Offenheit strukturiert. Die im Kap. B.II auf-geführte Systematik der Wertschöpfungsprozesse und die einführend genannten Phänomene legen nahe, dass eine auf die Extreme *geschlossen* und *offen* reduzierte Betrachtung nicht ausreicht, um Öffnungsphänomene adäquat zu erfassen. Daher wird mit den beiden Dimensionen eine *Matrix der Arten von Offenheit* erstellt, die diese Arten hinsichtlich ihrer Wirkung auf das Wertschöpfungs-, Wettbewerbs-und Wertaneignungspotenzial systematisiert. Die Matrix erlaubt damit eine Ab-bildung und Betrachtung des differenzierten Öffnungsverhaltens eines Unter-nehmens.

Damit entsteht ein Bezugsrahmen, der vor dem Hintergrund der Ressourcen-ansätze ein Verständnis für die strategische Wirkung einer Öffnung von I.-Ressourcen schafft. Im Weiteren werden das Wertschöpfungspotenzial externer Wissensressourcen und Arten der Offenheit als wesentliche Elemente des Bezugs-rahmens konzeptualisiert.

II. Wertschöpfungspotenzial externer Wissensressourcen

Im Folgenden wird ein im Ressourcenansatz verankertes Verständnis des Wert-schöpfungspotenzials externer Wissensressourcen entwickelt. Dieses Verständnis beschreibt das Wertschöpfungspotenzial auf der Ebene einzelner Ressourcen und deren Zusammenwirken unabhängig von Wertschöpfungsformen. Zunächst werden die Voraussetzungen einer innovativen Wertschöpfung detailliert betrachtet (1).

Aus diesen wird der Begriff des Wertschöpfungspotenzials abgeleitet (2). Daraufhin wird untersucht, wann externe Ressourcen für ein Unternehmen einen Nutzen entfalten können (3) und welche Kosten mit der Nutzung externer Ressourcen verbunden sind (4).

1.   Voraussetzungen einer innovativen Wertschöpfung

Im Kapitel B wurde die innovative Wertschöpfung als ein Prozess der Informationsproduktion beschrieben. Demzufolge werden die Wissensressourcen *Information* und *Know-how* zu einer Invention kombiniert, um Synergieeffekte zu nutzen und einen Wert zu schaffen.[334] Dieses Verständnis der innovativen Wertschöpfung wird im Folgenden in die Terminologie und das Erklärungskonstrukt des Ressourcenansatzes eingebracht.

Die Konzeptualisierung von innovativer Wertschöpfung als neuartige Ressourcenkombination ist dem Ressourcenansatz bekannt. PENROSE, die neben SELZNIK die Wurzeln des Ressourcenansatzes geschaffen hat, merkt an, dass die Zusammensetzung einer Ressourcenkombination das Ergebnis eines Wertschöpfungsprozesses bestimmt: „exactly the same resource when used for different purposes or in different ways and in combination with different types or amounts of other resources provides a different service or set of services."[335] Eine Ressource ist nicht auf ein Produkt festgelegt, sondern kann auf vielfältige Weise mit anderen Ressourcen Kombinationen eingehen und damit zu verschiedenen Produkten führen.[336] Wird ein Produkt in einer bekannten Ressourcenkombination geschaffen, so handelt es sich um eine Reproduktion. Die Kombination trägt zur Verbreitung eines Produktes im Markt bei. Werden Ressourcen in einer neuartigen Zusammensetzung kombiniert, so kommt es zu einer Invention.[337] Eine Invention kann damit als das Ergebnis einer Suche nach einer neuartigen Ressourcenkombination und deren Umsetzung verstanden werden.

Die reine Existenz kombinierbarer Informationen reicht nicht aus, eine Invention zu schaffen. Existierende Informationen mögen zwar sinnvoll kombiniert werden können. Wird diese Kombination jedoch nicht erkannt oder ist niemand gewillt oder in der Lage, sie durchzuführen, wird es zu keiner Wertschöpfung kommen.[338] MORAN & GHOSHAL stellen daher in einer auf den Ressourcenansatz gestützten Theorie der wirtschaftlichen Entwicklung drei Kriterien auf, die für eine wertschöpfende Ressourcennutzung erfüllt sein müssen:[339] Die an einer Wert-

---

[334]   Vgl. Kap. B.I.2.

[335]   Siehe Penrose (1959), S. 25.

[336]   Vgl. Wernerfelt (1984), S. 176.

[337]   Vgl. Moran/Ghoshal (1999), S. 392 und Schumpeter (1934), S. 159 f.

[338]   Vgl. Penrose (1959), S. 32.

[339]   Vgl. Moran/Ghoshal (1999), S. 394 f.

schöpfung beteiligten Akteure müssen (1) über die zu kombinierenden Ressourcen verfügen, damit die Wertschöpfung *möglich* ist; sie müssen (2) eine Ressourcenkombination bzw. sein Synergiepotenzial *erkennen* können und sie müssen (3) *motiviert* sein, die Ressourcenkombination tatsächlich zu realisieren.

Diese drei Kriterien führen die Wertschöpfungsbetrachtung des Ressourcenansatzes mit dem Wertschöpfungsrahmen aus dem Kapitel B.I zusammen:

(1) *Möglich* ist eine neuartige Ressourcenkombination dann, wenn ein Akteur über die für eine Ressourcenkombination erforderlichen *Informationen* verfügt. Sie bilden die Objekte des Inventionsprozesses. Je umfangreicher und vielfältiger die zur Verfügung stehende Informationsausstattung – z. B. das Technologieportfolio und die Datenbasen – desto mehr Kombinationsmöglichkeiten können erwartet werden. Ein Beispiel der Wertschöpfung durch eine Ressourcenkombination bietet der Dienst Google Transit, der Straßenkarten und Satellitenbilder mit den Fahrplänen öffentlicher Verkehrsmittel kombiniert.[340] Mit dieser neuartigen Kombination können über den Dienst alternative Verkehrsverbindungen anschaulich dargestellt und mit anderen Fortbewegungsmitteln verglichen werden.

(2) *Erkannt* und durchgeführt werden können neue Ressourcenkombinationen nur dann, wenn das fachlich entsprechende *Know-how* vorhanden ist. Das Knowhow beschreibt das für eine Invention notwendige Methodenwissen, mit dem neue Denkmuster entwickelt und bestehende Wissenselemente zu neuem Wissen kombiniert werden können.[341] Man mag zwar anführen, dass Inventionen häufig zufällig entstehen, Know-how mithin für eine Invention nicht erforderlich wäre.[342] Allerdings können auch zufällige Ereignisse ohne Know-how regelmäßig nicht zu einer Invention werden, wenn die Relevanz eines solchen Ereignisses nicht erkannt wird.[343] Eine Invention setzt mithin – dem Kapitel B.I.1 entsprechend – die Konstrukte „Information" und „Know-how" voraus.

(3) Damit eine Ressourcenkombination für einen Akteur nicht nur möglich ist und von ihm erkannt werden kann, sondern auch tatsächlich realisiert wird, muss er zur Durchführung der Invention *motiviert* sein. Er wird seine Ressourcen nur dann in die Wertschöpfung einbringen, wenn er in dieser Kombination einen, wie auch immer gearteten, Vorteil erkennen kann. Dieser Vorteil kann z. B. aus einer

---

[340]   Vgl. Google (2009a).

[341]   Vgl. Hauschildt/Salomo (2007), S. 408.

[342]   Vgl. Moran/Ghoshal (1999), S. 395. Ein Beispiel für eine zufällige Invention ist die Entdeckung des Penicilins durch Alexander Fleming im Jahr 1928. Eine von Fleming gezüchtete Bakterienkultur wurde mit Schimmelpilzen verunreinigt. Fleming bemerkte dabei, dass dieser Schimmelpilz namens Penicillium eine Flüssigkeit absonderte, der die gezüchteten Bakterien abtötete. Das Penicillin war entdeckt.

[343]   So bemerkte Joseph Lister bereits im Jahr 1871 die antibakterielle Wirkung von Schimmel, ohne jedoch die Relevanz dieser Entdeckung zu erkennen.

internen oder externen Verwertung der Invention entstehen, mit der ein Teil der entstehenden Renten angeeignet werden kann.[344] Die Motivation ergibt sich dabei nicht aus den faktischen Voraussetzungen für eine Ressourcenkombination, sondern aus der Aussicht der Akteure, von dem geschaffenen Wert profitieren zu können. Im Kontext der vorliegenden Arbeit wird die Motivation in der Aneignungsbetrachtung berücksichtigt.

Damit kann festgehalten werden: Eine *Wertschöpfungsgelegenheit* ist dann gegeben, wenn ein Akteur eine sinnvolle Ressourcenkombination erkennt und über die notwendigen Ressourcen verfügt, sie umzusetzen. Eine Wertschöpfungsgelegenheit wird genutzt, wenn der Akteur hierzu auch motiviert ist, mithin erwartet, sich einen Teil des geschaffenen Wertes aneignen zu können.

2.   Wertschöpfungspotenzial

Eine Ressource kann nicht nur in unterschiedlichen Kombinationen genutzt werden, diese Kombinationen können auch einen unterschiedlichen Wert entfalten. Daher wird im Folgenden die Betrachtung einer Kombinierbarkeit von Ressourcen auf den Wert ausgeweitet, der mit einer Kombination erbracht werden kann. Konkret stellt sich für das Ressourcenmanagement die Frage, welche Wertsteigerung mit der Realisierung einer Wertschöpfungsgelegenheit – d. h. mit der Kombination von Ressourcen – verbunden ist, wenn auch externe Ressourcen in die Kombination eingebracht werden. Mit anderen Worten: Es stellt sich die Frage nach dem *Wertschöpfungspotenzial,* das in der Nutzung externer Ressourcen liegt.

Für die Beschreibung des Wertschöpfungspotenzials von Ressourcen bietet sich das Konstrukt der Komplementarität an. MILGROM & ROBERTS bezeichnen zwei Handlungen bzw. die ihnen unterliegenden Ressourcen dann als komplementär, wenn die folgende Regel erfüllt ist: „doing *more* of the one thing *increases* the returns of doing *more* of another."[345] Den Wert, den eine Ressource entfalten kann, hängt mithin davon ab, ob auch komplementäre Ressourcen eingesetzt werden. Die Komplementarität drückt damit den Synergieeffekt aus, der durch eine gemeinsame Nutzung von Ressourcen entstehen kann: Die zusätzliche Nutzung einer Ressource in einem Wertschöpfungsprozess erhöht das Wertschöpfungspotenzial.[346] Dies verdeutlicht das oben aufgeführte Beispiel Google Transit. In diesem Mashup sind das Karten- und Satellitenmaterial komplementär zu den Fahrplänen der öffentlichen Verkehrsmittel. Das Kartenmaterial kann zwar für sich genommen genutzt werden. Gemeinsam mit den Fahrplänen kann es

---

[344]   Vgl. Kap. B.II.1.2.2.

[345]   Siehe Milgrom/Roberts (1995), S. 181, Hervorhebungen im Original.

[346]   „(...) adding an activity while the other activity is already being performed has a higher incremental effect on performance (...) than adding the activity in isolation." Vgl. Cassiman/Veugelers (2006), S. 70.

jedoch ein höheres Wertschöpfungspotenzial entfalten, das durch die Kombination zu einem Mashup genutzt werden kann.

Um zu untersuchen, wie ein Wertschöpfungspotenzial aus einer Komplementarität entsteht, ist zwischen zwei Fällen zu unterscheiden, wie Ressourcen gemeinsam an Wert gewinnen können. Die bisherige Betrachtung impliziert erstens eine gemeinsame Nutzung von Ressourcen in *demselben Produktionsprozess*. Die in diesem Kontext genutzte Komplementarität wird vorliegend als Produktionskomplementarität bezeichnet. Von diesem Fall ist zweitens die gemeinsame, d. h. koordinierte Nutzung von Ressourcen in *unterschiedlichen Produktionsprozessen* zu unterscheiden, deren Ergebnisse in der Verwertung zu einem höheren gemeinsamen Wert führen. Die so genutzte Komplementarität wird vorliegend als Verwertungskomplementarität bezeichnet.

Die Produktions- und die Verwertungskomplementarität werden im Weiteren näher betrachtet:

(1) Die *Produktionskomplementarität* beschreibt eine Beziehung zwischen Ressourcen, bei der eine direkte Kombination in einem Produktionsprozess zu einer Wertsteigerung führt. So nutzen im Beispiel Google Transit Akteure ihr Know-how, um Informationen zu kombinieren, weiterzuentwickeln und damit neue Inventionen zu schaffen. Diese Art der Komplementarität steht im Fokus der Wertschöpfungsbetrachtung des Ressourcenansatzes[347] und spiegelt die Wertschöpfungsbetrachtung aus dem Kapitel B.I.2 wider. Die Produktionskomplementarität weist darauf hin, dass nicht jede Ressourcenkombination sinnvoll ist und damit nicht jede Integration einer externen Wissensressource das Wertschöpfungspotenzial eines Unternehmens steigert.[348] Es gilt vielmehr, die Ressourcen zu identifizieren und zusammenzuführen, die in Inhalt und Form komplementär sind, sodass sie gemeinsam in einem Inventionsprozess genutzt werden können.[349]

---

[347]   Vgl. z. B. Barney (1986), S. 1235, Dyer/Singh (1998), S. 667, Hamel (1991), S. 99 f., Kogut/Zander (1992), S. 384 f., Lippman/Rumelt (2003), S. 1070, Moran/Ghoshal (1999), S. 392-395, Penrose (1959), S. 25 und Peteraf (1993), S. 179.

[348]   Vielmehr kann eine hohe Anzahl nicht relevanter Informationen die Suche nach wertschöpfenden Kombinationsmöglichkeiten erschweren. Ebenso kann überkommenes Know-how die Innovationsprozesse behindern, da es die Suche nach neuen Lösungen erschwert, vgl. Sull (1999a), S. 461.

[349]   Vgl. Moran/Ghoshal (1999), S. 394 f.

(2) Die Literatur zum Innovationsmanagement[350] und ausgesuchte Literatur zum Ressourcenansatz[351] heben die Bedeutung einer anderen Art der Komplementarität hervor, die vorliegend als *Verwertungskomplementarität* bezeichnet wird. Diese erfasst das Phänomen, dass der in einem Inventionsprozess geschaffene Wert von dem in einem anderen Inventionsprozess geschaffenen Wert abhängt. Dies ist häufig bei technischen Produkten zu beobachten, die einen wesentlichen Teil des Nutzens aus dem Zusammenspiel mit anderen Produkten schöpfen.[352] Sie bilden ein System von Produkten, die gemeinsam vom Verwender bewertet werden,[353] sodass der Erfolg eines Produkts vom Angebot an komplementären Produkten abhängt.[354] Ein Beispiel hierfür ist der PC, bei dem der vom Verwender wahrgenommene Wert sowohl vom Wert der einzelnen Elemente – wie z. B. des Betriebssystems, der Anwendungssoftware, der CPU und der Festplatte – als auch vom Zusammenwirken dieser Elemente abhängt.[355] Die Verwertungskomplementarität drückt damit ein Synergiepotenzial zwischen Inventionen aus, die in getrennten Prozessen geschaffen werden, deren gleichzeitige Verwertung jedoch zu einem höheren Gesamtwert führt. Die einzelnen Inventionsprozesse bilden damit ein gemeinsames Wertschöpfungssystem. Für das strategische Management von I.-Ressourcen gilt, die einzelnen Inventionsprozesse so zu koordinieren, dass sie gemeinsam einen höchstmöglichen Nutzen für den Kunden schaffen.[356] Die Verwertungskomplementarität ist damit das Ergebnis eines koordinierten Ressourceneinsatzes in verschiedenen Wertschöpfungsprozessen.

Das Wertschöpfungspotenzial von Ressourcen ergibt sich damit nicht nur aus ihrer Kombination in einem Prozess, sondern auch aus der Kombination anderer Ressourcen in einem gemeinsam koordinierten komplementären Prozess. Dabei beschreibt die Produktionskomplementarität den Wert, den eine direkte Kombination aus Informationen und Know-how erbringen kann. Diese Art der Komplementarität bezieht sich auf das Verhältnis der in einen Inventionsprozess eingehenden Ressourcen. Die Verwertungskomplementarität beschreibt hingegen den Wert, der zwischen verschiedenen aber miteinander koordinierten Kombinationen entstehen kann, wenn die resultierenden Inventionen gemeinsam Verwenderbedürfnisse befriedigen. Diese Art der Komplementarität beschreibt das Verhältnis der aus Inventionsprozessen entstehenden Ressourcen – den Inventionen. Beide

---

[350]   Vgl. insb. Teece (1986), S. 288 f. und Kap. B.II.1.2.3.

[351]   Vgl. insb. Amit/Schoemaker (1993), S. 39 und Dierickx/Cool (1989), S. 1508.

[352]   Eine solche Komplementarität kann als indirekter Netznutzen bezeichnet werden, vgl. Katz/Shapiro (1994) und Farrell/Saloner (1985).

[353]   Vgl. Gawer/Cusumano (2002), S. 1 ff.

[354]   Vgl. Moore (2005), S. 115.

[355]   Für eine Betrachtung zur Struktur von Produktsystemen siehe Henderson/Clark (1990).

[356]   Vgl. Stieglitz/Heine (2007), S. 5 f.

Arten der Komplementarität sind zu berücksichtigen, um das Wertschöpfungspotenzial externer Ressourcen zu nutzen.

3.   Nutzung des Wertschöpfungspotenzials externer Ressourcen

Das Wertschöpfungspotenzial externer Ressourcen liegt zunächst außerhalb der Reichweite eines Unternehmens. Wie es erschlossen werden kann, hängt davon ab, ob interne und externe Ressourcen produktions- oder verwertungskomplementär sind.

Das Wertschöpfungspotenzial *produktionskomplementärer* externer Wissensressourcen kann durch einen Ressourcentransfer erschlossen werden, der vormals getrennt vorliegende Informationen und Know-how in eine neue Ressourcenkombination zusammenführt.[357] Dabei scheidet ein Transfer von Know-how zumindest auf kurze Sicht gemeinhin aus. Da Know-how aufgrund seines taziten Charakters personengebunden ist,[358] muss es durch Beobachtung, Imitation und eigenes Handeln, mithin durch langwieriges tätigkeitsbezogenes Training vermittelt werden.[359] Information ist hingegen explizit oder explizierbar[360] und kann somit Dritten relativ einfach zur Verfügung gestellt werden. Möchte ein Unternehmen das Wertschöpfungspotenzial einer externen I.-Ressource mit eigenem Know-how nutzen, so muss diese I.-Ressource von einem Dritten zur Verfügung gestellt werden. Bedarf ein Unternehmen des Wertschöpfungspotenzials externen Know-hows, so muss es seine eigene Information dem Träger des Know-hows zur Verfügung stellen, um anschließend das geschaffene Produkt zu beziehen.

Für die Nutzung externer *verwertungskomplementärer* Wissensressourcen ist kein Transfer der betrachteten Ressourcen, jedoch eine Koordination der jeweiligen Wertschöpfungsprozesse erforderlich. Sie sind so zu koordinieren, dass die entstehenden Produkte gemeinsam einen Wert beim Verwender entfalten können, z. B. ein PC mit einem Drucker gemeinsam genutzt werden kann. Eine derartige Koordination kann insbesondere ein Standard gewährleisten. Er ist eine Vereinheitlichung, bei der eine von mehreren möglichen Problemlösungen von

---

[357]   So bezeichnen Moran & Ghoshal den Ressourcentransfer als Mittel für eine bessere Ressourcenausnutzung, da mit einem Transfer eine Ressource einer bekannten besseren Verwendung zugeführt werden kann, vgl. Moran/Ghoshal (1999), S. 396.

[358]   Vgl. Polanyi (1958), S. 49 ff.

[359]   Vgl. Nonaka (1994), S. 19. Zwar wäre es denkbar, dass ein Mitarbeiter als Träger des Know-hows zwischen Unternehmen ausgetauscht wird. Jedoch ist dies auf kurze Sicht zumeist wenig effektiv. Der Mitarbeiter müsste zunächst über einen längeren Zeitraum Wissen über das Team als Ganzes und über die einzelnen Mitarbeiter aufbauen, um sein Know-how effektiv einbringen zu können, vgl. von der Oelsnitz/Busch (2008), S. 370 f.

[360]   Vgl. Kap. B.I.1.2.

mehreren Akteuren für eine gewisse Zeit akzeptiert wird,[361] z. B. ein Kommunikationsprotokoll zwischen dem PC und dem Drucker.

Um das Wertschöpfungspotenzial externer verwertungskomplementärer Wissensressourcen zu nutzen, ist der Austausch einer gemeinsamen koordinierenden Information – wie z. B. ein Standard – erforderlich. Dieser Standard kann als eine dispositive Information aufgefasst werden, die alle beteiligten Akteure in gleicher Weise in ihren Wertschöpfungsprozess einbringen.[362] Dabei ist es unerheblich, ob der Standard von einem offiziellen Gremium verabschiedet oder allgemein bekannt ist.[363] Ein Standard kann auch dadurch entstehen, dass Dritte von einem veröffentlichten Standard – z. B. durch Reverse-Engineering – Kenntnis erlangen.[364] Für die Entwicklung einer komplementären Invention ist es lediglich erforderlich, dass die Akteure an die Information über den Standard gelangen und diesen Standard akzeptieren, d. h. in den Inventionsprozess einbringen. Um mithilfe einer Verwertungskomplementarität das Wertschöpfungspotenzial externer Ressourcen zu nutzen, genügt mithin eine – wie auch immer geartete – Übereinkunft auf eine gemeinsame koordinierende Information.

Das Wertschöpfungspotenzial externer Wissensressourcen kann damit durch einen Austausch von I.-Ressourcen genutzt werden.[365] Im Fall von Produktionskomplementärität ist die fragliche I.-Ressource selbst zur Verfügung zu stellen. Hingegen ist bei einer Verwertungskomplementarität Information über einen gemeinsamen Standard (gewollt oder ungewollt) auszutauschen.

4.   Spezifität und Kosten der Nutzung externer Ressourcen

Wird eine Wissensressource Dritten zur Verfügung gestellt, ist dies in der Regel mit Kosten verbunden. Ursache hierfür ist, dass für die Übertragung einer Ressource bzw. der Verfügungsrechte über diese eine Koordination zwischen den beteiligten Akteuren notwendig ist, z. B. in Form langwieriger Verhandlungen um

---

[361]   Vgl. Kleinemeyer (1998), S. 52. Dabei meint „Standard" vorliegend „Komplementaritätsstandard". Weitere Arten von Standards sind z. B. Umwelt- und Qualitätsstandards.

[362]   Vgl. Kap. B.I.2.2.

[363]   In der Tat existiert ein Kontinuum von möglichen Reichweiten eines Standards, das von innerbetrieblichen bis hin zu dominanten Standards reicht, vgl. Borowicz/Scherm (2001), S. 394.

[364]   So hat z. B. Palm Kenntis vom Standard für die Kommunikation zwischen dem iPhone und dem Programm iTunes von Apple. Damit konnte Palm sein Telefon Palm Pre gegen den Willen von Apple an iTunes anbinden, vgl. Postinett (2009a), S. 13.

[365]   Damit soll jedoch nicht ausgeschlossen werden, dass ein Transfer von Know-how – etwa durch die Entsendung eines Entwicklerteams – in ausgewählten Fällen prinzipiell sinnvoll sein kann. Ein derartiger Transfer liegt jedoch nicht im Fokus der vorliegenden Arbeit.

Lizenzvereinbarungen.[366] Diese Kosten entstehen jedoch nicht nur im Zuge von Vertragsverhandlungen, sondern ganz allgemein im Zusammenhang mit der Herausbildung, der Zuordnung, dem Austausch, der Überwachung und der Durchsetzung von Eigentumsrechten.[367] Derartige Reibungsverluste können einer Nutzung des Wertschöpfungspotenzials externer Ressourcen entgegenstehen.

Um diese Reibungsverluste zu betrachten, wird auf die Transaktionskostentheorie nach COASE[368] und WILLIAMSON[369] zurückgegriffen. Betrachtungsgegenstand ist eine einzelne Transaktion, bei der, in Abhängigkeit ihrer organisatorischen Einbettung und Ausgestaltung, Kosten für die Anbahnung, Vereinbarung, Abwicklung, Kontrolle und nachträgliche Anpassung anfallen.[370] Dabei können drei Eigenschaften identifiziert werden, die Transaktionskosten wesentlich beeinflussen: die Unsicherheit/Komplexität einer Transaktion, ihre Häufigkeit und die Spezifität eines Objektes.

Von den drei identifizierten Faktoren kommt der Spezifität eine überragende Bedeutung zu.[371] Dies gilt insbesondere für den vorliegend zu erstellenden Bezugsrahmen, der die Dualität der Spezifität hervorhebt: Einerseits ist die Spezifität das Ergebnis einer Spezialisierung von Ressourcen, mit der die Voraussetzung zur Nutzung externer Ressourcen geschaffen und das resultierende Wertschöpfungspotenzial gesteigert werden kann. Andererseits führt die Spezifität zu einer Abhängigkeit von Ressourcen, die durch Opportunismus einer Partei ausgenutzt werden kann. Hierzu nun im Einzelnen:

Auf der einen Seite ist die Spezifität eine bewusste Entscheidung, Ressourcen aufeinander zu spezialisieren.[372] Um neuartige Ressourcen zu schaffen, sind im Allgemeinen spezifische Investitionen und individuelles spezifisches Lernen notwendig.[373] Darüber hinaus erfordert eine Invention in der Regel eine spezifische

---

[366]   Vgl. Rotering (1990), S. 86.

[367]   Vgl. Tietzel (1981), S. 211.

[368]   Vgl. Coase (1937).

[369]   Vgl. Williamson (1975), Williamson (1981) und Williamson (1985).

[370]   Vgl. Picot (1991), S. 344.

[371]   Vgl. Williamson (1981), S. 1546.

[372]   Die Argumentation der vorliegenden Arbeit folgt damit der Auffassung von Chesbrough, Birkinshaw und Teubal sowie Teece, die eine Spezialisierung von Ressourcen als das Ergebnis einer Investitionsentscheidung konzeptualisieren, die sowohl zu einer Wertsteigerung als auch zu einer Mobilitätseinschränkung der Ressourcen führt, vgl. Chesbrough/Birkinshaw/Teubal (2006), S. 1094 und Teece (1986), S. 288 f. Jacobides und Knudsen sehen die Komplementarität und Mobilität hingegen als unabhängig von einer Kospezialisierung. Kospezialisierte Ressourcen müssen dieser Auffassung zufolge nicht notwendigerweise auch eine hohe Komplementarität oder eine hohe Mobilitätseinschränkung aufweisen, vgl. Jacobides/Knudsen/Augier (2006), S. 1206 f.

[373]   Vgl. Ghemawat (1991).

Anpassung der Aufbau- und Ablauforganisation an die Invention sowie an Wertschöpfungspartner, um die Invention erfolgreich intern verwerten zu können.[374] Ein Beispiel für eine Spezialisierung wäre eine Individualsoftware, die ein Softwarehaus für die spezifischen Bedürfnisse eines Versicherers entwickelt. Eine derartig spezialisierte Software wird die Prozesse des Versicherers im Allgemeinen besser unterstützen können als eine Standardsoftware. Die Spezifität drückt dabei aus, wie hoch Wertezuwachs dadurch ist, dass die Ressource in der spezialisierten und nicht in der zweitbesten Verwendungsform genutzt wird. [375]

Auf der anderen Seite engt eine Spezialisierung den Handlungsspielraum für die Ressourcennutzung ein und führt damit zu einer Abhängigkeit in der Verwendung von zwei Ressourcen. Mit einem steigenden Spezifitätsgrad schränken sich die Möglichkeiten alternativer Verwendungsformen ein. Dies kann zu einer „small-numbers-situation" führen.[376] Wird infolge einer Transaktion eine spezifische Investition in ein anderes Unternehmen getätigt – z. B. mit der Entwicklung einer Individualsoftware – gibt dies Gelegenheit zu opportunistischem Verhalten, mit dem ein Teil des geschaffenen Wertes angeeignet werden kann.[377] In dem dargestellten Fall könnte der Kunde durch opportunistisches Verhalten versuchen, sich einen Teil der Quasirente anzueignen: Er könnte den Preis für die Software mit der Drohung senken, die Software andernfalls nicht zu beziehen, sodass das Softwarehaus die Kosten seiner Investition alleine tragen müsste. Kommt es zu einer spezifischen Investition, können damit aufwendige Vorkehrungen erforderlich werden, um opportunistisches Handeln auszuschließen. Kann das opportunistische Verhalten nicht vollständig ausgeschlossen werden, droht der Verlust eines Teils des geschaffenen Wertes.

Diese Sicht auf die Spezifität kann in das Konstrukt des Ressourcenansatzes eingebettet werden. Die Aussage, dass eine Ressource an Wertschöpfungspotenzial verliert, wenn sie nicht der angestrebten – spezialisierten – Verwendungsform zugeführt wird, entspricht der Definition einer Quasirente. Eine Quasirente beschreibt den höheren Nutzen, der sich aus der Verwendungsform eines Objekts gegenüber seiner nächstbesten Verwendungsform ergibt. Der Spezifitätsgrad einer Transaktion ist umso höher, je höher der Wert der Quasirente ist bzw. je höher der Verlust ist, der dadurch entsteht, dass lediglich auf die zweitbeste Verwendungsform

---

[374]   Vgl. Winter (2000), S. 984.

[375]   Eine Spezialisierung wird damit als das Verhältnis von zwei Ressourcen angesehen. Dies entspricht der Aussage von Lippman und Rumelt: „No resource is ‚firm specific.' Rather, there are co-specialized resources that exist within the legal shell of the firm", siehe Lippman/Rumelt (2003), S. 1070.

[376]   Siehe Williamson (1975), S. 27 f.

[377]   Vgl. Teece (1986), S. 293 f.

des Objekts zurückgegriffen werden kann.[378] Einerseits leistet eine Quasirente damit einen Beitrag zu einem Wettbewerbsvorteil im Sinne des Ressourcenansatzes. Aus Sicht des Ressourcenansatzes entstehen Renten aus einem Wertschöpfungsvorsprung, den ein Unternehmen aus effektiveren und effizienteren Ressourcen erlangen kann. Die Spezialisierung führt zu einem Wertschöpfungsvorteil gegenüber den Unternehmen, welche die Rente aus der Spezialisierung nicht genießen können, da die spezialisierte Ressource in ihrem Ressourcensystem eine geringere Effektivität und Effizienz entfalten würde.[379] Andererseits erschwert die Spezifität die Aneignung einer Rente. Gemäß dem Ressourcenansatz ist eine Aneignung dann gefährdet, wenn Ressourcen eines Dritten in der Wertschöpfung verwendet werden. Das Ausmaß der Gefährdung hängt dabei von der Verhandlungsmacht des Dritten ab, die mit zunehmender einseitiger Spezialisierung seiner Ressource steigt.[380]

Damit ergeben sich für das strategische Management von I.-Ressourcen zwei Implikationen:

- Transaktionskosten können einer Nutzung externer Ressourcen entgegenstehen. Eine Nutzung externer Ressourcen ist dann sinnvoll, wenn ihre Nutzung den geschaffenen Wert steigen lässt.[381] Dieser Mehrwert aus der Ressourcennutzung ergibt sich auf der einen Seite aus der Wertedifferenz zwischen einer Wertschöpfung mit und ohne die externe Ressource. Auf der anderen Seite sind die Kosten abzuziehen,[382] denen auch Transaktionskosten zuzurechnen sind. Die Nutzung externer Ressourcen ist damit nur dann vorteilhaft, wenn der Synergieeffekt aus der Nutzung dieser Ressource höher ist als die Kosten dieser Ressource unter der Transaktion.

- Die Gestaltung von Transaktionen sollte als eine Aufgabe des strategischen Managements von I.-Ressourcen begriffen werden. Die Literatur weist darauf hin, dass die Art eines organisatorischen Rahmens eines Wissenstransfers wesentlich die durch sie induzierten Kosten bestimmen.[383] Da das Wertschöpfungspotenzial, die eine externe Ressource für ein Unternehmen entfalten

---

[378] Vgl. Klein/Crawford/Alchian (1978), S. 298 und Schoder (2000), S. 82.

[379] Vgl. Kap. C.III.2, Mahoney/Pandian (1992), S. 364. Verschiedene Autoren sprechen spezifischen Ressourcen gerade deswegen eine besondere strategische Relevanz zu, weil sie nur eingeschränkt transferiert werden können, vgl. Amit/Schoemaker (1993), S. 39 und S. 1505.

[380] Vgl. Kap. C.III.4.

[381] Genau genommen ist die Nutzung externer Ressourcen nur dann sinnvoll, wenn der geschaffene Wert im Vergleich zu der Wertschöpfung der Wettbewerber steigt. Zur Vereinfachung wird an dieser Stelle zunächst der Fall angenommen, dass nicht gleichzeitig auch ein Mitbewerber die infragestehende Ressource nutzen kann.

[382] Vgl. Kap. B.I.2.1.

[383] Vgl. Brockhoff (1992), S. 523.

kann, von den Kosten der Transaktion abhängt, sollte das strategische Management Mechanismen entwickeln, mit denen diese Kosten minimiert werden können.[384] Nicht nur die Auswahl externer Ressourcen, auch die Form ihrer Nutzung kann den von einem Unternehmen geschaffenen Wert wesentlich beeinflussen und ist damit Gegenstand des strategischen Managements von I.-Ressourcen.

Für den vorliegend zu entwickelnden Bezugsrahmen bleibt festzuhalten, dass mit einem Transfer von Information das Wertschöpfungspotenzial externer Ressourcen in zweifacher Weise genutzt werden kann: Erstens können produktionskomplementäre Informationen und Know-how zusammengeführt werden, um ein Inventionspotenzial zu schaffen. Zweitens kann ein Transfer von Information, insbesondere Standards, die Wertschöpfungsprozesse mehrerer Akteure koordinieren, um verwertungskomplementäre Inventionen zu schaffen. Die Höhe eines derart erreichten Mehrwerts und damit die strategische Wirkung eines Ressourcentransfers ist dabei von dem Ressourcenaufwand für die Transaktion – operationalisiert durch die Transaktionskosten – abhängig. Für eine bestmögliche Nutzung externen Wertschöpfungspotenzials sind daher Formen der Wertschöpfung zu wählen, mit denen ein höchstmögliches Synergiepotenzial bei geringstmöglichen Transaktionskosten erreicht werden kann. Verschiedene Arten der Offenheit von I.-Ressourcen, wie sie bei Öffnungsphänomenen zu beobachten sind, können als alternative Formen angesehen werden, mit denen das Wertschöpfungspotenzial externer Wissensressourcen erschlossen werden kann.

III. Matrix der Arten von Offenheit

Eine Beschreibung und Analyse von Öffnungsphänomenen setzt ein tiefes Verständnis dessen voraus, was der Begriff „Offenheit" bedeutet und welche Arten der Offenheit existieren. Die in der Literatur vorherrschende Betrachtung stellt jedoch lediglich die Offenheit der Geschlossenheit gegenüber.[385] Damit wird impliziert, dass Offenheit und Geschlossenheit die einzigen Alternativen sind, zwischen denen Unternehmen im Umgang mit ihren Ressourcen wählen können.

Ein auf die Extreme Offen und Geschlossen reduziertes Bild der Offenheit spiegelt die Realität nicht adäquat wider. Gerade eine differenzierte Öffnung von I.-Ressourcen und die damit einhergehende Positionierung von Wertschöpfungsprozessen im Kontinuum zwischen den beiden Extremen bestimmt maßgeblich,

---

[384]   Vgl. Foss/Foss (2005).

[385]   Dies drückt sich auch häufig bereits in Titeln wie „Open and Closed Innovation" (vgl. Herzog (2008)) und „Open vs. Closed" (vgl. Ford (2007)) aus.

welches innovative Wertschöpfungspotenzial eine Ressource entfalten kann und inwieweit Aneignungsmechanismen eingesetzt werden können.[386]

Dass Unternehmen differenziert öffnen und daher eine differenzierte Betrachtung erforderlich ist, zeigen jüngst zu beobachtende Öffnungsphänomene wie die Beispiele IBM und Facebook veranschaulichen. Facebook stellt eine Schnittstelle für seinen gleichnamigen Dienst zur Verfügung, über die Dritte Nutzerinformationen in eigene Dienste einbinden können. IBM öffnet, indem es Quellcode zu Linux als Free/OSS beiträgt.[387] Beide Öffnungshandlungen unterscheiden sich nicht nur bezüglich des geöffneten Objekts – Nutzerdaten bzw. Software –, sondern auch bezüglich der Art der Offenheit, in welche die Ressourcen überführt werden. Während IBM keine Kontrolle über die Modifikation und Weiterverbreitung der Software hat, sie also „frei" im Sinne von STALLMAN ist,[388] verhindert Facebook die Weiterverbreitung der Kundendaten und kann sie dritten Anwendungsentwicklern jederzeit wieder entziehen. Für das Ressourcenmanagement stellt sich somit nicht die Frage, ob Ressourcen offen oder geschlossen sein, sondern in welcher Art der Offenheit[389] sich eine Ressource befinden sollte.

Im Folgenden wird vor dem Hintergrund der Ressourcenansätze eine Matrix entwickelt (1), mit der anhand der Dimensionen Zugriff (2) und Kontrolle (3) verschiedene Arten der Offenheit beschrieben werden (4). Diese Arten der Offenheit unterscheiden sich dabei hinsichtlich ihrer Implikationen (1) für das Wertschöpfungspotenzial einer Ressource, (2) für ihr strategisches Potenzial und (3) für die verfügbaren Mechanismen einer Aneignung. Die Matrix der Offenheit vervollständigt den vorliegend zu erarbeitenden Bezugsrahmen.

1.   Aufbau der Matrix

Um die Arten der Offenheit von I.-Ressourcen differenziert zu erfassen, werden die Dimensionen (1) *Zugriff* und (2) *Kontrolle* als zwei Dimensionen einer Matrix aufgefasst:

- Die Dimension *Zugriff* drückt aus, wie weit der Kreis derjenigen ist, die auf eine Information zugreifen können. Sie hat die Ausprägungen *exklusiver Zugriff*, *gruppenexklusiver Zugriff* und *allgemeiner Zugriff*.

- Die Dimension *Kontrolle* trägt der Beobachtung Rechnung, dass in einigen Fällen Unternehmen die Kontrolle über den Zugriff auf geöffnete Informationen behalten, die Kontrolle in anderen Fällen jedoch mit der Community teilen oder

---

[386]   Vgl. Kap. B.II.3.

[387]   Vgl. Postinett (2009b).

[388]   Vgl. Stallman (1999), S. 56.

[389]   Dabei wird hier die Geschlossenheit als eine extreme Art der Offenheit aufgefasst.

an Dritte abgeben. Diese Dimension besitzt die Ausprägungen *interne Kontrolle*, *gemeinsame Kontrolle* und *externe Kontrolle*.

Diese Strukturierung weist Bezüge zu bestehenden Arbeiten auf:

Bereits im Ressourcenansatz werden der *Zugriff* und die *Kontrolle* betrachtet. Wie in Kap. C.V dargelegt, sieht der Ansatz einen exklusiven Zugriff auf eine Ressource sowie die Kontrolle über deren Nutzung als Voraussetzung dafür an, dass eine wertvolle Ressource einen Beitrag zu einem Wettbewerbsvorteil leistet. Damit betrachtet der Ressourcenansatz diese beiden Konstrukte zwar, beschränkt ihre Rolle jedoch auf den Zustand der Geschlossenheit. Verschiedene Arten der Offenheit strukturiert der Ressourcenansatz nicht. Auch der relationale Ansatz erweitert die Betrachtung nur in Richtung eines gruppenexklusiven Zugriffs. Ein allgemeiner Zugriff oder die Dimension der Kontrolle betrachtet er nicht.

Einen ersten Ansatz für eine differenzierte Betrachtung unternehmerischen Öffnungsverhaltens bietet WEST, der im Titel seines Aufsatzes die Frage „How open is open enough?" stellt.[390] In diesem Aufsatz untersucht er fallstudiengestützt Open Source-Initiativen aus einer Produktsicht. Dabei unterscheidet er zwischen dem Umfang einer Offenheit („opening parts"), d. h., welche Elemente eines Produktes offengelegt werden, und dem Grad einer Offenheit („partly open"), d. h. inwieweit eine Öffnung mit Restriktionen verbunden ist.[391] Im vorliegenden Bezugsrahmen wird der Umfang der Offenheit durch die einzelnen, einem Produkt zugrundeliegenden I.-Ressourcen ausgedrückt. Eine Öffnung in Teilen spiegelt sich damit in der Öffnung einzelner Ressourcen, die bestimmten Teilen eines Produktes zugrunde liegen, wider. Der Grad der Offenheit wird hingegen durch die Dimensionen *Zugriff* und *Kontrolle* beschrieben.

In der Betrachtung der Dimension *Zugriff* lässt sich ein Bezug zu PÉNIN herstellen.[392] Er unterscheidet unternehmerische Öffnungshandlungen dahingehend, ob eine Ressource geschlossen weitergegeben wird, d. h. ein Zugriff nur für ausgewählte Akteure gewährt wird, oder die Weitergabe offen erfolgt, d. h. jeder Zugriff auf die Ressource erlangen kann. Einen derart beschränkten Zugriff beschreibt ROSE[393] als „limited common property". Diese Unterscheidung spiegelt der Bezugsrahmen mit der Unterscheidung zwischen einem gruppenexklusiven und einem allgemeinen Zugriff wider.

Bei der Dimension *Kontrolle* kann ein Bezug zur Betrachtung von BENKLER hergestellt werden. Er zeigt auf, dass sich eine Allmende durch eine fehlende ex-

---

[390]   Vgl. West (2003).
[391]   Vgl. West (2003), S. 1279 f.
[392]   Vgl. Pénin (2007), S. 327.
[393]   Vgl. Rose (1998), S. 132.

klusive Kontrolle auszeichnet.[394] Ob ein Unternehmen eine exklusive Kontrolle besitzt, oder die Kontrolle von einer Wertschöpfungsgemeinschaft gemeinsam ausgeübt wird, bestimmt damit die Art der Offenheit. Dies erfasst der Bezugsrahmen durch die Ausprägung gemeinsame Kontrolle, die von der internen und der externen Kontrolle abgegrenzt wird.

Die beiden Dimensionen spannen eine Matrix mit neun Feldern auf, die unterschiedliche Arten der Offenheit strukturieren (vgl. Abbildung 11).

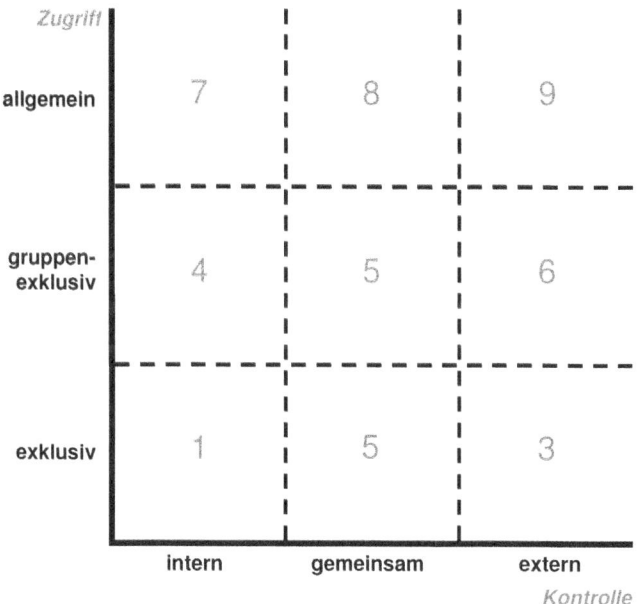

Abbildung 11: Matrix zur Strukturierung unterschiedlicher Arten der Offenheit

Mit den Arten der Offenheit beschreibt die Matrix gleichzeitig potenzielle Öffnungshandlungen. Eine Öffnung wird als Handlung verstanden, mit der die Reichweite eines Zugriffs ausgeweitet und/oder eine Kontrolle stärker gemeinsam von einer Wertschöpfungsgemeinschaft ausgeübt wird. Spiegelbildlich hierzu bedeutet das Schließen einer Ressource die Einschränkung eines Zugriffs und/oder den Ausbau der unilateralen Kontrolle eines Akteurs.

Im Folgenden werden die einzelnen Dimensionen näher beschrieben und hinsichtlich ihres Strukturierungsbeitrags und der einzelnen Ausprägungen näher betrachtet.

---

[394]   Vgl. Benkler (2006), S. 24.

2.   Dimension Zugriff

2.1   Strukturierungsbeitrag

Die Dimension *Zugriff* drückt das Spannungsverhältnis zwischen dem Wertschöpfungspotenzial einer I.-Ressource einerseits und ihrem Beitrag zum Wettbewerbsvorteil andererseits aus. Aus der Sicht des Ressourcenansatzes führt nur eine exklusiv zugreifbare I.-Ressource zu einem Wettbewerbsvorteil. Dagegen weist die relationale Sicht darauf hin, dass das Wertschöpfungspotenzial gesteigert werden kann, wenn Ressourcen Dritten zugänglich gemacht werden. Um dieses Spannungsverhältnis zu analysieren, werden der Zugriff auf Information, seine Wirkung auf die Wertschöpfung und daraus entstehende Implikationen betrachtet.

Verbleibt eine I.-Ressource im exklusiven Eigentum eines Unternehmens, ist ihr Wertschöpfungspotenzial stark eingeschränkt. Die objektive Anzahl der Kombinationen, die sie eingehen kann, ist auf die Ressourcenbasis des Unternehmens limitiert. Noch geringer ist die Anzahl subjektiver, vom Unternehmen erkannter Kombinationen. Da Mitarbeiter einen beschränkten, sehr homogenen Erfahrungshintergrund besitzen, übersehen sie viele Kombinationen, sodass das Produktportfolio nur marginal erweitert werden kann.[395] Selbst wenn neue Kombinationen entdeckt werden, scheitert eine Wertschöpfung häufig daran, dass Unternehmen notwendige Prozessmodifikationen nicht erkennen oder implementieren können.[396] Das eingeschränkte Wertschöpfungspotenzial einer exklusiven I.-Ressource kann häufig auch nicht über Märkte ausgeglichen werden, da Märkte für strategische Ressourcen im Allgemeinen nicht vorhanden oder unvollständig sind.[397] Potenzielle Ressourcenkombinationen bleiben damit ungenutzt.

Eine für die Allgemeinheit zugreifbare I.-Ressource erlaubt hingegen eine weitreichende Nutzung und führt damit zu einem höchstmöglichen Wertschöpfungspotenzial.[398] Spezifische Zugangsbeschränkungen – z. B. für Wettbewerber – werden fallen gelassen. Um eine hohe Akzeptanz der Information zu erreichen, werden die Kosten auf Nutzerseite gesenkt. Zugriffsgebühren, die über den tatsächlichen Distributionskosten liegen, entfallen.[399] Darüber hinaus werden durch eine entsprechende Gestaltung der Informationen die Anforderungen minimiert, die an die Wertschöpfungsfähigkeit potenzieller Nutzer – z. B. die

---

[395]   Vgl. Nooteboom (2000), S. 71.

[396]   Vgl. Kogut/Zander (1992), S. 392.

[397]   Vgl. Barney (1986) und Dierickx/Cool (1989).

[398]   Vgl. Arrow (1962b), S. 616.

[399]   Vgl. Lessig (2002), S. 180.

Fähigkeit, eine bestimmte Programmiersprache zu verwenden[400] – gestellt werden. Kosten für den Aufbau entsprechender Fähigkeiten werden somit vermieden oder gemindert.[401] Dies führt dazu, dass die offene Information potenziell Gegenstand auch kleinerer Wertschöpfungsbeiträge oder ergebnisoffener Innovationsprozesse wird. Auch Akteure ohne kommerzielle Interessen oder mit geringem Wertschöpfungspotenzial – z. B. Endkunden – können somit für Wertschöpfungstätigkeiten erschlossen werden.[402] Dass offene I.-Ressourcen trotz fehlender Mechanismen, Trittbrettfahrer zu verhindern, auch verwirklicht werden, zeigen diverse Beispiele: Von der Erweiterung von Computerspielen,[403] über die Erstellung öffentlicher Nachschlagewerke wie Wikipedia[404] und der Entwicklung von OSS[405] bis zur Entwicklung neuer Sportarten wie dem Kite-Surfing[406] ist zu beobachten, dass unabhängige Akteure zur Wertschöpfung motiviert sind. Sie greifen auf offene I.-Ressourcen zu, um sie mit ihren eigenen Ressourcen sowie spezifischen Kenntnissen und Fähigkeiten zu kombinieren.

Mit der Dimension *Zugriff* wird damit nicht nur erfasst, ob eine Ressource unmittelbar zu einem Wettbewerbsvorteil beitragen und die entstehende Rente direkt angeeignet werden kann. Es wird auch das erhöhte Wertschöpfungspotenzial berücksichtigt, die sich aus offener Information ergibt. Die Dimension bildet ab, wie weit der Kreis Dritter ist, die auf eine Information zugreifen können, um sie mit eigener oder fremder öffentlich verfügbarer Information und eigenem Know-how zu kombinieren.

2.2   Ausprägung

Unterliegt eine I.-Ressource dem *exklusiven* Zugriff des eigenen Unternehmens, sind Dritte durch effektive Schutzmechanismen vom Zugriff ausgeschlossen. Die I.-Ressource kann für exklusive Wertschöpfungsprozesse genutzt und eine entstehende Rente kann exklusiv angeeignet werden, indem eine Invention veräußert oder exklusiv in Produkte überführt wird. Es herrscht mithin ein enges An-

---

[400]   Für eine Operationalisierung der Offenheitsart „Nutzbarkeit für die Allgemeinheit" ist somit in diesem Beispiel auf die Fähigkeiten eines durchschnittlich begabten Akteurs aus dem intendierten Expertenkreis – z. B. ein Programmierer der Sprache Java – abzustellen.

[401]   Zur Nutzung externer Ressourcen müssen Unternehmen über eine Absorptionskapazität verfügen oder diese aufbauen, vgl. hierzu Cohen/Levinthal (1990) und Zahra/George (2002).

[402]   Neben einem Transfer von Leistungen über Märkte sind auch soziale Austauschprozesse möglich. Zu einer entsprechenden Analyse der Effizienz von Austauschprozessen vgl. Benkler (2006), S. 106 ff.

[403]   Vgl. Prügl/Schreier (2006).

[404]   Vgl. Giles (2005)

[405]   Vgl. Stallman (1999).

[406]   Vgl. von Hippel (2005), S. 103 f.

eignungsregime.[407] Ein exklusiver Zugriff entspricht damit den Ausgangsüberlegungen des Ressourcenansatzes und steht im Kern des herkömmlichen strategischen Managements von I.-Ressourcen. Er führt jedoch im Allgemeinen zu einer Unterausnutzung der Information in dem Sinne, dass nicht alle potenziell nutzbringenden Ressourcenkombinationen erkannt und genutzt werden können.

Wird eine Ressource in den *Zugriff für eine ausgewählte Gruppe* gegeben, wird sie weiteren Ressourcenkombinationen zugänglich. Akteure können einen gemeinsamen Ressourcenpool als Grundlage exklusiv-kooperativer Wertschöpfungsprozesse bilden.[408] Eine angemessene Auswahl der Gruppenzusammensetzung ermöglicht es verschiedenen Spielern, ihre sich ergänzenden Wertschöpfungs- und Verwertungsfähigkeiten zu bündeln. Damit kommen die komplementären Informationen mit dem entsprechenden Know-how zusammen; das Wertschöpfungspotenzial steigt. Der relationale Ansatz zeigt, dass das gestiegene Wertschöpfungspotenzial bei einer geeigneten Partnerauswahl in langfristige eigentümliche Beziehungen münden kann, aus denen ein Wettbewerbsvorteil und relationale Renten entstehen.[409] Kurzfristige Beziehungen stehen damit nicht im Fokus der ressourcenorientierten Ansätze.

Ein *allgemeiner Zugriff* eröffnet einer I.-Ressource ihr größtmögliches Nutzungspotenzial. Sämtliche Schutzmechanismen sind entweder unwirksam oder werden nicht genutzt. Jedem Akteur wird Zugang zu der I.-Ressource gewährt, ohne dass Gegenleistungen, die über die Infrastrukturkosten hinausgehen, verlangt werden. Auf direkte Aneignungsmechanismen wird folglich verzichtet. Auch eine anderweitige direkte, strategische Nutzung der Ressource ist ausgeschlossen, da sie aktuellen und potenziellen Mitbewerbern ebenso zugänglich ist, wie dem Unternehmen selbst. Das strategische Potenzial derart geöffneter Information wird vom Ressourcenansatz mithin nicht erfasst.

3.   Dimension Kontrolle

3.1   Strukturierungsbeitrag

I.-Ressourcen zu öffnen, bedeutet nicht notwendigerweise die Kontrolle über sie aufzugeben. Verschiedene Beispiele indizieren vielmehr, dass Unternehmen bewusst die Kontrolle über geöffnete I.-Ressourcen sichern oder abgeben. So stimmte IBM im Rahmen seines Engagements für das Betriebssystem Linux konkludent der GNU General Public License zu. Das Unternehmen verpflichtete sich damit, den zu Linux beigetragenen Quellcode auf Dauer im Zugriff der All-

---

[407]   Vgl. Teece (1986), S. 287 und 290.

[408]   Vgl. Kogut/Zander (1992), S. 389, Khanna/Gulati/Nohria (1998), Inkpen (2000) und Specht/Beckmann/Amelingmeyer (2002), S. 402.

[409]   Vgl. Duschek (2004) und Dyer/Singh (1998).

gemeinheit zu belassen.[410] Das Unternehmen Facebook hingegen erlaubt Dritten zwar die Nutzung seiner Kundendaten, verbietet jedoch ihre dauerhafte Speicherung außerhalb seines Informationssystems.[411] Im Gegensatz zu IBM behält Facebook die Kontrolle über seine Daten. Facebook kann dem Einzelnen oder der Allgemeinheit den Zugriff auf seine I.-Ressourcen entziehen, indem es die Schnittstelle zu seinem System für diese Akteure schließt. Verschiedene Arten der Offenheit unterscheiden sich damit wesentlich dahingehend, ob ein Unternehmen die Kontrolle über eine I.-Ressource aufgegeben hat oder sie behält.

Die Kontrolle hat eine strategische Bedeutung für die betrachtete I.-Ressource. Besitzt ein Dritter die Kontrolle über eine I.-Ressource, kann er diese jederzeit wieder in sein Eigentum zurückführen. Er kann bis dato brachliegende Patentrechte geltend machen oder die Schnittstelle zu einem Informationssystem schließen. Damit können auch aktuell öffentliche Ressourcen zukünftig in die eigene Ressourcenbasis zurückgeführt werden, um sie dort auf herkömmliche Weise strategisch zu nutzen und sich die entstehenden Renten anzueignen.

Darüber hinaus entfaltet die Kontrolle auch mittelbar eine strategische Wirkung. Nutzt ein dritter Erfinder die kontrollierte I.-Ressource für einen Wertschöpfungsprozess, dessen Ergebnis eine auf diese I.-Ressource spezialisierte Invention ist, begibt er sich in eine Abhängigkeit. Das kontrollierende Unternehmen kann dem Erfinder jederzeit drohen, ihm die I.-Ressource zu entziehen, sodass die spezialisierte Invention an Wert verliert. So sind z. B. externe Anwendungsentwickler von Facebook abhängig, da das Unternehmen seine Plattform jederzeit schließen kann. Im Vorfeld einer Wertschöpfung verliert die I.-Ressource an Attraktivität für externe Erfinder; das Wertschöpfungspotenzial der I.-Ressource nimmt ab. Angenommen, der Erfinder investiert trotzdem in eine Invention, folgt ex-post aus der Spezialisierung ein gesteigertes Wertaneignungspotenzial für den kontrollierenden Akteur. Er kann die Abhängigkeit nutzen, um sich einen Teil der entstehenden Rente anzueignen.

Die Dimension erfasst damit unterschiedliche Ausprägungen hinsichtlich der *Kontrolle* über den Zugriff auf eine I.-Ressource. Ob ein Unternehmen seine Kontrolle abgibt oder behält, beeinflusst sowohl die Bereitschaft Dritter, Wertschöpfung zu betreiben, als auch die Verteilung der entstehenden Renten.

---

[410] Vgl. Free Software Foundation (2007). Anzumerken ist, dass ein breites Spektrum unterschiedlicher Lizenzen für OSS existiert. Sie unterscheiden sich insbesondere dahingehend, inwieweit ein veränderter Quellcode kommerzialisiert werden darf, ohne dass diese Änderung veröffentlicht wird, vgl. de Laat (2005), S. 1517-1522. Die verschiedenen Lizenzen haben jedoch gemein, dass ein einmal veröffentlichter Quelltext nicht mehr dem allgemeinen Zugriff entzogen werden kann.

[411] Ausnahmen gelten lediglich für solche Informationen, mit denen einzelne Datensätze identifiziert werden, sowie für ausgewählte Statusinformationen, vgl. Facebook (2008a) und Facebook (2008b).

3.2   Ausprägung

Eine Unterscheidung zwischen der *internen* und der *externen Kontrolle* berücksichtigt Kontrolle induzierte Abhängigkeiten. Bei einer internen Kontrolle kann ein Unternehmen eine Information öffnen oder sie der Nutzung Dritter mithilfe effektiver Kontrollmechanismen entziehen. Über Spezialisierungsbeziehungen kann die interne Kontrolle die Machtposition eines Unternehmens in der Verhandlung über entstehende Rente stärken. Liegt die Kontrolle extern, begibt sich ein Unternehmen durch Spezialisierung eigener Information in eine Abhängigkeit.

Um die Gefahr von Abhängigkeiten und Machtasymmetrien zu vermeiden, kann eine Information einer *gemeinsamen Kontrolle* unterstellt werden. In diesem Fall ist eine Veränderung der Zugriffsreichweite nur möglich, wenn alle beteiligten Partner zustimmen. Kein Akteur läuft Gefahr, dass eine eigene Information ihren Wert verliert und somit die Grundlage eigener Wertschöpfung entzogen wird. Eine gemeinsame Kontrolle wird häufig durch rechtlich bindende Vereinbarungen garantiert, z. B. durch Kooperations- oder Lizenzvereinbarungen, wie sie im Falle von OSS genutzt werden.[412] Bekannte Vertreter sind die GNU Public License zum Schutz von Quellcodes und die GNU Free Documentation License zum Schutz von Texten.[413] Darüber hinaus existiert ein Kontinuum an weiteren Lizenzformen,[414] die sich insbesondere hinsichtlich der Bedingungen für eine proprietäre Weiterentwicklung und kommerzielle Verwertung unterscheiden. Neben rechtlich bindenden Vereinbarungen können auch soziale Werte und Normen eine gemeinsame Kontrolle begründen. Dies gilt insbesondere in kleinen Gruppen und nicht-kommerziellen Kontexten, wie z. B. in Arbeitsgemeinschaften zwischen Studierenden. Eine gemeinsame Kontrolle bietet sich insbesondere für Information an, die als Plattform einer gemeinsamen Wertschöpfung dienen soll.

Während die Dimension *Zugriff* damit eine Informationsasymmetrie zwischen Wertschöpfungspartnern zu beschreiben vermag, kann die Dimension *Kontrolle* eine Verhandlungsmachtasymmetrie über die betrachtete Information ausdrücken.

4.   Arten der Offenheit

Der *Zugriff* und die *Kontrolle* beschreiben zwei Dimensionen, die eine Matrix mit neun Feldern aufspannen. Diese Felder strukturieren verschiedene Arten der Offenheit von I.-Ressourcen. Diese Strukturierung kann herangezogen werden, um das Wertschöpfungspotenzial, das direkte Wettbewerbspotenzial und potenzielle Aneignungsmechanismen von I.-Ressourcen in bestimmten Arten der Offenenheit zu betrachten (vgl. Abbildung 12).

---

[412]   Vgl. Osterloh/Rota (2007), S. 158.

[413]   Vgl. Free Software Foundation (2007) und Free Software Foundation (2008).

[414]   Vgl. Brügge et al. (2004), S. 22-25.

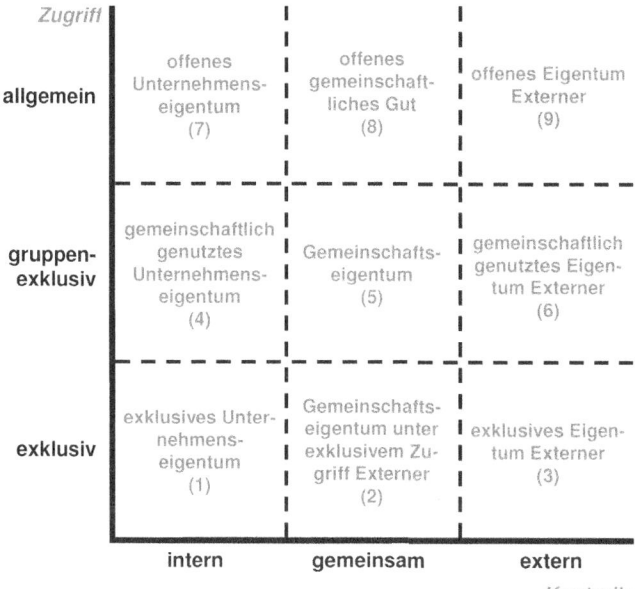

Abbildung 12: Arten der Offenheit

Eine exklusive I.-Ressource unter einer internen Kontrolle befindet sich im *exklusiven Unternehmenseigentum* (Feld 1). Diese Art der Offenheit entspricht den Anforderungen, die der Ressourcenansatz an I.-Ressourcen als Träger von Erfolgspotenzial stellt. Spiegelbildlich hierzu befinden sich I.-Ressourcen im exklusiven Zugriff und unter externer Kontrolle in einem *exklusiven Eigentum Externer* (Feld 3). Das Wertschöpfungspotenzial dieser I.-Ressourcen ist einem betrachteten Unternehmen nicht unmittelbar zugänglich. Darüber hinaus bildet die Matrix *Gemeinschaftseigentum unter exklusivem Zugriff Externer* (Feld 2) ab. Dieses ist insbesondere dann relevant, wenn Parteien im Rahmen von Forschungsaufträgen ein gegenseitiges Vetorecht zur Verwendung der Invention vereinbaren.

In einen *gruppenexklusiven Zugriff* wird eine I.-Ressource überführt, wenn Unternehmen Kooperationen – wie Technologieallianzen, Joint Ventures und Innovationsnetzwerke – eingehen. Ein *Gemeinschaftseigentum* (Feld 5) kann hierbei sicherstellen, dass keine Partei exklusive Eigentumsrechte ausübt. Hält eine Partei exklusive Eigentumsrechte an einer I.-Ressource – z. B. ein Patent – und hat sie diese den Partnern nicht dauerhaft zugesichert, so ist die Information als *gemeinschaftlich genutztes Eigentum* (Feld 4) anzusehen. Das Unternehmen behält die Kontrolle über diese Ressource, sodass es sie wieder in seinen exklusiven Besitz zurückführen kann. Spiegelbildlich hierzu ist das *gemeinschaftlich genutzte Eigentum Externer* (Feld 6) anzusehen, dessen Verfügbarkeit ein Unternehmen nicht direkt gewährleisten kann. Sichern sich die beteiligten Akteure eine gemeinsame Kontrolle zu, so kommt es zu einem Gemeinschaftseigentum.

Die Matrix erfasst darüber hinaus Information in einem *allgemeinen Zugriff*. Ist Information ein *offenes gemeinschaftliches Gut* oder gar ein *öffentliches Gut* (Feld 8), so kann niemand die Nutzung der Information exklusiv kontrollieren.[415] Hingegen zeichnet sich *offenes Eigentum* (Feld 7 bzw. Feld 9) dadurch aus, dass ein Unternehmen faktische oder rechtliche Kontrollmechanismen für diese Ressource hält. Dies veranschaulicht das eingangs genannte Beispiel Facebook: Dritte können zwar auf die bereitgestellten Nutzerinformationen zugreifen und sie in eigene Anwendungen einbinden. Facebook wahrt jedoch die Option, den Anwendungsentwicklern den Zugang zu dieser I.-Ressource jederzeit zu verwehren.

Mit der Matrix können damit Öffnungsphänomene aus der Sicht des strategischen Managements von I.-Ressourcen eines bestimmten Unternehmens beschrieben werden. Hierzu sind die einzelnen, an einem Öffnungsphänomen beteiligten Ressourcen anhand der Dimensionen *Zugriff* und *Kontrolle* zu verorten und damit einer bestimmten Art der Offenheit zuzuordnen. Anhand dieser Zuordnung können die Implikationen für das Wertschöpfungspotenzial und Wettbewerbspotenzial sowie Voraussetzungen für eine Aneignung analysiert werden.

Die Matrix vervollständigt den in die bestehenden Ressourcenansätze eingebetteten Bezugsrahmen. Dieser konzeptualisiert eine Öffnung von I.-Ressourcen als Handlung, mit der ein Unternehmen das Wertschöpfungspotenzial externer Wissensressourcen nutzen kann. Hierzu werden mit einer differenzierten Öffnung bestimmte I.-Ressourcen in verschiedene Arten der Offenheit überführt, um sie dritten Trägern von Wissensressourcen verfügbar zu machen und damit das Wertschöpfungspotenzial in Wertschöpfungsprozesse einzubringen.

Der erarbeitete Bezugsrahmen ist damit – KUBICEK sowie SCHWARZ ET AL. folgend[416] – nicht als eine Behauptung der Realität im Sinne eines Modells zu verstehen. Er stellt vielmehr Fragen an die Realität und fördert damit weitere Forschung im Bereich des Managements von I.-Ressourcen. Im Mittelpunkt steht vorliegend die Frage, wie ein Unternehmen durch unterschiedliches Öffnungsverhalten das Wertschöpfungspotenzial externer I.-Ressourcen nutzen kann.

---

[415]   Bei I.-Ressourcen mit den Ausprägungen „gemeinsame Kontrolle" und „allgemeiner Zugriff" teilt sich ein Unternehmen die Kontrolle über diese Ressource mit einem oder mehreren Akteuren. Im Extremfall, bei dem die Kontrolle auf die Allgemeinheit übertragen ist, teilen die Ressourcen Eigenschaften öffentlicher Güter. Dies gilt z. B. für OSS.

[416]   Vgl. Kubicek (1977), S. 16 und Schwarz et al. (2007), S. 42 f.

E. Phänomengeleitete Analyse einer differenzierten Öffnung von Informationsressourcen

Der vorangehend erarbeitete Bezugsrahmen wird im Folgenden herangezogen, um aktuelle Phänomene der Öffnung von I.-Ressourcen zu beschreiben und bestehende Erklärungsansätze in den Ressourcenansatz einzubetten.

Die Betrachtung folgt der Dimension Zugriff der vorausgehend erstellten Matrix. Zunächst werden Phänomene betrachtet, in deren Rahmen I.-Ressourcen unter einem exklusiven Zugriff gehalten werden (I). Daraufhin wird die Betrachtung auf Phänomene mit I.-Ressourcen in einem gruppenexklusiven (II) und einem allgemeinen Zugriff (III) ausgeweitet. Für jede Ausprägung des Zugriffs werden zunächst *Formen der Wertschöpfung* strukturiert dargestellt. Daraufhin werden bestehende Erklärungen einer Öffnung vor dem Hintergrund der Ressourcenansätze betrachtet, um den *strategischen Nutzen* der Öffnung sowie Bedingungen der *Aneignung* entstehender Renten zu analysieren.

Die betrachteten Phänomene entstammen insbesondere der Telekommunikations-, Informations-, Medien- und Entertainmentbranche. Diese Branchen zeichnen sich durch verschwimmende Branchengrenzen und einen beschleunigten Marktwandel aus.[417] Dies illustriert das Unternehmen Google eindrucksvoll. Es ist Anbieter einer Websuchmaschine, eines E-Mail- und Instant-Messenger-Dienstes, Hersteller eines Betriebssystems für mobile Endgeräte, Anbieter für Büroanwendungen und Aggregator von Buchinhalten, Nachrichtenmeldungen, Videos und Bildern. Dabei zeichnen sich die vorliegend betrachteten Branchen durch eine hohe Innovationskraft einerseit und einen hohen Innovationsdruck andererseits aus. Unternehmen in diesen Branchen suchen daher nach Wegen, das Wertschöpfungspotenzial externer Wissensressourcen zu erschließen.

I. Exklusiver Zugriff für einen Akteur

1. Formen der Wertschöpfung

Informationen im exklusiven Zugriff eines Unternehmens entsprechen der herkömmlichen Form unternehmerischer Wertschöpfung.[418] Sie führen zu einer *closed innovation* innerhalb der Grenzen des Unternehmens. Externes Wertschöpfungspotenzial kann dabei über einen direkten Transfer von I.-Ressourcen erschlossen werden, insbesondere durch eine *Lizenznahme* oder eine *Auftrags-*

---

[417]   Vgl. Moore (1993), S. 76 und Zerdick et al. (2001), S. 140 ff.

[418]   Vgl. Kap. B.II.1.

© Springer Fachmedien Wiesbaden GmbH, ein Teil von Springer Nature 2010
S. Muhle, *Strategisches Innovationsmanagement in überbetrieblichen Informationssphären*, Edition KWV, https://doi.org/10.1007/978-3-658-24248-0_5

forschung, zu der auch das *Crowdsourcing* zählt.[419] Diese Formen der Wertschöpfung werden im Weiteren näher betrachtet.

Eine *closed innovation* nutzt und schafft ausschließlich I.-Ressourcen im *exklusiven Unternehmenseigentum* (Feld 1).[420] Diese Wertschöpfungsform basiert auf der Annahme, dass das eigene Unternehmen einen Wissensvorsprung gegenüber Wettbewerbern besitzt.[421] Die eigene Informationsbasis – insbesondere Technologien, Datenbasen und Quellcode von Software – werden als ideale Grundlage angesehen, auf der die fachlich versierten, kreativen und engagierten Mitarbeiter den Erfolg eines Unternehmens fortschreiben können. Daher lässt ein Unternehmen ausschließlich eigene Wissensressourcen in einen Wertschöpfungsprozess einfließen, um die entstehende Invention exklusiv veräußern zu können.[422] Die I.-Ressourcen des Unternehmens können damit ausschließlich Kombinationen untereinander sowie zum Know-how der eigenen Mitarbeiter eingehen.

Da in einer closed innovation ein Unternehmen seine I.-Ressourcen *intern kontrolliert*, kann es einen relativ stabilen organisatorischen Rahmen für den Wertschöpfungsprozess aufbauen. In diesen wird ein unternehmensweites Innovationsmanagement eingebettet. Es plant, organisiert, führt und kontrolliert die Innovationsprozesse,[423] um die Effektivität und Effizienz der Forschungs- und Entwicklungtätigkeit und damit das Erfolgspotenzial des Unternehmens zu steigern.[424] Darüber hinaus kann innerhalb eines Unternehmens gemeinsames Wissen über Zuständigkeiten, Abläufe, Fähigkeiten und Fertigkeiten der Mitarbeiter, ein gemeinsames Verständnis ihrer Arbeit und hieraus ein Vertrauen innerhalb des Projektteams geschaffen werden.[425] Dies senkt die wahrgenommene Gefahr opportunistischen Verhaltens. Die Mitarbeiter sind bereit, ihre Wissens-

---

[419]   Darüber hinaus ist eine Unternehmensübernahme denkbar. Diese ist jedoch keine alternative Wertschöpfungsform, sondern der „closed innovation" zuzuordnen. Unternehmensübernahmen werden daher im Weiteren nicht näher betrachtet.

[420]   Die hier und im Weiteren benannten Felder beziehen sich auf Abbildung 12.

[421]   Diese feste in der Organisationsstruktur eines Unternehmens verankerte Sicht wird häufig auch als „Not-Invented-Here-Syndrome" bezeichnet, vgl. Clagett (1967), S. ii, Katz/Allen (1982) und Mehrwald (1999), S. 50. Für eine Übersicht über die Literatur zu diesem Phänomen siehe Lichtenthaler/Ernst (2006), S. 370 f.

[422]   Vgl. hierzu auch B.II.1.1. Chesbrough charakterisiert die closed innovation wie folgt: „Ideas flow into each firm on the left, and flow out to the market on the right." Siehe Chesbrough (2003a), S. 30.

[423]   Vgl. Gerpott (2005), S. 57.

[424]   Vgl. Brockhoff (1999), S. 12.

[425]   Dabei bildet das gemeinsame Wissen der Mitarbeiter die Möglichkeit, Information und Know-how im Unternehmen effizient zusammenzuführen, vgl. Kogut/Zander (1992), S. 384 f. und S. 391 f. Dies gilt insbesondere für die Arbeit in Teams, deren Mitglieder über die Zeit transaktives Wissen aufbauen, das zu einem Sinken von Wissenstransferkosten führt, vgl. von der Oelsnitz/Busch (2008), S. 383ff.

ressourcen aufeinander zu spezialisieren, ohne transaktionskosteninduzierende Mechanismen gegen eine einseitige Ausnutzung zu implementieren.[426] Unternehmen bilden damit einen Rahmen für eine effiziente Allokation und Verwendung vorhandener Wissensressourcen. Jedoch ist eine closed innovation häufig ein komplexes, langwieriges, kostenintensives und hinsichtlich ihres Ergebnisses unsicheres Unterfangen.[427]

Um auf das Wertschöpfungspotenzial von Wissensressourcen im *exklusiven Eigentum Externer* (Feld 3) zuzugreifen, bietet sich eine *Lizenznahme* an. Eine Lizenznahme ist die häufigste Form einer externen Technologiebeschaffung,[428] zu der auch der Ankauf von Schutzrechten und der Bezug von I.-Ressourcen im Rahmen von Vertraulichkeitsvereinbarungen zählen.[429] Bei einer Lizenznahme bezieht ein Unternehmen eine externe I.-Ressource gegen eine zumeist monetäre Gegenleistung. Hierzu kommen Lizenzgeber und Lizenznehmer zu häufig aufwendigen und langwierigen Vertragsverhandlungen zusammen,[430] in denen sie Art und Umfang der Informationsverwendung sowie die zu leistenden Zahlungen zwischen den Akteuren aushandeln. Verlaufen die Verhandlungen positiv, kann das Unternehmen eine bestehende externe I.-Ressource aus dem *exklusiven Eigentum eines Externen* (Feld 3) beziehen. Das Unternehmen nimmt damit gestiegene Transaktionskosten und direkte Zahlungen an Dritte in Kauf, um langwierige und potenziell risikoreiche Innovationshandlungen zu vermeiden.

Eine *Auftragsforschung* ist ein alternativer Weg, mit dem das Wertschöpfungspotenzial externer Wissensressourcen erschlossen werden kann. Sie zeichnet sich dadurch aus, dass Dritte im Auftrag des Unternehmens, in seinem Namen und auf seine Rechnung eine Invention in einer closed innovation entwickeln.[431] Hierzu stellt das Unternehmen dem Auftragnehmer eine Spezifikation für eine Invention zur Verfügung. Der Auftragnehmer setzt seine Wissensressourcen ein, um diese Invention zu schaffen. Dabei wahren Auftraggeber und Auftragnehmer während des Innovationsprozesses in der Regel eine *gemeinsame Kontrolle* (Feld 2) über die

---

[426] Dies motiviert Grant zu einer alternativen Erklärung für die Existenz von Unternehmen: „Hence, firms exist as institutions for producing goods and services because they can create conditions under which multiple individuals can integrate their specialist knowledge." Siehe Grant (1996a), S. 112.

[427] Vgl. Brockhoff (1999), S. 153, Chesbrough (2006), S. 11 ff. und Kline/Rosenberg (1986), S. 275.

[428] Vgl. Tidd/Trewhella (1997), S. 365. In einer Studie zur relativen Bedeutung verschiedener Technologiebezugsstrategien haben die Autoren aufgezeigt, dass etwa ein Drittel von 38 untersuchten japanischen und britischen Unternehmen externe Technologien mittels einer Lizenzierung beziehen.

[429] Vgl. Brockhoff (1995), S. 29.

[430] Vgl. Heller/Eisenberg (1998), S. 698.

[431] Vgl. Rüdiger (2000), S. 21 ff.

entstehenden Inventionen. Beide Partner dürfen die resultierenden Inventionen zunächst ausschließlich und exklusiv innerhalb des betrachteten Innovationsprozesses nutzen. Die resultierenden Inventionen gehen in das *exklusive Unternehmenseigentum* (Feld 1) des Auftraggebers über, sobald dieser eine – zumeist monetäre – Gegenleistung erbringt. Im Rahmen einer Auftragsforschung können damit I.-Ressourcen und Know-how eines externen Unternehmens erschlossen werden, um eigene risikobehaftete Innovationshandlungen zu vermeiden. Dabei sind jedoch Transaktionskosten inkauf zu nehmen, die bei der formellen Auftragspezifikation und der Prüfung der Ergebnisse entstehen.

Eine Spielart der Auftragsforschung, die in den letzten Jahren zunehmend in das Zentrum der Aufmerksamkeit gerückt ist, ist das *Crowdsourcing*.[432] Unter diesem Begriff werden eine Reihe von Phänomenen zusammengefasst, in deren Rahmen Unternehmen Inventionen aus einer „Masse" von Akteuren – d. h. unabhängig von deren Rolle in einer Branche – exklusiv beziehen.[433] Hierzu schreiben Unternehmen die Entwicklung einer Inventionen auf einer öffentlichen Plattform aus. Auf dieser werden Beiträge Dritter gesammelt, ausgewertet und Inventionen, die ein gewünschtes Qualitätsniveau erreichen, in das *exklusive Unternehmenseigentum* (Feld 1) überführt. Dabei werden beim Crowdsourcing in der Regel strukturierte Inventionen ausgeschrieben, die über eine halb- oder vollautomatische Plattform abgewickelt werden können. Transaktionskosten können damit auf einem – zu den beiden vorgenannten Bezugsformen relativ – geringen Niveau gehalten werden. Zudem können sich Unternehmen im Zuge des Crowdsourcings häufig die Bereitschaft von Privatpersonen zunutze machen, bei nur geringer finanzieller Kompensation oder aus altruistischen Motiven eigene I.-Ressourcen freizugeben. Auf diese Weise kann ein Unternehmen bei relativ geringen Kosten das Know-how und die I.-Ressourcen der „Masse" erschließen, die bei den bisher genannten Bezugsformen nicht erschlossen werden können.

Ein Beispiel für Crowdsourcing ist die Plattform Amazon Mechanical Turk.[434] Über diese Plattform können Unternehmen Kleinstaufgaben (Human Intelligence Tasks) ausschreiben, für deren Erledigung geringe Geldbeträge gezahlt werden. Dabei ist hervorzuheben, dass sich prinzipiell jeder als Bearbeiter von Aufgaben melden kann und dass das ausschreibende Unternehmen nicht kontrolliert, wer eine Bearbeitung vornimmt. Ein weiteres Beispiel ist die Plattform Innocentive, über die auch umfangreiche Forschungsfragestellungen anonym in Form eines Lösungswettbewerbs ausgeschrieben und mit Beträgen zwischen 5.000 USD und

---

[432]   Vgl. Howe (2006).

[433]   Für verschiedene Beispiele des Crowdsourcing vgl Hempel (2007), S. 27, Hoffmann (2009), S. 16 f. und Howe (2006).

[434]   Vgl. Amazon (2007).

1.000.000 USD prämiert werden.[435] Jeder Akteur, unabhängig davon, ob er ein Unternehmen, eine öffentliche Forschungseinrichtung oder eine Privatperson ist, kann einen Lösungsvorschlag einreichen und die Ausschreibung gewinnen.[436] In beiden Fällen gewährleisten Intermediäre – Amazon bzw. Innocentive – die Anonymität des Auftraggebers sowie eine Bezahlung des Auftragnehmers. Damit kann opportunistisches Verhalten der Akteure vermieden werden, sodass die Transaktionskosten auf einem relativ geringen Niveau gehalten werden können.

2. Strategischer Nutzen

Der strategische Nutzen *exklusiver* I.-Ressourcen unter einer *internen Kontrolle* (Feld 1) lässt sich direkt aus dem Ressourcenansatz im Allgemeinen und dem Wissensansatz im Besonderen ableiten. Diesen Ansätzen zufolge kann sich ein Unternehmen mithilfe exklusiver und wertvoller I.-Ressourcen von seinen Wettbewerbern abgrenzen. Verfügt ein Unternehmen über eine herausragende Ressourcenausstattung, kann es effektiver und effizienter als seine Wettbewerber innovieren und damit einen höheren Wert und einen Wettbewerbsvorteil erlangen.

Eine closed innovation ist jedoch mit einer Pfadabhängigkeit von Innovationshandlungen verbunden. Eine Pfadabhängigkeit drückt aus, dass eine bestehende Ressourcenausstattung das Ergebnis vergangener Inventionshandlungen ist und dass diese Entscheidungen damit determinieren, welche „Pfade" zu Inventionen einem Unternehmen aktuell offenstehen.[437] Ursächlich hierfür ist, dass Inventionen sich ergänzen und aufeinander aufbauen,[438] und damit von in der Vergangenheit geschaffenen Inventionen abhängen. Darüber hinaus hängt das Know-how des Unternehmens von vergangenen Innovationsprozessen ab. In diesem haben die Mitarbeiter über die Zeit ein gemeinsames Verständnis über technische Zusammenhänge und nützliche Prozeduren entwickelt, das zwar für eine effiziente Wissensarbeit notwendig ist,[439] jedoch das „Querdenken" erschwert.[440] Vorteilhafte Innovationspfade bleiben Unternehmen dadurch verschlossen.

Eine Pfadabhängigkeit kann einen bestehenden Wettbewerbsvorteil gefährden, wenn Märkte instabil sind oder technologische Diskontinuitäten auftreten. In diesen Fällen können bestehende Produkte und die ihnen zugrundeliegenden I.-Ressourcen an Wert einbüßen,[441] sodass Unternehmen ihre Ressourcenausstattung

---

[435]   Vgl. Innocentive (2008).

[436]   Vgl. Albors/Ramos/Hervas (2008), S. 197.

[437]   Vgl. Teece/Pisano/Shuen (1997), S. 522 f.

[438]   Vgl. Bessen/Maskin (2002), S. 4.

[439]   Vgl. Kap. C.IV.2.

[440]   Vgl. Nooteboom (2000), S. 71.

[441]   Dieses Sicht entspricht dem dem Verständnis der „creative destruction" von Schumpeter. Vgl. Schumpeter (1959), S. 83.

an die veränderten Gegebenheiten anpassen müssen.[442] So sind z. B. die Anbieter von analogen Fotofilmen mit der Verbreitung digitaler Kleinbildkameras gezwungen, neues technologisches Wissen aufzubauen, um am Markt zu überleben. Aufgrund der Pfadabhängigkeit gelingt es vielen Unternehmen jedoch nicht, ausschließlich aus den eigenen Wissensressourcen heraus mit dem technischen Wandel Schritt zu halten.[443] Die Pfadabhängigkeit und die damit einhergehende Trägheit eines Unternehmens, neuen Entwicklungen zu folgen, kann damit bei technologischen Diskontinuitäten zum Verlust eines Wettbewerbsvorteils führen.

Um vorgezeichnete Technologiepfade zu verlassen, können Unternehmen versuchen, externe I.-Ressourcen über Märkte zu beziehen. Dem sind jedoch enge Grenzen gesetzt:

Zum Ersten sind Märkte für I.-Ressourcen häufig unvollkommen und unvollständig. Das Streben von Unternehmen, I.-Ressourcen dem Zugriff Dritter zu entziehen, kann deren Vermarktung entgegenstehen.[444] Darüber hinaus treffen bei einem Transfer von I.-Ressourcen häufig unterschiedliche Interessen und Wertvorstellung aufeinander, was zu langwierigen und aufwendigen Vertragsverhandlungen führt.[445] Dies gilt insbesondere dann, wenn I.-Ressourcen von einer Vielzahl von Akteuren bezogen werden müssen, um eine Wertschöpfung durchführen zu können.[446] Hohe Transaktionskosten können damit der Vorteilhaftigkeit eines Ressourcenbezugs entgegenstehen.

Zum Zweiten benötigt ein Unternehmen spezifisches Know-how um eine externe I.-Ressource effektiv nutzen zu können. Dieses Vorwissen ist notwendig, um die externe Invention zu verwerten oder sie für eigene Inventionshandlungen zu nutzen.[447] Ist die extern zu beziehende Invention lediglich graduell neu und führt ein Unternehmen zu dieser ähnliche Forschungs- und Entwicklungstätigkeit durch,

---

[442]   Diese Argumentation entspricht der des Ansatzes der dynamischen Fähigkeiten, vgl. Kap. C.IV.1.

[443]   Vgl. Gerpott (2005), S. 1 ff. Tushman und O'Reilly zeigen am Beispiel der Anbieter von Halbleitern und deren Vor- und Nachfolgeprodukte, dass Marktführer mit der Einführung einer neuen Produktgeneration im Allgemeinen ihre Führungsposition einbüßen. Einzig dem Unternehmen Texas Instruments gelang es, seine Position beim Wechsel von der Halbleitertechnologie zu integrierten Schaltkreisen zu verteidigen, musste sie jedoch mit der nächsten Produktgeneration wieder abgeben, vgl. Tushman/O'Reilly (2002), S. 17-21.

[444]   Vgl. Arrow (1962a), S. 615 und Escher (2003), S. 215.

[445]   Vgl. Baird/Gertner/Picker (2003) und Heller/Eisenberg (1998), S. 698 ff.

[446]   Heller und Eisenberg sprechen daher von der „tragedy of the anticommons", da Eigentumsrechte einer wertschöpfungsoptimalen Nutzung von Inventionen im Wege stehen können, vgl. Heller (1998), S. 673 ff. und Heller/Eisenberg (1998), S. 698 ff.

[447]   Vgl. Cohen/Levinthal (1990), S. 128 ff.

so kann das benötigte Vorwissen vorhanden sein.[448] Im Fall von technologischen Diskontinuitäten, die durch „radikale"[449] Innovationen ausgelöst werden, ist dies jedoch regelmäßig nicht der Fall. Derartige Innovationen erfordern einen grundlegenden Wandel des Know-hows, sodass sowohl ein eigener Aufbau als auch ein Transfer dieser Invention mittelfristig ausgeschlossen sind.[450] Ein Bezug externer I.-Ressourcen ist damit insbesondere bei einer Neuausrichtung einer Innovationstätigkeit oder bei radikalen Innovationen nur schwer realisierbar.

Ein Unternehmen kann damit in relativ stabilen Märkten durch eine closed innovation einen Wettbewerbsvorteil schaffen und nachhaltig verteidigen. Kommt es zu einem Marktwandel, der z. B. durch technologische Diskontinuitäten ausgelöst wird, so kann sich ein Innovationsvorsprung in eine Innovationsfalle wandeln: Das Unternehmen ist an seine Wissensbasis gebunden, sodass es nicht die notwendige Wandlungsfähigkeit besitzt, neue Technologiepfade zu betreten. Aus dieser Bindung kann sich ein Unternehmen insbesondere bei radikalen Innovationen häufig auch nicht mithilfe eines herkömmlichen Bezugs externer I.-Ressourcen befreien.

3. Aneignung

Ressourcen in einem *exklusiven Unternehmenseigentum* entsprechen dem Ideal eines festen Aneignungsregimes.[451] Das Unternehmen verfügt über Kontrollmechanismen, mit denen es einen fremden *Zugriff* auf seine Invention verhindern kann.

Bedroht wird eine Renteneignung dann, wenn das Unternehmen unter einer *externen Kontrolle* stehende I.-Ressourcen in seine Invention einbezieht. In diesem Fall kann der externe Ressourcensteller eine Entlohnung für den Dienst seiner I.-Ressource verlangen. Inwieweit das Unternehmen sich die geschaffene Rente aneignen kann, hängt von seiner Verhandlungsmacht und davon ab, inwieweit der externe Ressourcensteller sich seines Wertbeitrags bewusst ist.[452] Dabei sind die Situationen vor und nach der wertschöpfenden Verwendung der externen I.-Ressourcen zu unterscheiden.

---

[448] Veugelers und Cassiman haben in einer Untersuchung von 1335 belgischen Herstellern aufgezeigt, dass Unternehmen, in denen die interne Informationsproduktion eine große Bedeutung hat, überwiegend einem „Make and buy"-Verhalten folgen, vgl. Veugelers/ Cassiman (1999), S. 76.

[449] Vgl. Abernathy/Clark (1985), S. 5 f. und Henderson/Clark (1990), S. 11.

[450] Vgl. Tushman/Anderson (1986), S. 442.

[451] Vgl. Teece (1986), S. 287.

[452] Vgl. Kap. C.III.4.

Vor der wertschöpfenden Verwendung kann angenommen werden, dass der externe Ressourcensteller nur mutmaßen kann, wie das Unternehmen die I.-Ressource verwenden möchte und welchen Wert es damit schaffen kann. Das Unternehmen wird sich – aus Glück oder unternehmerischer Weitsicht heraus[453] – des Wertes der externen I.-Ressource hingegen bewusst sein. Es besitzt einen Wissensvorsprung. Entsprechend wird sich das Unternehmen einen Großteil der entstehenden Rente aneignen können.

Nach der Wertschöpfung ist der strategische Wert der Ressource jedoch bekannt. Gilt die erteilte Lizenz dauerhaft, so verändert sich die betrachtete Situation nicht. Ist die Nutzungsdauer einer entsprechenden Lizenz jedoch begrenzt oder beinhaltet sie eine Option für Nachverhandlungen, so ergibt sich ein anderes Bild. Der externe Ressourcensteller kann damit drohen, die Lizenz auslaufen zu lassen, und damit versuchen, sich einen höheren Teil der geschaffenen Rente anzueignen. Dies kann er insbesondere dann, wenn die Invention auf die externe I.-Ressource spezialisiert ist, d. h. ein Wechsel auf die Ressource eines alternativen Anbieters nicht oder nur zu hohen Kosten möglich ist.[454] In diesem Fall werden das Unternehmen und der externe Ressourcensteller um den geschaffenen Wert abzüglich des Wertes verhandeln, den die betrachtete Invention auch ohne die extern bezogene I.-Ressource erbringen kann.

Damit bleibt festzuhalten, dass eine Invention auf Basis exklusiver Ressourcen direkt zum Wettbewerbsvorteil eines Unternehmens beitragen kann. Jedoch ist das Wertschöpfungspotenzial auf die Wissensressourcen des eigenen Unternehmens beschränkt. Wege, externe I.-Ressourcen exklusiv zu beziehen, scheitern häufig daran, dass Märkte unvollständig oder nicht effektiv sind. Dabei kann der geschaffene Wert in der Regel weitestgehend angeeignet werden und muss nach erfolgreicher Wertschöpfung lediglich mit den zumeist wenigen Akteuren geteilt werden, auf deren I.-Ressourcen eine geschaffene Invention spezialisiert ist.

II.   Exklusiver Zugriff für eine ausgewählte Gruppe

1.   Formen der Wertschöpfung

Überführt ein Unternehmen eigene I.-Ressourcen in einen *gruppenexklusiven Zugriff*, so gibt es seinen Anspruch auf vollständige Exklusivität auf. Es gewährt Partnern einen Zugriff auf diese Information, ohne jedoch den Schutz gegenüber

---

[453]   Vgl. Peteraf (1993), S. 185 und Barney (1986).

[454]   In diesem Fall spiegeln die Kosten, die für einen Wechsel auf eine andere spezialisierte Ressource aufzuwenden sind, den Wert wieder, um den Lizenzgeber und -nehmer verhandeln.

der Allgemeinheit aufzugeben.[455] Damit können mehrere Akteure zusammenkommen, um die Ressource zu nutzen und selbst I.-Ressourcen beizutragen. Damit
entsteht ein gemeinsamer Ressourcenpool, auf den ausschließlich die Partner
innerhalb der Gruppe zugreifen können.[456]

Der Ressourcenpool bietet die Voraussetzung für eine *kooperative Wertschöpfung*, die über eine closed innovation und einen einfachen Ressourcentransfer
hinausgeht.[457] Die Akteure können nicht nur gleichzeitig auf den Pool zugreifen
und eigene I.-Ressourcen in diesen einbringen. Sie können in einer kooperativen
Wertschöpfung auch ihr Know-how zusammen nutzen, um gemeinsam Wert zu
schaffen. Phänomene einer derartigen kooperativen Wertschöpfung lassen sich entlang einer Wertschöpfungskette, auf einer Wertschöpfungsstufe und auch
branchenübergreifend beobachten:[458]

- Airbus kooperiert *entlang einer Wertschöpfungskette* mit verschiedenen Zu-
  lieferern. Das Unternehmen gliedert weite Teile der Entwicklung des A380 an
  seine Lieferanten aus. So waren Easton bei den Hydrauliksystemen und
  Honeywell bei der Avionik nicht nur für die Produktion und Lieferung, sondern
  auch für die Entwicklung und Integration in die Architektur des A380 zu-
  ständig. Damit konnte das Know-how der einzelnen Zulieferer in die Entwicklung des Flugzeugs eingebracht werden. Dabei stellten integrierte Teams
  mit ihrem gemeinsamen Know-how bereits in frühen Entwicklungsphasen eine
  Koordination der verschiedenen Elemente des Flugzeugs sicher.[459]

- Eine Kooperation zwischen verschiedenen Akteuren *auf einer Wertschöpfungsstufe* lässt sich häufig in neu entstehenden Technologiefeldern beobachten. So
  haben sich Europas große Telefonnetzbetreiber zum Konsortium „Home
  Gateway Initiative" zusammengeschlossen und auch Anbieter komplementärer
  Technologien mit aufgenommen.[460] Sie entwickeln in diesem Konsortium gemeinsam einen Standard für die Schnittstelle zwischen der Hausautomat-
  isierungstechnik und Fernmeldediensten.[461] Damit versuchen die Akteure

---

[455]   Gassmann bezeichnet dies als Coupled-Prozess der Open Innovation, in dem ver-
        schiedene Akteure sich gegenseitig Ressourcen zur gemeinsamen Nutzung zur Ver-
        fügung stellen, vgl. Gassmann/Enkel (2006), S. 136.

[456]   Vgl. z. B. Mowery/Oxley (1998), S. 507, Teece (1992), S. 19 und Specht/Beckmann/
        Amelingmeyer (2002), S. 402.

[457]   Vgl. Kanter (1994), S. 97 und Powell (1990), S. 300 f.

[458]   Vgl. Contractor/Lorange (2002), S. 5.

[459]   Vgl. Wagner/Hoegl (2006), S. 936.

[460]   Die Kooperation wurde durch die Telefonnetzbetreiber initiiert, die Entwickler
        komplementärer Technologien wurden erst später aufgenommen, vgl. HGI (2009a).

[461]   Vgl. HGI (2009b).

ihre Unsicherheit über zukünftige Technologiepfade, Produktdesigns und Standards abzubauen.[462]

- *Branchenübergreifende Kooperationen* lassen sich insbesondere zwischen Forschungseinrichtungen und Unternehmen beobachten. So gründete das Chemieunternehmen Degussa AG ein „Science to Business Center" namens „Nanotronics". In diesem Center kommt Degussa mit dritten Unternehmen und öffentlichen Forschungseinrichtungen zusammen. Dabei bringt Degussa vornehmlich Wissen über Nanotechnik ein, während die dritten Akteure Wissen über Elektronik beisteuern, damit die Akteure gemeinsam Inventionen im Schnittbereich dieser beiden Bereiche entwickeln können.[463]

Die Beispiele illustrieren, dass in einer exklusiv-kooperativen Wertschöpfung das heterogene Wissen verschiedener, zumindest vor der Kooperation, rechtlich und wirtschaftlich selbstständiger Akteure zusammengeführt werden kann. Dabei kann zwischen zwei Wertschöpfungsformen unterschieden werden, die sich hinsichtlich der Einbindung des Wertschöpfungspotenzials externer Ressourcen unterscheiden: die *enge* und die *lose exklusiv-kooperative Wertschöpfung*.

Die *enge exklusiv-kooperative Wertschöpfung* ist die in der Literatur vorwiegen betrachtete Form der Kooperation. Sie zeichnet sich dadurch aus, dass sie als ein mittel- oder langfristig – wenn auch nicht dauerhaftes – gemeinsames Engagement begonnen wird, um ein gemeinsames Wertschöpfungsziel zu erreichen. Um dies möglichst effizient zu tun, schaffen die Kooperationspartner einen gemeinsamen organisatorischen Rahmen aus Verträgen und Prozeduren,[464] die in strategische Allianzen[465] und Joint Ventures[466] ihre Konkretisierung finden.

Der organisatorische Rahmen besteht in der Regel aus zwei Elementen. Dies sind erstens selbstdurchsetzende Mechanismen, zu denen gegenseitiges Vertrauen und Reputation sowie faktische Bindungen durch finanzielle Beteiligungen oder spezialisierte Investments zählen. Zweitens basieren die aufgeführten Kooperationsformen auf – zumeist in langwierigen Verhandlungen vereinbarten – rechtlich bindenden Verträgen, die insbesondere in nordamerikanischen und europäischen Ökonomien eine hohe Bedeutung haben.[467] Diese Verträge regeln, welche I.-Ressourcen die Partner unter einer *gemeinsamen Kontrolle* (Feld 5) und

---

[462]   Mit derartigen Kooperationen können durch falsch antizipierte Technologieentwicklungen induzierte Fehlinvestitionen vermieden werden, vgl. Teece (1992), S. 12.

[463]   Vgl. Bröring/Herzog (2008), S. 340.

[464]   Vgl. Sobrero/Schrader (1998), S. 588-592.

[465]   Vgl. z. B. Das/Teng (2000), Gulati/Nohria/Zaheer (2000), Jarillo (1988), Kanter (1994) und Parkhe (2004), S. 210 ff.

[466]   Vgl. z. B. Harrigan (1988), Hennart (1999) und Kogut (1991).

[467]   Vgl. Dyer (1997), S. 537.

welche sie unter *einseitiger Kontrolle* (Feld 4 bzw. Feld 6) halten. Dies führt dazu, dass die Kontrolle über I.-Ressourcen und damit über die Wertschöpfungsprozesse in einer Kooperation zumeist ungleich verteilt sind.[468]

Neben einer engen exklusiv-kooperativen Wertschöpfung hat in den letzten Jahren zunehmend die *lose exklusiv-kooperative Wertschöpfung* an Bedeutung gewonnen. Mit der weiten Verbreitung kostengünstiger Informations- und Kommunikationstechnologie können Kunden in unternehmenseigene Wertschöpfungsprozesse integriert werden, ohne dass für jede Kooperation eigens ein organisatorischer Rahmen geschaffen wird. Hintergrund dieser Kooperation ist, dass Kunden über wertvolles Wissen – insbesondere Anwendungswissen – verfügen, das sie zumeist nicht selbstständig nutzen oder verwerten können. Unternehmen verfügen wiederum über zu diesem Wissen komplementäre Ressourcen, mit denen sie das aus der gemeinsamen Nutzung entstehende Wertschöpfungspotenzial verwerten können.[469] Um komplementäre Beziehungen der auf beiden Seiten liegenden Wissensressourcen zu nutzen, stellen Unternehmen ihren Kunden im Rahmen von Konzepten wie Co-Production,[470] Mass Customization,[471] User Innovation[472] und Virtual Customer Integration[473] *intern kontrollierte* Werkzeuge als *gemeinschaftlich genutztes Unternehmenseigentum* (Feld 4) zur Verfügung. Diese Werkzeuge enthalten Wissen des Unternehmens, mit dem Kunden ihr eigenes – und damit aus Sicht des Unternehmens im *exklusiven Eigentum Dritter* (Feld 1) liegendes – Wissen kombinieren und damit neuen Wert schaffen können.

Die lose exklusiv-kooperative Wertschöpfung zeichnet sich gegenüber der oben vorgestellten engen Variante dadurch aus, dass sie zumeist kurzfristiger Natur ist und dass das öffnende Unternehmen eine *interne Kontrolle* über seine I.-Ressource behält. Die Kurzfristigkeit der Kooperation verhindert eine aufwendige und kostenintensive Errichtung schwergewichtiger Governance-Strukturen als Mittel gegen Opportunismus. Ein Vertrauen kann jedoch daraus erwachsen, dass diese Kooperationen regelmäßig Bestandteil von Transaktionen zwischen Unternehmen und Kunden sind. Die Kooperation hat das Ziel, die Voraussetzungen für Transaktionen zu schaffen oder deren Nutzen für den Kunden zu erhöhen. Damit haben sowohl der Kunde als auch das Unternehmen ein starkes Interesse daran, die vom

---

[468]   Vgl. Sobrero/Schrader (1998), S. 588 f.

[469]   Vgl. hierzu auch Thomke/von Hippel (2002) und von Hippel (1994), welche das aus der gemeinsamen Innovation mit Kunden erwachsene Wertschöpfungspotenzial aus der Verteilung von Bedürfnisinformation und Lösungsinformation ableiten.

[470]   Vgl. Ramírez (1999).

[471]   Vgl. Davis (1987), S. 169 ff., Piller (1998), Piller/Möslein/Stotko (2004), Pine (1993) und Reichwald/Piller (2009).

[472]   Vgl. Thomke/von Hippel (2002).

[473]   Vgl. Dahan/Hauser (2002).

Kunden bereitgestellte I.-Ressourcen zweckgemäß zu nutzen. Darüber hinaus führt ein Unternehmen derartige Kooperationsprozesse zumeist in hoher Frequenz im Rahmen seines regelmäßigen Geschäfts durch. Ein opportunistisches Verhalten oder eine offensichtliche Zweckentfremdung von I.-Ressourcen eines Kunden seitens des Unternehmens würde damit zukünftige Kunden abschrecken und läge nicht im Interesse des Unternehmens. Mit diesen selbstdurchsetzenden Mechanismen werden mithin auch kurzfristige Kooperationen möglich.

Mit einer kooperativen Wertschöpfung kann somit das Wertschöpfungspotenzial über das Maß hinaus gesteigert werden, das eine exklusive I.-Ressourcen entfalten kann. I.-Ressourcen können in einen gemeinsamen Ressourcenpool überführt werden, aus dem sich neue Synergien ergeben. Dabei kann eine enge exklusiv-kooperative Wertschöpfung mit einem eigens geschaffenen organisatorischen Rahmen die Grundlage für eine effiziente Wissensarbeit der Mitarbeiter verschiedener Unternehmen gewährleisten, in der die Mitarbeiter auch ihr Knowhow gemeinsam nutzen und spezifische Investitionen tätigen können. In losen exklusiv-kooperativen Wertschöpfungsprozessen kann hingegen auf einen derartigen Rahmen verzichtet werden, da die Akteure nur kurzfristig Wissensressourcen im Rahmen einer Transaktion aufeinander spezialisieren.

2.   Strategischer Nutzen

Der strategische Nutzen einer exklusiv-kooperativen Wertschöpfung ergibt sich aus dem in einer Kooperation gesteigerten Wertschöpfungspotenzial. Die Kooperationspartner stellen sich gegenseitig I.-Ressourcen zur Verfügung (Feld 4-6) und können damit innovative Anwendungen dieser Ressourcen erkennen und umsetzen. Dabei richten sie die Wertschöpfung auf einen beidseitigen Kooperationsnutzen aus. Gleichzeitig können sie Dritte aus der Kooperation ausschließen, um gemeinsam einen Wertschöpfungsvorsprung gegenüber Wettbewerbern und damit einen Wettbewerbsvorteil zu schaffen.

Im Fall einer *engen exklusiv-kooperativen Wertschöpfung* können Erklärungen für ein gesteigertes Wertschöpfungspotenzial und für ein daraus entstehenden Wettbewerbsvorteil mithilfe des Bezugsrahmens in das Gedankengebäude des relationalen Ansatzes[474] eingebettet werden. Dieser Ansatz sieht gegenseitige spezifische Investitionen, den Aufbau von Wissensaustauschroutinen, Know-how und Governance-Strukturen, die einen Rahmen für eine effiziente Zusammenarbeit schaffen als Voraussetzung für einen Kooperationserfolg.[475] Sind diese gegeben, können die Akteure ihre I.-Ressourcen gegenseitig nutzen, aufeinander spezialisieren, gemeinsam ihre Wertschöpfung steigern und damit gemeinsam einen Wettbewerbsvorteil erlangen. Dieser Wettbewerbsvorteil kann in der Regel auch nach-

---

[474]   Vgl. Kap. C.IV.3.

[475]   Vgl. Dyer/Singh (1998), S. 671-674.

haltig verteidigt werden, da insbesondere das in einer Kooperation entstehende Geflecht spezialisierter Wissensressourcen für Dritte schwer zu durchschauen und zu imitieren ist.[476]

Vorliegend wird die exklusiv-kooperative Wertschöpfung als ein zur herkömmlichen Ressourcenbeschaffung alternativer Weg angesehen, mit dem auf einen Marktwandel reagiert werden kann.[477] In einer Kooperation kann das Wertschöpfungspotenzial von Kunden, Lieferanten, Distributoren, Komplementären, Forschungsinstituten, Unternehmensberatern, öffentlichen Einrichtungen oder Wettbewerbern[478] genutzt werden, um die eigene Ressourcenausstattung an gewandelten Marktanforderungen anzupassen. Sind Wertschöpfungspartner im Besitz der benötigten Wissensressourcen (Feld 6), kann ein Unternehmen versuchen, in einer Kooperation von seinem Partner zu lernen und damit diese Ressourcen aufzubauen (Feld 4).[479] Besteht die benötigte I.-Ressource nicht, können die Partner ihre Ressourcen zusammenführen. Auf diese Weise erschließen sie ein höheres Kombinations-[480] und Kreativitätspotenzial[481], das sie zur Entwicklung der benötigten Ressourcen einsetzen können.[482] Eine erfolgreiche Anpassung an den Marktwandel ist für die beteiligten Partner damit wahrscheinlicher, als wenn sie ausschließlich auf ihre eigene Ressourcenausstattung zurückgreifen würden.

---

[476] Dyer und Singh führen die kausale Ambiguität, Zeitvorteile, verwobene und unteilbare Ressourcen, eine eigentümliche institutionale Umgebung sowie die Seltenheit von Partnern als Imitationsbarrieren an, vgl. Dyer/Singh (1998), S. 662 f.

[477] Vgl. C.IV.1 und Kap. E.I.2.

[478] Vgl. Gemünden/Ritter/Heydebreck (1996), S. 459.

[479] Vgl. Das/Teng (2000), S. 37, Kale/Singh/Perlmutter (2000), S. 232 und Mesquita/Anand/Brush (2008), S. 913 ff.

[480] vgl. Hamel (1991), S. 99 f.

[481] Diese Argumentation ist konsistent mit dem Konstrukt der kognitiven Distanz. Die Akteure innerhalb eines Unternehmens haben in der Regel eine geringe kognitive Distanz. Sie besitzen ein ähnliches Verständnis, denken in ähnlichen Kategorien und können daher sehr effizient miteinander kommunizieren. Zwischen Dritten und einem Unternehmen ist die koginitive Distanz in der Regel höher. Arbeiten Unternehmen zusammen kann es dadurch einerseits zu Kommunikationsproblemen kommen. Andererseits können aus einem Widerstreit der verschiedenen Verständnisse jedoch neue Ideen entstehen und damit neue Entwicklungspfade erarbeitet werden, vgl. Nooteboom (2000), S. 70-72.

[482] Khanna/Gulati und Nohria zufolge entstehen in Kooperationen gemeinsame Mehrwerte aus der kreativen Synthese des Wissens der Wertschöpfungspartner, vgl. Khanna/Gulati/Nohria (1998), S. 195. Ein Indikator für dieses gemeinsam entwickelte Know-how ist die Beobachtung von Mowery und Oxley, dass die Ähnlichkeiten der Technologien von Unternehmen nach Eingehen eines Joint Ventures signifikant steigt, vgl. Mowery/Oxley (1998), S. 517. Grant zeigt auf, dass die Breite des eingebrachten Expertenwissens das Wertschöpfungspotenzial einer Organisation steigert, vgl. Grant (1996b), S. 381 f.

Eine enge exklusiv-kooperative Wertschöpfung ist jedoch auch mit Gefahren verbunden. Kommt es in einer Kooperation zu einer engen Verzahnung von Mitarbeitern, so kann ein ungewollter Wissensabfluss an Wettbewerber nur schwer kontrolliert werden.[483] Dies kann zu einem Lernwettlauf zwischen den Partnern führen.[484] Sie werden versuchen, die jeweils von den Partnern benötigten Ressourcen (Feld 6) als Erster zu gewinnen (Feld 4), um anschließend die Oberhand in der Kooperation zu erlangen oder den Partner aus der Kooperation hinauszudrängen.[485] Enge exklusiv-kooperative Wertschöpfungsprozesse können damit ein Mittel sein, benötigte I.-Ressourcen zu gewinnen, sie bergen jedoch auch die Gefahr eines Wissensabflusses.

Auch in *losen exklusiv-kooperativen Wertschöpfungsprozessen* können Unternehmen aus spezialisierten Ressourcen einen relationalen Nutzen erzielen. Dies zeigt die Integration von Kunden in Innovationsprozesse mittels Toolkits.[486] Ein Toolkit besteht aus einer Software, die codierte Lösungsinformationen beinhaltet. Es dient als Experimentierumgebung, mit der ein Kunde selbstständig innovative Lösungen für seine Bedürfnisse iterativ entwickeln kann.[487] So stellt das Unternehmen LSI seinen Kunden mit einem Toolkit Lösungsinformation zur Verfügung, mit der die Kunden Microchips selbst Designen und die Produktion dieser Chips bei LSI in Auftrag geben können.[488] Lizenzbedingungen und die softwaretechnische Codierung der Information stellen dabei sicher, dass der Nutzer die Information nicht ohne Weiteres weitergeben kann. Das Unternehmen behält damit eine *interne Kontrolle* (Feld 4) über die Lösungsinformation.[489] Auch ist die vom Kunden geschaffene Information – das Chipdesign –vor einer Nutzung durch Wettbewerber geschützt, da das Chipdesign inhärent spezifisch zu den Produktionsprozessen von LSI ist. Es besitzt damit für Wettbewerber einen geringem Wert. Jedoch ist eine lose exklusiv-kooperative Wertschöpfung im Gegensatz zu ihrem losen Pendant aufgrund ihrer kurzfristigen Natur nicht ohne Weiteres gegen eine Imitation geschützt. Wettbewerber könnten das Vorgehen imitieren, die kooperierenden Kunden gewinnen und damit den Vorteil aufholen. Daher kann ein nachhaltiger Vorteil nur dann erzielt werden, wenn es Unter-

---

[483] So sehen verschiedene Autoren den Transfer von Know-how als wesentlichen Vorteil und/oder wesentliche Gefahr von Unternehmenskooperationen – insbesondere Joint Ventures – an, vgl. Hamel/Doz/Prahalad (1989), S. 135 f., Hamel (1991), S. 99-1011, Kale/Singh/Perlmutter (2000), S. 217 f. und Khanna/Gulati/Nohria (1998).

[484] Vgl. Hamel (1991), S. 85.

[485] Vgl. Prahalad/Hamel (1990), S. 84.

[486] Vgl. Thomke/von Hippel (2002) und von Hippel (1994).

[487] Vgl. Thomke (2003), S. 92-99.

[488] Vgl. Thomke/von Hippel (2002) S. 77 f.

[489] Er behält die I.-Ressource damit in einem gemeinschaftlich genutztem Unternehmenseigentum, vgl. Abbildung 12.

nehmen gelingt, einen Vorsprung in der Qualität des Toolkits und dessen nahtlosen Integration in unternehmenseigene Wertschöpfungsprozesse zu verteidigen.

3. Aneignung

Unternehmen stehen bei kooperativ entwickelten Inventionen die herkömmlichen Aneignungsmechanismen offen. Ebenso wie in einer closed innovation kann aus einer kooperativen Wertschöpfung eine Invention mit einem festen Aneignungsregime erwachsen. Dies gilt zumindest dann, wenn die an der Wertschöpfung beteiligten Akteure sich auf einen Schutz der entstehenden Inventionen einigen und ein Interesse daran haben, diesen auch einzurichten und durchzusetzen.

Eine Gefahr für die Aneignung der entstehenden Renten kann sich jedoch aus der Kooperation selbst ergeben. Dritte können einen Teil der geschaffenen Rente als Kompensation für ihren Beitrag in der Kooperation fordern.[490] Hierbei können Konflikte insbesondere dann auftreten, wenn beide Unternehmen die gleichen Erlösströme erschließen möchten.[491] Dem Ressourcenansatz entsprechend hat in diesem Fall die relative Verhandlungsmacht der Akteure entscheidenden Einfluss auf die Verteilung der geschaffenen Rente.[492]

HAMEL nennt zwei Faktoren, welche die relative Verhandlungsmacht innerhalb einer Kooperation beeinflussen:[493] Zum Ersten ist die relative Verhandlungsmacht von kooperationsexogenen Parametern abhängig. Eine Änderung der Rahmenbedingungen einer Kooperation kann den Wert der Ressourcen, welche die einzelnen Partner in die Kooperation einbringen, positiv wie negativ beeinflussen. Ausgelöst werden können derartige Verschiebungen unter anderem durch technologische Diskontinuitäten, die eine ehemals für die Kooperation zentrale Technologie eines Akteurs ihrer Bedeutung rauben. Zum Zweiten kann sich die Verhandlungsmacht durch die Wissensabsorption der Wertschöpfungspartner verschieben. Gewinnen die Wertschöpfungspartner im Laufe einer Kooperation an gemeinsamem Verständnis, so gewinnen sie nicht nur externes Know-how, sie können auch Wege identifizieren, um Kontrollmechanismen der Partner zu umgehen.[494] Dies schafft ein Drohpotenzial, da der jeweilige Partner befürchten muss, dass er in der Kooperation substituiert oder die Bedeutung seiner Rolle zumindest geschmälert wird. Damit ist eine effektive *interne Kontrolle* ausgewählter exklusiv gehaltener (Feld 1) und gemeinsam genutzter (Feld 4) I.-Ressourcen in einer Kooperation von zentraler Bedeutung, um die eigene Bedeutung in einer Kooperation aufrecht zu erhalten und sich eine Aneignung von Renten zu sichern.

---

490   Vgl. Shan (1990), S. 131 f.

491   Vgl. Hamel (1991), S. 88.

492   Vgl. Kap. C.III.4.

493   Vgl. Hamel (1991), S. 100.

494   Vgl. Li et al. (2008), S. 318.

Damit bleibt festzuhalten, dass mit einer Öffnung von I.-Ressourcen in einen *exklusiven Gruppenzugriff* (Felder 4-6) das Wertschöpfungspotenzial externer Ressourcen erschlossen werden kann. Eine geöffnete I.-Ressource kann eine Grundlage für eine enge oder lose kooperative Wertschöpfung legen, in der die Partner gemeinsam ihre Ressourcen und Fähigkeiten einbringen und einen innovativen Wert schaffen. Im Fall einer engen exklusiv-kooperativen Wertschöpfung bilden sie hierfür einen eigenen organisatorischen Rahmen. Dieser Rahmen sowie eigene Kontrollmechanismen gewährleisten, dass die Ressourcen im Sinne der Kooperation und im eigenen Sinne transferiert und genutzt werden, um einen ungewollten Wissensabfluss zu vermeiden und gemeinsam einen Wettbewerbsvorteil zu schaffen. In einer losen kooperativen Wertschöpfung ist ein derartiger Rahmen dagegen nicht sinnvoll. Das sich öffnende Unternehmen behält jedoch die Kontrolle (Feld 4) über die geöffnete I.-Ressource[495] und stellt sicher, dass Kunden ihre Invention auf die geöffnete I.-Ressource spezialisieren. Damit sind Wettbewerber vom geschaffenen Wert ausgeschlossen. In beiden Wertschöpfungsformen wird damit das Wertschöpfungspotenzial gemeinschaftlich gesteigert, um einen Vorteil für alle beteiligten Partner zu gewinnen.

III.   Allgemeiner Zugriff

1.   Formen der Wertschöpfung

Die betriebswirtschaftliche Realität sowie die Literatur enthalten einen reichen Fundus an Phänomenen, in deren Rahmen Unternehmen der Öffentlichkeit wertvolle I.-Ressourcen zur Verfügung stellen und damit eine externe Wertschöpfung initiieren und unterstützen. Lieferanten, Abnehmer, Endkunden, Forschungseinrichtungen, Komplementäre und sogar Wettbewerber können diese I.-Ressource nutzen, um in Verbindung mit ihren spezifischen Kenntnissen, Fähigkeiten und Fertigkeiten Wert zu schaffen. Diese Phänomene werden im Rahmen von Konzepten wie Collective Invention,[496] Open Innovation,[497] Peer Production[498] und Platforms for Participation[499] aufgegriffen, die eine Wertschöpfung auf Basis

---

[495]   Die Ressource befindet sich damit in einem gemeinsam genutzten Unternehmenseigentum, vgl. Abbildung 12.

[496]   Vgl. Allen (1983).

[497]   Vgl. Chesbrough (2003a). Chesbrough umschreibt mit dem Begriff der Open Innovation die Öffnung unternehmenseigener Innovationsprozesse. Eine Open Innovation schließt damit auch die Öffnung von Ressourcen an die Allgemeinheit ein, vgl. Chesbrough (2006), S. 44-48, Chesbrough/Appleyard (2007), S. 57. und West/Gallagher (2006a), S. 320.

[498]   Vgl. Benkler (2006).

[499]   Vgl. Tapscott/Williams (2006), S. 183 ff.

offener I.-Ressourcen beschreiben. Dabei können ihrem Wesen nach zwei Wert-schöpfungsformen unterschieden werden: die *selbstständige* und die *kollektive Wertschöpfung auf Basis offener I.-Ressourcen.*

Ein Unternehmen kann eine s*elbstständige Wertschöpfung auf Basis offener I.-Ressourcen* anregen, indem es eine I.-Ressource in ein *offenes Unternehmens-eigentum* überführt. Auf diese Ressource können Dritte zugreifen und sie nach eigenem Ermessen innovativ nutzen. In Kombination mit ihrem Know-how sowie eigenen oder fremden allgemein zugreifbaren I.-Ressourcen schaffen sie kreative und neuartige Anwendungen und Dienste. Dabei sind die Akteure nicht ver-pflichtet, ihre Inventionen der Allgemeinheit wieder zur Verfügung zu stellen, sondern können sie im *exklusiven Eigentum* (Feld 3) halten und eigenständig kommerzialisieren. Dennoch schaffen die selbstständigen Akteure auf Basis der geöffneten I.-Ressource gemeinsam ein System komplementärer Produkte.

Eine verbreitete Ausprägung dieser Wertschöpfungsform bezeichnet TAPSCOTT als *Platforms for Participation.*[500] Mit diesem Begriff beschreibt er das Phänomen, dass Unternehmen Schnittstellen – sogenannte Application Programming Inter-faces (APIs) – bereitstellen, über die Dritte auf die Informationssysteme des sich öffnenden Unternehmens zugreifen können. Diese Schnittstellen gewähren – nach Anmeldung des Dritten – mittels einfacher und in der Regel gut dokumentierter Funktionsaufrufe einen Zugriff auf die Informationsbasen des Unternehmens. So lässt, wie eingangs dargestellt, Facebook Dritte auf sein Social-Networking-System und auf die dort gespeicherten Nutzerdaten zugreifen, sodass sie diese Daten in eigene Anwendungen einbringen können. Dabei gesteht Facebook den externen Entwicklern das Recht zu, diese Anwendungen auch für kommerzielle Zwecke zu nutzen und außerhalb der Website von Facebook anzubieten.[501]

Kennzeichnend für eine selbstständige Wertschöpfung auf Basis offener I.-Ressourcen ist, dass eine Teilnahme in der Regel nur einen geringen Aufwand und ein geringes Vorwissen erfordert. Nach einer Anmeldung bekommen Dritte Zugriff auf die geöffnete I.-Ressource, deren Repräsentationsform einfach zu nutzen und gut dokumentiert ist. Sie können ihre Kreativität frei entfalten und selbstständig entscheiden, in welcher Art und Weise sie ihre I.-Ressourcen und ihr Know-how mit der geöffneten I.-Ressource kombinieren. Mit diesen geringen Hürden geht einher, dass auch kreative individuelle Akteure und kleine Unternehmen, die nur geringe finanzielle und personelle Ressourcen besitzen, die geöffnete I.-Ressource innovativ nutzen können.[502] So ist die Plattform von Facebook darauf ausgelegt,

---

[500]   Vgl. Tapscott/Williams (2006), S. 183 ff.

[501]   Vgl. Facebook (2008a).

[502]   Vgl. Tapscott/Williams (2006), S. 185.

auch individuelle Akteure als Anwendungsentwickler zu gewinnen.[503] Um ihnen den Einstieg in die Anwendungsentwicklung zu erleichtern, stellt das Unternehmen eine eigene Website mit umfangreicher Dokumentation, Diskussionsforen und unterstützenden Werkzeugen zur Verfügung.[504] Die im Rahmen einer selbstständigen Wertschöpfung geöffnete I.-Ressource steht damit wesentlich mehr Ressourcenkombinationen zur Verfügung als in restriktiveren Arten der Offenheit.

Während Externe sich lediglich für oder gegen die Teilnahme entscheiden können, kann das sich öffnende Unternehmen Bedingungen für diese festlegen und dadurch eine geeignete Governance-Struktur schaffen. Die Legitimation hierfür erlangt das Unternehmen aus der *internen Kontrolle* (Feld 7), die es über die geöffnete I.-Ressource hält. Mit der Kontrolle kann das Unternehmen formale Bedingungen für den Zugriff auf die geöffnete I.-Ressource festlegen und bei Zuwiderhandlungen den Zugriff sperren. Diese Bedingungen können ein erhöhtes Maß an Vertrauen in dem entstehenden Wertschöpfungssystem sowohl für Erfinder als auch für Endnutzer schaffen. So müssen im Fall von Facebook externe Akteure zunächst dem „Developer Terms of Service" zustimmen, bevor sie auf die Schnittstelle des Informationssystems zugreifen können. Darin regelt Facebook z. B., dass extern entwickelte Dienste keine unerwünschte Werbung über die Kommunikationsdienste der Plattform verschicken dürfen, Anwendungsentwickler die Rechte der Nutzer zu wahren haben und korrekte Angaben über die Funktionalität geben müssen.[505] Aus der *internen Kontrolle* über die geöffnete I.-Ressource folgt darüber hinaus eine Anforderung, die das Unternehmen für eine erfolgreiche selbstständige Wertschöpfung auf Basis offener I.-Ressourcen erfüllen muss. Das Unternehmen benötigt eine herausragende Reputation,[506] damit externe Akteure darauf vertrauen können,[507] dass das Unternehmen seine geöffnete Ressource im allgemeinen Zugriff belässt.[508]

---

[503]   Vgl. Lerner (2008), S. 16.

[504]   Siehe Facebook (2009).

[505]   Vgl. Facebook (2008a).

[506]   Unter einer Reputation wird vorliegend die öffentliche affektive Bewertung des Unternehmensnamens hinsichtlich des sozialen Status dieses Unternehmens verstanden, vgl. Fombrun/Shanley (1990), S. 234.

[507]   Vertrauen bezeichnet vorliegend "the willingness of a party to be vulnerable to the actions of another party based on the expectation that the other will perform a particular action important to the trustor, irrespective of the ability to monitor or control that other party", siehe Mayer/Davis/Schoorman (1995), S. 712.

[508]   So konnte Facebook das oben aufgezeigte Wachstum an externen Anwendungen verzeichnen, ohne dass es die Offenheit seiner Information formell zugesichert hat. Bemerkenswert in diesem Zusammenhang ist auch der Versuch von Google, mit dem Credo „Don't be evil" ein Vertrauen auf seine guten Absichten bei Nutzern, Investoren und externen Entwicklern zu schaffen, vgl. Google (2008a).

Eine *kollektive Wertschöpfung auf Basis offener I.-Ressourcen* kann angeregt werden, indem eine I.-Ressource als ein *offenes gemeinschaftliches Gut* geöffnet wird. Diese Ressource legt die Grundlage für neue Inventionsprozesse und wird unter eine *gemeinsame Kontrolle* (Feld 8) der Teilnehmer gestellt. Mit ihrer Teilhabe an der Ressourcenkontrolle können die Teilnehmer auch ohne herausragende Reputation des sich öffnenden Unternehmens darauf vertrauen, dass die Ressource nicht von einem anderen Akteur einseitig privatisiert wird. Sie können damit einen freiwilligen Beitrag zum Inventionsprozess leisten, ohne sich gesondert vertraglich absichern zu müssen.[509] Indem sie die I.-Ressource nutzen, sie weiterentwickeln und diese Weiterentwicklung wieder öffnen, bilden unabhängige Akteure um die geöffnete I.-Ressource eine lose Wertschöpfungsgemeinschaft.

ALLEN charakterisiert derartige Inventionsprozesse als eine *Collective Invention* und beschreibt diese exemplarisch an der Eisenproduktion zwischen 1850 und 1875 im Cleveland District in England. In dieser Zeit gelang es den Eisenproduzenten, die Effizienz ihrer Brennöfen deutlich zu verbessern, indem sie schrittweise die Bauhöhe dieser Öfen von 15,2 m auf über 24,4 m und deren Temperatur von 316 °C auf 760 °C steigerten.[510] Diese schrittweise Invention hob sich dahingened von vorherrschenden Inventionsprozessen ab, dass sie nicht von einem Unternehmen sondern in einer informellen dezentralen Wertschöpfungsgemeinschaft entwickelt wurde: Die Produzenten stellten technische Details zu ihren Entwicklungen über bilaterale Treffen, Beiträge in Zeitschriften und Konferenzvorträge öffentlich zur Verfügung. Die Wettbewerber der Produzenten konnten diese Information ungehindert aufgreifen, weiterentwickeln und veröffentlichten wiederum ihre Weiterentwicklungen, sodass die Produzenten Effizienzgewinne gemeinsam und kollektiv erzielen konnten.[511] Einen ähnlich strukturierten Innovationsprozess hat NUVOLARI in der Weiterentwicklung von Dampfmaschinen im Rahmen des Bergbaus in Cornwall zu Beginn des 19. Jahrhunderts identifiziert. Minenbetreiber nutzten die Dampfmaschinen als Antrieb für Pumpen, mit denen sie das in Cornwall verbreitete Problem von Wassereinbrüchen in Minen bekämpften. Analog zum vorhergehenden Beispiel entwickelten die Minenbetreiber die Dampfmaschinen kollektiv schrittweise weiter, indem sie ihre Entwicklungen in einer 1811 eigens gegründeten Zeitschrift veröffentlichten. Dadurch konnten sie die Effizienz der Pumpen zwischen 1811 und 1844 verdreifachen.[512] Beiden Beispielen ist gemein, dass keine explizite Allokation der Ressourcen stattfand und dass Akteure einen freien Zugriff auf Information gewährten, die auch von nicht

---

[509] Vgl. Osterloh/Rota (2007), S. 166 f.

[510] Vgl. Allen (1983), S. 3.

[511] Vgl. Allen (1983), S. 7-11.

[512] Vgl. Nuvolari (2004), S. 354 f.

innovierenden Dritten genutzt werden konnte.[513] Die Freiheit der zugrundeliegenden I.-Ressourcen und die Dezentralität des Wertschöpfung charakterisieren
damit diese Form der Invention.

Ein Spezialfall der kollektiven Wertschöpfung, der in den letzten Jahren zunehmend häufig zu beobachten ist, ist die *Commons-Based Peer Production*. Auch
dieses Konzept beschreibt eine Handlung von Akteuren, die aus eigenem Antrieb,
unabhängig, dezentral und gemeinsam eine Wert schaffen.[514] Hierzu zerlegen sie
eine Inventionsaufgabe in kleine Teilaufgaben. Diese können unabhängig und
selbstständig bearbeitet werden, um Ergebnisse anschließend in eine gemeinsame
Lösung zusammenzuführen. Damit können auch komplexe Aufgaben, die ein
Akteur nicht allein schultern möchte oder kann, gemeinsam bearbeitet werden.

Ein Beispiel für die Commons-Based Peer Production ist die OSS-
Entwicklung.[515] Eine umfängliche Software wird in einzelne Module zerlegt, die
für sich genommen designed, entwickelt und getestet werden können, sodass verschiedene Entwickler gleichzeitig und unabhängig voneinander arbeiten können.[516]
Voraussetzung für diese dezentrale Form der Wertschöpfung, die auch kleine,
private Akteure einbinden kann, ist, dass der Quellcode offen und in Module ein-
geteilt ist, die einzeln bearbeitet und anschließend wieder in ein funktionierendes
Ganzes zusammengesetzt werden können.

Wie das Beispiel OSS-Entwicklung zeigt, kommt eine *Commons-Based Peer
Production* ohne schwergewichtige und kostenintensive Governance-Mechanismen
aus. Da die zugrundeliegende Information öffentlich ist und nicht einseitig
privatisiert werden kann (Feld 8), erfolgt der Wertschöpfungsprozess hochtrans-
parent. Alle beteiligten Akteure sind sich dessen bewusst, dass auch andere
Akteure von der Wertschöpfung lernen und die geschaffene I.-Ressource nutzen
können. Diese Transparenz beugt Misstrauen der einzelnen Partner vor. Um die
gemeinsame Kontrolle der genutzten I.-Ressourcen formal zu sichern, wird regelmäßig auf Standardlizenzen wie der General Public License[517] zurückgegriffen, die
zumeist vollständig übernommen oder lediglich leicht abgewandelt werden. Nicht
rechtlich durchsetzbare Governance-Mechanismen sind hingegen emergent und
entstehen insbesondere aus einem Gemenge von Motivationsfaktoren der teil-
nehmenden Akteure.[518] In einer kollektiven Wertschöpfung auf Basis offener

---

[513]   Vgl. Allen (1983), S. 2.

[514]   Vgl. Benkler (2006), S. 60-63.

[515]   Vgl. Raymond (1999a).

[516]   Vgl. AlMarzouq et al. (2005), S. 768, Bonaccorsi/Rossi (2003), S. 1247 f. und Ler-
ner/Tirole (2002), S. 220.

[517]   Vgl. Free Software Foundation (2007).

[518]   Vgl. Lattemann/Stieglitz (2006), S. 162.

Ressourcen ist damit nur ein verhältnismäßig geringer Aufwand für die Etablierung von Governance-Strukturen notwendig.

2.   Strategischer Nutzen

Das öffnende Unternehmen kann von in der Wertschöpfung auf Basis offener I.-Ressourcen geschaffenen Inventionen nicht direkt strategisch profitieren. Sind die entwickelten Inventionen *allgemein zugreifbar* (Felder 7-9), bergen sie kein Differenzierungspotenzial. Wettbewerber können die Inventionen ebenso nutzen wie das Unternehmen selbst. Auch aus dem Zuwachs an Know-how, der durch die Teilnahme des Unternehmens erzielt werden kann, entsteht in der Regel kein nachhaltiger Wettbewerbsvorteil.[519] Werden Inventionen in der selbstständigen Wertschöpfung im *exklusiven Eigentum Externer* (Feld 3) gehalten, tragen sie ebenfalls nicht direkt zum Wettbewerbsvorteil bei, denn das Unternehmen kann sie nicht in einen eigenen Wertschöpfungsprozess einbringen. Damit ist sowohl in der kollektiven als auch in der selbstständigen Wertschöpfung auf Basis offener Ressourcen eine direkte strategische Nutzung ausgeschlossen.

Wenn auch eine *direkte* strategische Nutzung ausscheidet, kann mit einer Öffnung dennoch das Wertschöpfungspotenzial externer Wissensressourcen genutzt werden. Hierfür werden im Folgenden zwei Wege aufgezeigt: (1) Mit einer Öffnung kann ein eigenes Ressourcendefizit ausgeglichen und dadurch ein Wettbewerbsvorteil Dritter nivelliert werden. (2) Mit einer Öffnung können extern öffentlich oder nicht-öffentlich geschaffene Inventionen den Wert eigener Ressourcen erhöhen und damit einen Wettbewerbsvorteil schaffen.

(1) Ein Unternehmen kann eine offene Wertschöpfung zum *Ausgleichen eines eigenen Ressourcendefizits* nutzen. Ein Ressourcendefizit besteht, wenn eine bestimmte I.-Ressource weniger effektiv oder effizient zur Befriedigung von Kundenbedürfnissen beiträgt als entsprechende I.-Ressourcen der Wettbewerber. Wie ausgeführt, kann dieser Wettbewerbsnachteil in der Regel nicht über einen herkömmlichen Ressourcenbezug ausgeglichen werden, da I.-Ressourcen durch Imitationsbarrieren geschützt sind. Auch ein Ausgleich durch exklusive Kooperation ist häufig nicht möglich, wenn das Unternehmen für potenzielle Partner nicht hinreichend attraktiv ist.[520]

Mit einer kollektiven Wertschöpfung auf Basis offener I.-Ressourcen können die Imitationsbarrieren „Massenbarriere" und „kausale Ambiguität" – wie sie der Ressourcenansatz beschreibt[521] – überwunden werden. Ein einzelnes Unternehmen kann an einer Imitation scheitern, wenn es nicht die notwendige „*Masse*" an

---

[519]   Vgl. Kap. C.IV.1.

[520]   Vgl. Ahuja (2000), S. 333 f.

[521]   Vgl. Dierickx/Cool (1989), S. 1507-1509.

Ressourcen besitzt. In einer kollektiven Wertschöpfung kann dagegen eine Vielzahl von Akteuren zusammenkommen, damit die Akteure ihre Ressourcen effizient[522] bündeln und damit die notwendige „Masse" erreichen. So ist die Entwicklung eines Betriebssystems ein langwieriges Vorhaben, das eine hohe Kapazität an spezialisierten Softwarearchitekten und Programmierern voraussetzt. Bei der Entwicklung von Linux gelang es z. B., diese Kapazität in einer kollektiven Wertschöpfung aufzubauen, um innerhalb kurzer Zeit einen signifikanten Marktanteil zu erlangen.[523] Die Bandbreite unterschiedlicher Akteure kann zudem dazu beitragen, eine *kausale Ambiguität* bezüglich eines Innovationserfolgs zu überwinden. So kann ein unklarer Zusammenhang zwischen den Eigenschaften eines Produkts und seinem Markterfolg eine Imitation verhindern.[524] Gelingt es, Nutzer und ihr Wissen in einen kollektiven Wertschöpfungsprozess einzubinden, können kundenbezogene Erfolgsfaktoren erarbeitet und insoweit eine kausale Ambiguität überwunden werden.[525] In beiden Fällen werden benötigten I.-Ressourcen öffentlich imitiert, das bestehende Ressourcendefizit ausgeglichen und damit der Fortbestand des im Wettbewerb unterlegenen Unternehmens gesichert.[526]

Das Potenzial, das eine Öffnung für den Ausgleich eines Ressourcendefizits besitzt, verdeutlicht das Beispiel Apple Computer Inc.[527] In den 90er Jahren besaß das Unternehmen ein wettbewerbsfähiges Betriebssystem mit einer herausragenden grafischen Benutzeroberfläche. Mit Windows 95 und Windows NT brachte Microsoft jedoch Mitte der 90er Jahre zwei Betriebssysteme auf den Markt, die eine ebenbürtige Benutzeroberfläche besaßen, in ihrem technischen Kern dem Betriebssystem von Apple jedoch überlegen waren. Apples Wettbewerbssituation verschlechterte sich. Versuche von Apple, die für ein gleichwertiges System notwendigen Ressourcen intern zu entwickeln oder extern zu beziehen, schlugen fehl. Aus diesem Grund entschloss sich das Unternehmen im Jahr 1999, den Quellcode

---

[522]   So argumentiert Benkler, dass die der kollektiven Wertschöpfung eigenen dezentrale Koordination anderen Wertschöpfungsformen bezüglich der Ressourcenallokationen überlegen ist, vgl. Benkler (2006), S. 111.

[523]   So avancierte das freie Betriebssystem Linux, dessen Kernelentwicklung 1991 begann, innerhalb weniger Jahre zu einem Wettbewerber für etablierte Betriebssystemanbieter. Bereits im Dezember 1998 wurde bereits auf ca. 17 % aller Server Linux eingesetzt und verzeichnete Linux einen Wachstum von 212 %, vgl. Shankland (1998).

[524]   Vgl. von Hippel (2001), S. 247.

[525]   Dabei kann Nutzerwissen Bestandteil verschiedener Erfolgsfaktoren sein. So beziehen sich von den 15 von Cooper identifizierten Erfolgsfaktoren der Produktinnovation sieben direkt auf Wissen über Nutzer bzw. Kunden, vgl. Cooper (1979), S. 134 f.

[526]   Die Argumentaion, dass eine öffentliche Ressource den Fortbestand eines Unternehmens sichern kann, wird von Barney unterstützt. Er stellt fest, dass eine öffentlich zugängliche wertvolle Ressource eine Ebenbürtigkeit im Markt bezüglich dieser Ressource herstellt, vgl. Barney (1991), S. 106 f.

[527]   Analyse in Anlehnung an West (2003), S. 1270-1272.

der grundlegenden Komponenten seines Betriebssystems Darwin zu veröffentlichen, während es komplementäre Komponenten – darunter den Quellcode seiner
Benutzerschnittstelle – im *exklusiven Unternehmenseigentum* (Feld 1) hielt. Dritte
entwickelten die veröffentlichten Komponenten weiter und schufen damit die Basis
für ein neues Betriebssystem. Somit konnte Apple den öffentlich geschaffenen Be-
triebssystemkern mit seiner herausragenden Benutzerschnittstelle kombinieren und
schuf damit eine dem Betriebssystem und dem Nutzerinterface von Microsoft
ebenbürtige Software.

(2) Durch externe Wertschöpfung kann *der strategische Wert eigener
Ressourcen erhöht* werden (Aufwertung), mit der Folge, dass ein eigener Wettbewerbsvorteil geschaffen oder ausgebaut wird. Das gilt erstens, wenn ein Unternehmen über exklusive I.-Ressourcen verfügt, die zu den unter einer *gemeinsamen
Kontrolle* (Feld 8) geschaffenen Ressourcen komplementär sind. Da die offen geschaffenen I.-Ressourcen keiner *externen Kontrolle* unterworfen sind, können
eigene Ressourcen gefahrlos auf diese spezialisiert und zusammen mit diesen in
ein Produkt überführt werden. Ein Beispiel hierfür liefert das Unternehmen IBM.
Es unterstützte die Entwicklung des Webservers Apache, der als Open Source verfügbar ist, um ihn in die eigene Websphere-Produktfamilie einzubinden.[528]
Zweitens kann es sinnvoll sein, die öffentliche Entwicklung von Substitutions-
produkten zu unterstützen. Das gilt zum einen dann, wenn Netzeffekte zwischen
den Produkten bestehen und ein Unternehmen nicht selbst eine kritische Masse an
Nutzern bedienen kann.[529] Auch jenseits von Netzeffekten können Substitutions-
produkte den Wert eigener Ressourcen erhöhen. Kunden können nämlich davor
zurückschrecken, sich an ein Monopolprodukt eines Unternehmens zu binden.[530] In
den dargestellten Fällen steigt der (von potenziellen Kunden wahrgenommene)
Wert eines Unternehmensproduktes durch die externe Wertschöpfung.

Diese Betrachtung weist einen engen Bezug zu der Arbeit von JACOBIDES &
WINTER auf. Sie argumentieren, dass Unternehmen nicht nur durch effektivere und
effizientere Wertschöpfungsprozesse profitieren können. Eigene Ressourcen
können auch durch externe Effekte aufgewertet werden und damit zu einem Vorteil
führen.[531] JACOBIDES, KNUDSEN & AUGIER erweitern diese Betrachtung um die
Substitution von Unternehmensprodukten. Sie legen dar, dass Substitution-
sprodukte unternehmenseigene komplementäre Ressourcen aufwerten können.[532]

---

[528]   Vgl. McKay (1998), S. 2.

[529]   Vgl. Church/Gandal (1992), Farrell/Saloner (1985), Katz/Shapiro (1985), Katz/Shapiro
        (1992) und Katz/Shapiro (1994).

[530]   Vgl. Farrell/Gallini (1988) und Shepard (1987).

[531]   Die Autoren sprechen hier von „asset appreciation", vgl. Jacobides/Winter (2007),
        S. 1219 f.

[532]   Vgl. Jacobides/Knudsen/Augier (2006), S. 1212.

Im vorliegenden Bezugsrahmen wird die Aufwertung durch eine Komplementarität von Ressourcen erfasst. Der Begriff der Komplementarität drückt – in einer gemeinsamen Produktion oder Verwertung – das gemeinsame Wertschöpfungspotenzial zweier Ressourcen aus. Er beschreibt dadurch den Wert, den diese Ressourcen im Zusammenspiel für ein Unternehmen haben.[533] Der Wert, den das Unternehmen einer der beiden Ressourcen beimisst, steigt, wenn das Unternehmen beide Ressourcen nutzen kann. Des Weiteren steigt der Wert der unternehmenseigenen Ressource, wenn die komplementäre Ressource an Wert gewinnt. Das kann anhand von IBM illustriert werden: Das Unternehmen nutzt für seine Websphere-Produktfamilie den öffentlichen Webserver Apache. Die Funktionalität der Produkte von IBM – und damit der Wert der ihnen zugrundeliegenden Ressourcen – ist größer, wenn diese zusammen mit Apache genutzt werden. Gleichzeitig erhöht sich die Funktionalität der IBM-Produkte – und damit der Wert der ihnen zugrundeliegenden Ressourcen – wenn Funktionalität und Wert des Webservers Apache steigen.

Ein Unternehmen kann aus der Aufwertung der unternehmenseigenen Ressource einen Wettbewerbsvorteil erzielen, wenn diese Aufwertung bei ihm effektiver ist als bei seinen Wettbewerbern. Ob dies gelingt, hängt von der unternehmenseigenen Ressource ab. Hat diese Ressource für sich genommen einen höheren Wert als das Pendant des Wettbewerbers, wird sie c. p. stärker mit der Wertsteigerung der komplementären Ressource an Wert gewinnen als das Pendant des Wettbewerbers. So kann z. B. angenommen werden, dass IBM von der Weiterentwicklung von Apache stärker profitiert als ein wesentlich kleinerer Wettbewerber. Des Weiteren kann ein Unternehmen c. p. dann stärker von der Wertsteigerung der komplementären Ressource profitieren, wenn es seine eigene Ressource besser auf die komplementäre Ressource spezialisiert als seine Wettbewerber. Hat IBM seine Produkte stärker in den Webserver Apache integriert als seine Wettbewerber, kann es den steigenden Funktionsumfang des Webservers besser nutzen als seine Wettbewerber mit weniger stark integrierten Produkten.

Die Literatur zu unternehmerischen Investitionen in OSS-Projekte weist für die Wertsteigerung durch Komplementarität diverse Beispiele auf. Viele Unternehmen nutzen offene Software wie MySQL, Linux oder Apache und bieten im Verbund mit ihren eigenen komplementären Ressourcen Produkte und Dienstleistungen an.[534] So vertreibt das Unternehmen Red Hat Inc. das Betriebssystem Linux in eigener Zusammenstellung mit weiteren Werkzeugen und Anwendungssoftware

---

[533] An dieser Stelle sei daran erinnert, dass der Wert, den eine Ressource für ein Unternehmen besitzt, von dem Wertschöpfungspotenzial abhängt, das diese Ressource für das Unternehmen besitzt, vgl. Kap. C.III.3.

[534] Vgl. Brügge et al. (2004), S. 107, Dahlander/Magnusson (2005) und West/Gallagher (2006a).

als „Red Hat Enterprise Linux". Im Jahr 2006 besaß es einen Marktanteil von ca. 60 %.[535] Diese Zusammenstellung wird unter Mitwirkung von Red Hat unter einer Open Source-Lizenz entwickelt.[536] Obwohl sowohl Linux als auch die Zusammenstellung Fedora öffentlich zugreifbar sind, erzielt Red Hat Erlöse über den Verkauf der Distribution sowie zusätzlicher Dienstleistungen an Unternehmenskunden. Zu diesen Dienstleistungen gehören z. B. Installation, Wartung, Beratung und Schulung. Dabei kann angenommen werden, dass Red Hat von dem Wertezuwachs der öffentlich geschaffenen Software stärker profitieren kann als kleinere Unternehmen. Das umfangreiche Wissen, das Red Hat im Kontext linuxspezifischer Dienstleistungen besitzt, und das umfassende Dienstleistungsportfolio führt dazu, dass Red Hat bei Unternehmenskunden einen Vorteil gegenüber kleineren Unternehmen besitzt und damit stärker von der Weiterentwicklung von Linux profitiert. Der Wertezuwachs mit der Entwicklung von Linux kommt damit zwar der Allgemeinheit zugute, stärkt jedoch den von Kunden wahrgenommenen Wert der Produkte von Red Hat stärker als den Wert der Produkte seiner Wettbewerber.

Einen größeren Vorteil können Unternehmen erzielen, wenn es ihnen gelingt, Wettbewerber von der Wertsteigerung auszuschließen, die aus der externen Wertschöpfung resultiert. Wie dies gelingen kann, zeigen Google und Facebook. Beide Unternehmen öffnen eigene Information – Nutzerinformation resp. Kartenmaterial –, ohne die Kontrolle über sie aufzugeben (Abbildung 12, Feld 7). Sie induzieren damit eine spezialisierte Invention Dritter. Die Spezialisierung hat zur Folge, dass Wettbewerber nicht oder zumindest nicht im gleichen Umfang von den extern geschaffenen Werten profitieren können. So sind Mashups für Google Maps ebenso an das Kartenmaterial von Google gebunden, wie die in Facebook eingebrachten Dienste auf die von Facebook geöffneten Nutzerdaten angewiesen sind. Sollten die Mashups resp. Dienste mit den Informationen von Wettbewerbern zusammenwirken, müssten diese neu programmiert und an die Protokolle der Wettbewerber – z. B. Microsoft – angepasst werden. Die Spezialisierung bedeutet somit eine fehlende oder zumindest mangelnde Komplementarität zu den Ressourcenbasen der Wettbewerber. Da Komplementarität aber die Voraussetzung für eine Werterhöhung von Ressourcen ist, ist eine Werterhöhung der Wettbewerber ausgeschlossen oder zumindest stark gemindert. Obwohl die geöffnete Information für die Allgemeinheit – und damit auch für Wettbewerber – zugänglich ist und Dritte über die von ihnen geschaffenen Werte frei verfügen können, ist die Komplementarität zu den Ressourcensystemen Dritter ausgeschlossen.

---

[535]   Vgl. Hohensee (2006), S. 18.
[536]   Vgl. Callaway (2009).

3.   Aneignung

Die Aneignung von Rente aus einer externen Invention wird durch Dritte gefährdet, die ebenfalls am Wertschöpfungsprozess beteiligt waren. Das Unternehmen muss die Verteilung der Rente mit den Dritten aushandeln. In der Verhandlung hängt die Position eines Unternehmens insbesondere davon ab, inwieweit es die externe Invention *kontrolliert* und ob die unternehmenseigene Ressource auf die externe Invention spezialisiert ist.

Liegt die externe Invention unter der Kontrolle des externen Erfinders (Feld 9) und ist die Unternehmensressource (Feld 1, 3, 5) zu dieser Invention einseitig spezialisiert, stärkt dies die Position des Erfinders. Er kann dem Unternehmen mit dem Entzug der Invention drohen, für den Fall, dass das Unternehmen dem Erfinder keine Zahlungen leistet.

Ist die externe Invention des Erfinders (Feld 9) einseitig auf eine geöffnete I.-Ressource des Unternehmens (Feld 7) spezialisiert, ergibt sich eine spiegelbildliche Situation. Das Unternehmen kann nachträglich Zahlungen für die Nutzung der geöffneten I.-Ressource verlangen. Es kann damit drohen, den Zugriff auf die I.-Ressource zu verwehren. Facebook hält sich z. B. explizit vor, von externen Diensteanbietern nachträglich Gebühren für den Zugriff auf seine Plattform zu erheben.[537] Insoweit ist zu berücksichtigen, dass ein Unternehmen durch ein derart offensives Aneignungsstreben an Reputation und damit Kunden verlieren kann.[538]

Abschließend bleibt festzuhalten, dass die Öffnung von I.-Ressourcen in den allgemeinen Zugriff als ein Instrument des strategischen Managements genutzt werden kann. Obwohl eine extern geschaffene Invention nicht direkt zu einem Wettbewerbsvorteil beitragen kann, kann ein Unternehmen sie strategisch nutzen. Erstens können eigene Ressourcendefizite ausgeglichen werden, indem defizitäre Ressourcen in einer kollektiven Wertschöpfung erstellt werden. In diesem Fall kann eine Öffnung zur Nivellierung eines Wettbewerbsvorteils Dritter führen und damit das Überleben des Unternehmens sicherstellen. Zweitens können Unternehmen durch die Öffnung von I.-Ressourcen eine externe Invention induzieren und durch ihre Wertsteigerung indirekt einen Wettbewerbsvorteil erlangen. Hierzu gibt es drei Möglichkeiten: (1) Die eigene I.-Ressource ist wertvoller als die entsprechenden Ressourcen der Wettbewerber. (2) Die eigene I.-Ressource weist zu

---

[537]   So heißt es in den Developer Terms of Service: „We reserve the right to charge a fee for using Facebook Platform and/or any individual features thereof at any time in our sole discretion. If we do charge a fee for using Facebook Platform or any feature thereof you do not have any obligation to continue to use Facebook Platform or the applicable feature." Siehe Facebook (2008a).

[538]   Das könnte ein Grund dafür sein, warum Facebook trotz seiner offensichtlichen Finanzierungsprobleme Ende März 2009 (vgl. Ante (2009)) darauf verzichtet hat, nachträglich Gebühren von externen Diensteanbietern zu erheben.

der komplementären Invention stärkere Synergien auf als die der Wettbewerber. (3) Ist die extern erstellte Invention darüber hinaus auf die eigene exklusive Ressource spezialisiert, steht ihr Wert Wettbewerbern nicht zur Verfügung. Ein Unternehmen kann somit nicht nur von dem Schutz der Invention, sondern auch von ihrer Veröffentlichung profitieren, wenn es komplementäre Ressourcen besitzt.[539] Damit ist ein Management der Beziehungen zu externen Ressourcen notwendig, damit ein strategischer Nutzen aus der externen Wertschöpfung auf Basis offener Ressourcen erzielt werden kann.

IV. Ergebnis der Analyse

In der Analyse wurden aktuelle Öffnungsphänomene anhand des Bezugsrahmens beschrieben und bestehende Erklärungen für die Öffnung von I.-Ressourcen in das Konstrukt des Ressourcenansatzes eingebettet. Dabei hebt die Analyse hervor, dass der herkömmliche Ressourcenansatz, der auf geschlossene Ressourcen fokussiert, zu kurz greift. Vielmehr können Unternehmen alle die durch die Matrix dargestellten Arten der Offenheit nutzen, um einen Wettbewerbsvorteil zu erzielen.

Im Zentrum des Managements von I.-Ressourcen stehen *exklusive Ressourcen* eines Unternehmens. Sie sind Voraussetzung dafür, dass ein Unternehmen einen Wertschöpfungsvorsprung und einen Wettbewerbsvorteil erzielen kann. Wertschöpfungsprozesse auf Basis dieser Ressourcen sind im Allgemeinen sehr effizient und können von der Unternehmensführung auf das strategische Zielsystem des Unternehmens ausgerichtet werden. Allerdings ist ihr Wertschöpfungspotenzial begrenzt. Insbesondere bei technologischen Diskontinuitäten steht dies einer notwendigen Unternehmensentwicklung im Wege. In diesem Fall ist oftmals auch der Erwerb externer Wissensressourcen aus dem exklusiven Eigentum Dritter kein Ausweg.

Wird eine I.-Ressource für einen *exklusiven Gruppenzugriff* geöffnet, kann diese Gruppe einen gemeinsamen Ressourcenpool aufbauen, in dem Informationen und Know-how mehrerer Akteure gebündelt werden. Die Akteure können damit gemeinsam Wertschöpfung betreiben, die den strategischen Zielsystemen der einzelnen Akteure entspricht. In ihrer Exklusivität schafft die Gruppe einen Wert, den die Akteure einzeln nicht erreichen können und der ausschließlich den Mitgliedern der Gruppe zur Verfügung steht. Dabei können Unternehmen neben herkömmlichen engen Kooperationen auch solche kurzfristiger Natur eingehen. In diesem Fall garantiert die Kontrolle über die geöffnete I.-Ressource sowie die Spezifität der auf dieser aufbauenden externen Invention, dass das Unternehmen von der Kooperation profitieren kann. Die Kooperationspartner können damit

---

[539]   Vgl. Jacobides/Knudsen/Augier (2006), S. 1212.

einen Wertschöpfungsvorsprung gegenüber Wettbewerbern außerhalb der Gruppe schaffen. Sie erzielen relationale Renten, die direkt angeeignet werden können.

Wird eine I.-Ressource für einen *allgemeinen Zugriff* geöffnet, stehen ihr potenziell die meisten Kombinationen mit externen Ressourcen offen. Das Unternehmen kann die hieraus resultierende Wertschöpfung nutzen, um ein Ressourcendefizit auszugleichen oder um sich durch die Aufwertung eigener Ressourcen einen Vorteil zu schaffen. Dieser Vorteil ist umso größer, je besser das eigene Unternehmen die extern geschaffene Invention im Vergleich zu Wettbewerbern nutzen und je stärker es Wettbewerber von ihrer Nutzung ausschließen kann. Die Öffnung von I.-Ressourcen ist damit ein Weg, das Wertschöpfungspotenzial externer Ressourcen zu nutzen und von ihnen zu profitieren.

Für das strategische Management von I.-Ressourcen folgt, dass die exklusive Wertschöpfung und Aneignung, die aus dem Aufbau, dem Schutz und der Verwertung eigener I.-Ressourcen resultiert, nicht länger als ausschließliches Ziel begriffen werden sollte. Vielmehr sollte berücksichtigt werden, dass durch die Öffnung von I.-Ressourcen das Wertschöpfungspotenzial externer Ressourcen genutzt und dadurch der Wert eigener Ressourcen erhöht werden kann. Die Analyse verdeutlicht somit, dass eine erweiterte Sicht des strategischen Managements von I.-Ressourcen erforderlich ist. In dieser erweiterten Sicht ist die Öffnung als *differenzierte Öffnung* zu verstehen, die mithin über die Betrachtung von „offen" und „geschlossen" als einzige Alternativen hinausgeht. Sie berücksichtigt, dass ausgesuchte I.-Ressourcen in bestimmte Arten der Offenheit übertragen werden sollten, um den Erfolg des Unternehmens zu maximieren.

F. Management überbetrieblicher Informationssphären

Das vorliegende Kapitel greift den zuvor identifizierten Bedarf für eine erweiterte Sicht des strategischen Managements von I.-Ressourcen auf. Es wird eine entsprechende Sicht erarbeitet und als ein *Management überbetrieblicher Informationssphären* konzeptualisiert. Diese erweiterte Sicht bezieht in die bestehende Sicht des strategischen Managements von I.-Ressourcen alle durch den Bezugsrahmen erarbeiteten Arten der Offenheit ein.

Im Folgenden werden zunächst mit Apple iPhone und Google Android zwei Beispiele vorgestellt, die als Referenzen für die phänomengeleitete Entwicklung des *Managements überbetrieblicher Informationssphären* dienen (I). Darauf folgt die konkrete Entwicklung des Konzepts der *überbetrieblichen Informationssphäre,* das sich aus den Ergebnissen des Kapitels E ableitet (II). Hierauf aufbauend werden die Ziele dieser erweiterten Managementsicht (III) sowie die Handlungsfelder erarbeitet, die zur Erfüllung dieser Ziele zu adressieren sind (IV).

I. Apple iPhone und Google Android als einführende Beispiele

Die Unternehmen Apple Computer Inc. (im Folgenden Apple) und Google Inc. (im Folgenden Google) traten im Jahr 2007 mit dem Ziel in den Mobilfunkmarkt ein, ein zu ihren bisherigen Aktivitäten komplementäres Geschäftsfeld aufzubauen. Apple ging diesen Schritt mit seinem Mobilfunktelefon iPhone, während Google hierzu auf Android, ein Betriebssystem für Mobilfunktelefone, zurückgriff. Beide Unternehmen versuchten und versuchen noch immer, durch die Öffnung von I.-Ressourcen eine überbetriebliche Informationssphäre aufzubauen und damit das Wertschöpfungspotenzial externer Ressourcen zu nutzen.

Die Ausgangssituation stellte sich für die Unternehmen wie folgt dar: Etablierte Hersteller von Betriebssystemen – Microsoft, Symbian bzw. Nokia und Research in Motion – hatten bereits Schlüsselpositionen innerhalb der Branche inne. Diese Schlüsselpositionen resultieren ganz allgemein daraus, dass Betriebssysteme[540] als Vermittler zwischen der Hardware einerseits und Software sowie Diensten andererseits fungieren. Die Gestaltung eines Betriebssystems – genauer, dessen Schnittstellen – grenzt den unterstützten Funktionsumfang der Hardware

---

[540] Dabei wird der Begriff des Betriebssystems weit verstanden. Zu diesem werden vorliegend auch die typischen Basisfunktionen eines Mobiltelefons, wie z. B. die Telefonier-, Telefonbuch- und Kalenderfunktion hinzugerechnet.

© Springer Fachmedien Wiesbaden GmbH, ein Teil von Springer Nature 2010
S. Muhle, *Strategisches Innovationsmanagement in überbetrieblichen Informationssphären*, Edition KWV, https://doi.org/10.1007/978-3-658-24248-0_6

ebenso ein, wie sie den Zugriff von Anwendungen und Diensten auf diese Funktionen des Mobiltelefons beschränkt. Der Handlungsspielraum von Apple und Google war damit stark eingeschränkt.

Um trotz des eingeschränkten Handlungsspielraums erfolgreich in den Mobilfunkmarkt einzutreten, wählten Apple und Google unterschiedliche Öffnungsstrategien und schufen damit zwei verschiedene überbetriebliche Informationssphären. Der Hintergrund der Unternehmen sowie deren Öffnungsstrategien werden im Folgenden detailliert betrachtet.

Apple iPhone

Das Unternehmen *Apple* wurde im Jahr 1977 gegründet und konzentriert seine Wertschöpfung auf das Design, die Produktion und die Vermarktung von PCs, tragbaren Endgeräten sowie entsprechender Software, Dienstleistungen und Medien.[541] Dem Unternehmen gelingt es, mit benutzerfreundlichen Endgeräten und Diensten sowie deren nahtlose Integration in ein Produktsystem auf verschiedenen Märkten – insbesondere für mobile MP3-Spieler und PCs – Wettbewerbsvorteile zu erzielen.[542] Mit der Veröffentlichung des iPhone am 29. Juni 2007 in den USA weitete Apple sein Produktsystem auf den Mobilfunkmarkt aus.[543] Das Unternehmen schuf hierzu das iPhone, dessen herausragende Merkmale (1) das Aussehen, (2) seine auf der Multitouch-Technik basierende einfache Bedienbarkeit sowie (3) seine nahtlose Integration in das Produktsystem von Apple sind. Insbesondere diese drei Merkmale des iPhone verschafften Apple einen Innovationsvorsprung gegenüber Wettbewerbern.[544] Um das iPhone zum Erfolg zu führen, ist Apple jedoch auf dritte Anwendungsentwickler und Diensteanbieter angewiesen.

Apple wählte eine zurückhaltende Öffnungsstrategie, mit der es sich starken Einfluss auf die entstehende überbetriebliche Informationssphäre bewahrte und noch immer bewahrt. Um einen Vorsprung auf dem Mobilfunkmarkt zu erlangen und zu verteidigen, schützt das Unternehmen seine Hardware – insbesondere die Multitouch-Technik – mittels Patenten, hält den Quellcode seines Betriebssystems *iPhone OS* geschlossen und öffnete zunächst keine Schnittstellen für Dritte. Die Hardware, das Betriebssystem sowie Anwendungen bildeten ein nach außen hin gekapseltes Produkt, für das Dritte ausschließlich Dienste über den mitgelieferten Webbrowser anbieten konnten. Gleichzeitig war und ist das iPhone in Apples

---

[541]   Vgl. Apple (2009a).

[542]   Vgl. Apple (2008), S. 1

[543]   Vgl. Postinett (2007), S. 12.

[544]   Das Time Magazine kürte das iPhone insbesondere wegen dieser drei Merkmale zur Innovation des Jahres 2007, vgl. Grossman (2007), S. 60-62.

Produktsystem eingebunden, sodass Anwender über das iPhone auf Apples Dienste zugreifen können, um z. B. Musik über den iTunes-Store zu kaufen oder Daten über den Dienst *MobileMe* zu synchronisieren.

Die Kapselung des Produkts öffnete Apple erst nach starkem Druck seitens der Kunden. Im Juli 2008 stellte das Unternehmen eine Programmierschnittstelle (Application Programming Interface, API) namens *Cocoa touch* zur Verfügung, mit dem Anwendungen Dritter auf dem iPhone lauffähig sind.[545] Zeitgleich veröffentlichte das Unternehmen ein Software Development Kit (SDK), das *iPhone SDK*, das die Anwendungsentwicklung unterstützt.[546] Der Vertrieb von Anwendungen ist dabei nur über den von Apple betriebenen *App Store* möglich. Neun Monate nach dieser Öffnung wurden bereits 35.000 Anwendungen im App Store angeboten. Eine Milliarde Programme sind in diesem Zeitraum von Nutzern des iPhones bezogen worden.[547] Apple schuf damit auf der Anwendungsseite eine ausgeprägte überbetriebliche Informationssphäre, während hardwareseitig die Teilnahme Dritter ausgeschlossen ist.

Google Android

Das Unternehmen *Google* wurde im Jahr 1998 gegründet und hat sein Kerngeschäft in der Bereitstellung von Anwendungen und Diensten, mit denen Inhalte im Internet oder in Intranets gesucht werden können, sowie im Verkauf von kontextspezifischer Werbung, die mit diesen Diensten präsentiert wird.[548] Die Stärken des Unternehmens liegen insbesondere (1) in der Entwicklung innovativer und verwendergerechter Dienste, welche die Informationsarbeit unterstützen, (2) in der Integration dieser Dienste in ein umfängliches Produktsystem, (3) im Aufbau umfangreicher Datenbestände und (4) in der Entwicklung und dem Vertrieb nutzer- und kontextspezifischer Werbung.[549]

Google sieht sein Geschäftsfeld jedoch dadurch gefährdet, dass sich Informationsarbeit zunehmend von stationären PCs auf hochmobile Endgeräte – insbesondere Mobiltelefone – verlagert.[550] Um seine Reichweite aufrecht zu erhalten, muss das Unternehmen daher in den Mobilfunkmarkt eintreten. Das hat für Google zwei Konsequenzen: Erstens muss Google seine Anwendungen für eine Vielzahl unterschiedlicher Betriebssysteme entwickeln, da sich im Mobilfunkmarkt

---

[545]   Vgl. Cusumano (2008), S. 22 f. und Postinett (2008a), S. 19.

[546]   Vgl. Stäuble (2008), S. 131 f.

[547]   Vgl. Apple (2009b).

[548]   Vgl. Google (2009b), S. 6.

[549]   Dies spiegelt der Jahresbericht an die Securities and Exchange Commission wieder, in dem Google sein Geschäftsfeld beschreibt, vgl. Google (2008b), S. 1 f.

[550]   Vgl. Page/Brin (2008).

bis jetzt kein dominantes Betriebssystem herausgebildet hat.[551] Dies ist jedoch mit hohen Kosten und einer langwierigen Produktentwicklung verbunden. Zweitens beinhalten die bestehenden Betriebssysteme Restriktionen, inwieweit Anwendungsprogramme auf die Funktionalität eines Telefons zugreifen können. Google ist damit davon abhängig, dass die verschiedenen Betriebssystemhersteller benötigte Schnittstellen zur Verfügung stellen. Das Unternehmen läuft damit Gefahr, die Reichweite für kontextspezifische Werbung – die primäre Erlösquelle von Google – zu verlieren.[552] Die zunehmende Verlagerung der Informationsarbeit auf mobile Endgeräte und die fragmentierte Branche gefährdet Googles Erfolg.

Im Vergleich zu Apple öffnete Google seine I.-Ressourcen wesentlich weitergehend und schuf damit eine in Teilen offenere überbetriebliche Informationssphäre. Um der Gefahr zu begegnen, die mit der zunehmenden Verlagerung von Informationsarbeit auf mobile Endgeräte einhergeht, kaufte Google im August 2005 das junge Unternehmen Android, das auf die Entwicklung von Software für Mobiltelefone spezialisiert war.[553] Auf Grundlage des mit der Unternehmensübernahme erworbenen Wissens entwickelte Google ein auf Linux basierendes Betriebssystem für Mobiltelefone namens *Android*. Im November 2007 kündigte Google das Erscheinen dieses Betriebssystems an und gründete zeitgleich mit 33 anderen Unternehmen die *Open Handset Alliance*, welche die Akzeptanz von Android bei Telefonherstellern wie Softwareentwicklern fördern soll.[554] Im Gegensatz zu Apple veröffentlichte Google das Betriebssystem als Open Source unter der Lizenz Apache 2.0.[555] Damit konnten und können Dritte, das Betriebssystem verwenden und weiterentwickeln. Zudem knüpft Google keine Bedingungen an die

---

[551] Für dieses Problem bietet auch die betriebssystemunabhängige Anwendungsplattform Java ME keine vollwertige Lösung. Die Plattform ermöglicht zwar eine von Betriebssystemspezifika weitgehend unabhängige Softwareentwicklung. Jedoch besitzt diese Plattform einen geringeren Funktionsumfang als das Betriebssystem. Darüber hinaus zeichnen sich für Java geschriebene Programme durch eine geringere Ausführungsgeschwindigkeit aus. Für eine diesbezügliche Gegenüberstellung von Java ME und Symbian vgl. Mason/Korolev (2008), S. 3.

[552] Vgl. Google (2009b), S. 47.

[553] Vgl. Elgin (2005).

[554] Gründungsmitglieder waren neben Google die Unternehmen Aplix, Ascender Corp., Audience, Broadcom, China Mobile, eBay, Esmertec, HTC, Intel, KDDI, LivingImage, LG, Marvell, Motorola, NMS Communications, Noser, NTT DoCoMo, Nuance, Nvidia, PacketVideo, Qualcomm, Samsung, SiRF, SkyPop, SONiVOX, Sprint Nextel, Synaptics, The Astonishing Tribe, Telecom Italia, Telefónica, Texas Instruments, T-Mobile und Wind River, vgl. Mutschler (2007).

[555] Das Betriebssystem steht zumindest überwiegend unter der Lizenz Apache 2.0. Ausgenommen sind lediglich einzelne Elemente, die von anderen Open Source Projekten übernommen wurden und daher unter der entsprechenden Lizenz stehen. So unterstehen z. B. die Linux Kernelpatches der GNU Public License 2.0m vgl. Android (2009). Zur Lizenz Apache 2.0 vgl. Apache (2004).

Verwendung des Betriebssystems. Insbesondere sind Telefonhersteller nicht dazu verpflichtet, Dienste von Google in ihre Produkte einzubinden.[556] Ebenso sind Dritte nicht verpflichtet, den von Google angebotenen Online-Handel für Software *Android Market* zu nutzen.[557]

Im Gegensatz zum Betriebssystem selbst übt Google jedoch Kontrolle über das Android SDK aus. Dieses stellt Google zwar kostenlos für die Allgemeinheit zur Verfügung. Google behält sich jedoch explizit vor, Dritten die Nutzung des SDK jederzeit zu untersagen. Darüber hinaus sind Dritte dazu verpflichtet, mit dem SDK ausschließlich Software für Android zu entwickeln, es ausschließlich auf PCs zu verwenden und es nicht zu verändern oder an Dritte weiterzugeben.[558] Auch kontrolliert Google weiterhin den Markennamen Android sowie die entsprechenden Wortbildmarken und erlaubt deren Nutzung nur unter Auflagen.[559]

Damit schafft Google eine hardware- sowie softwareseitig offene überbetriebliche Informationssphäre, kontrolliert jedoch die Nutzungsbedingungen des SDK. Die prominente Zusammensetzung der Open Handset Alliance lässt vermuten, dass die überbetriebliche Informationssphäre stark wachsen wird. Das erste, auf Android basierende Mobiltelefon namens G1 wurde im Oktober 2008 von T-Mobile veröffentlicht. Weitere Telefone sind angekündigt.[560]

Beide Unternehmen, Apple und Google, schaffen mit ihrem Öffnungsverhalten jeweils eine überbetriebliche Informationssphäre. Dabei öffnen die Unternehmen unterschiedliche Ressourcen und nutzen verschiedene Arten der Offenheit. Apple behält die Technologien des iPhone sowie das Betriebssystem im exklusiven Unternehmensbesitz, öffnet jedoch die Programmierschnittstelle Cocoa im Zuge eines internen kontrollierten Zugriffs für die Allgemeinheit. Google hingegen öffnet das Betriebssystem Android als ein *offenes gemeinschaftliches Gut*, hält jedoch weiterhin die Kontrolle über das SDK und die Informationsbasen seines Werbegeschäfts geschlossen. In beiden Fällen entstehen überbetriebliche Informationssphären mit Ressourcen von einer Vielzahl von Akteuren, die einen Beitrag zu einer gemeinsamen Wertschöpfung leisten.

---

[556] Vgl. Postinett (2008b), S. 12.

[557] Siehe http://www.android.com/market/.

[558] Diese restriktiven Bedingungen gelten dabei nicht für die Teile des SDK, die aus OSS übernommen wurden und daher den entsprechenden Bedingungen unterworfen sind. Für die Lizenzbedingungen, denen Dritte für die Verwendungen des SDK zustimmen müssen, siehe Google (2009c).

[559] Vgl. Google (2009d).

[560] Vgl. Mossberg (2008), S. D.1.

II.   Überbetriebliche Informationssphäre

Die beiden dargestellten Beispiele leiten zum Begriff der überbetrieblichen Informationssphäre über (1) und führen vor Augen, dass sich Informationssphären hinsichtlich ihrer Konfiguration unterscheiden (2).

1.   Begriff der überbetrieblichen Informationssphäre

Der Begriff der überbetrieblichen Informationssphäre und das dahinterstehende Konzept werden durch die beiden vorausgehenden Beispiele und die Ergebnisse des Kapitels E motiviert. Herkömmliche Ansätze des Managements von I.-Ressourcen berücksichtigen nur ausgewählte Arten der Offenheit von I.-Ressourcen und können damit die Phänomene Apple und Google nicht vollständig erfassen.

Der Ressourcenansatz, der Ansatz der dynamischen Fähigkeiten und der Wissensansatz erfassen das Erfolgspotenzial einer exklusiven *Ressourcenausstattung* von Unternehmen (rautierte Fläche). Entsprechende Ressourcen können zu einem Wertschöpfungsvorsprung beitragen. Der relationale Ansatz erfasst das Erfolgspotenzial eines gruppenexklusiven *Ressourcenpools* (gepunktete Fläche). Kooperationspartner können mit diesem gemeinsam einen Wert schaffen, der nur in der betrachteten Kooperation erzielt werden kann. Dritten steht er damit nicht zur Verfügung. Die bestehenden Ansätze betrachten damit jeweils nur eine Ausprägung der Dimension *Zugriff*, wobei keines der bestehenden Ansätze I.-Ressourcen in einem *allgemeinen Zugriff* betrachten. Phänomene, wie die vorausgehend beschriebenen, können sie damit nicht erfassen (vgl. Abbildung 13).

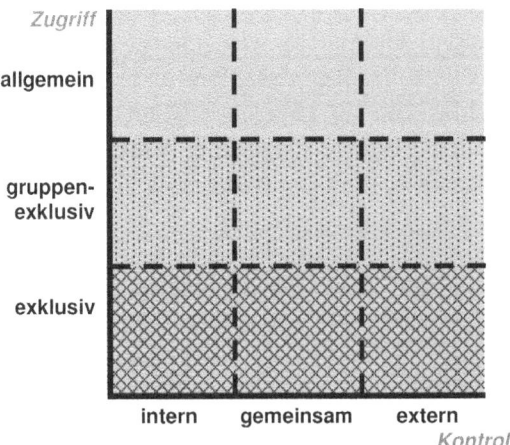

Abbildung 13: Gegenüberstellung der Konzepte überbetriebliche Informationssphäre, Ressourcenausstattung und Ressourcenpool

Das Konzept der *überbetrieblichen Informationssphäre* (im Weiteren kurz als *Informationssphäre* bezeichnet) erweitert die herkömmlichen Ansätze des strategischen Managements von I.-Ressourcen.[561] Es greift auf die Erklärungs-konstrukte des Ressourcenansatzes, des Wissensansatzes und des Ansatzes der dynamischen Fähigkeiten zurück, indem es eigene exklusive Ressourcen als notwendiges Element der Informationssphäre definiert. Diese Ressourcen bilden die Voraussetzung dafür, dass sich ein Unternehmen gegenüber der exklusiven Ressourcenbasis Dritter unterscheiden und damit einen Wertschöpfungsvorsprung erzielen kann. Darüber hinaus berücksichtigt das Konzept auch gruppenexklusive Ressourcen, deren Wettbewerbsbeitrag durch den relationalen Ansatz erklärt wird. Diese Betrachtung wird durch offene Ressourcen erweitert, die sich in einem allgemeinen Zugriff befinden und damit keiner Exklusivität unterliegen. Damit bezieht das Konzept der Informationssphäre eigene und alle externen Ressourcen in die Betrachtung ein, deren Wertschöpfungspotenzial ein Unternehmen nutzen kann (alle neun Felder der Matrix). Dies führt zu folgendem Begriff der Informationssphäre:

Eine überbetriebliche Informationssphäre ist ein Verbund aus eigenen und fremden exklusiven, gruppenexklusiven oder allgemein zugänglichen I.-Ressourcen, die indirekt oder direkt zur Wertschöpfung eines Unternehmens beitragen.

2.   Konfiguration einer überbetrieblichen Informationssphäre

Die Phänomene Apple und Google zeigen, dass Unternehmen höchst unterschiedliche Informationssphären schaffen können. Um derartige Unterschiede erfassen zu können, wird im Folgenden das Konzept der Konfiguration einer Informationssphäre eingeführt. Diese wird durch die Offenheit von I.-Ressourcen (2.1) und ihre Beziehungen zueinander (2.2) beschrieben.

2.1   Offenheit von Ressourcen

Produkte und Wertschöpfungsprozesse – und damit Informationssphären – sind in der Regel nur für bestimmte Beiträge Dritter offen, während sie andere Beiträge ausschließen.[562] So können Dritte zwar Anwendungsprogramme für das iPhone entwickeln, jedoch keine eigene Hardware beitragen. Daher wird „Offenheit" vorliegend bezüglich der (1) Art der Offenheit und der (2) Art der geöffneten I.-Ressourcen differenziert.

---

[561]   Die Integration bisheriger Theorien wird auch durch die Arbeit von Mesquita, Anand und Brush motiviert, vgl. Mesquita/Anand/Brush (2008). Die Autoren zeigen, dass der Ressourcenansatz und der relationale Ansatz unterschiedliche Beiträge zur Erklärung von vertikalen Lernallianzen erbringen. Der Vorteil, der sich aus einer Lernallianz ergibt, kann jedoch nur durch die gleichzeitige Betrachtung beider Ansätze beschrieben werden.

[562]   Vgl. Shapiro/Varian (1998), S. 200.

(1) Die Art der Offenheit verortet die I.-Ressourcen einer Informationssphäre hinsichtlich der Dimensionen *Offenheit* und *Kontrolle*. Sie beschreibt, welche *Elemente* der *Informationssphäre* inwieweit geöffnet sind. Dabei hat Kap. E aufgezeigt, dass die verschiedenen Arten der Offenheit zu unterschiedlichen Wertschöpfungsformen führen und auf unterschiedliche Weise zum Erfolg eines Unternehmens beitragen können.

(2) Die Art der geöffneten I.-Ressourcen beschreibt ihre Rolle in der Wertschöpfung bzw. in dem hieraus resultierenden Produkt. Von dieser Rolle hängt ab, welche Wirkung die Modifikation einer Ressource auf die Informationssphäre hat. So kann zwischen den I.-Ressourcen „Komponenten-" und „Architekturwissen" unterschieden werden: Komponentenwissen bezieht sich auf die Designkonzepte und Methoden der Implementierung einzelner Komponenten. Das Architekturwissen umfasst das Wissen über die Art und Weise, wie Komponenten zu einem gemeinsamen Ganzen zusammengeführt werden.[563] Je nachdem, welche dieser beiden I.-Ressourcen geöffnet wird, können Dritte zu Komponenten eines Produktes beitragen oder den Kern eines Produktes modifizieren. Dies korrespondiert mit der Unterscheidung von WEST & GALLAGHER, die in der OSS-Entwicklung zwei Öffnungsarten identifizieren: die Öffnung eines Produktkerns – wie z. B. der Quellcode eines Computerspiels – und die Öffnung von Schnittstellen, sodass Dritte Komplementärprodukte – z. B. Erweiterungen für ein Computerspiel – erstellen können.[564]

Diese Überlegungen führen zu einem erweiterten Verständnis des Begriffs der Offenheit. Die *Art der Offenheit* und die *Art der geöffneten I.-Ressource* beeinflussen, wer zu welchen Teilen einer Wertschöpfung beitragen kann. Dies illustrieren Google und Apple. Mit der Öffnung von Android erlaubt es Google der Allgemeinheit, die Architektur des Systems mitzugestalten. Den Quellcode seiner komplementären Dienste hält es jedoch zurück. Apple hingegen hält das Betriebssystem iPhone OS geschlossen, während es mit der kontrollierten Öffnung der API Cocoa touch Dritten erlaubt, Anwendungen für das iPhone zu entwickeln. Die Offenheit der einzelnen I.-Ressourcen – die Art der Offenheit und die Art der Ressource – bestimmt damit die Offenheit der Informationssphäre.

2.2   Beziehungen von Informationsressourcen und Entstehung von Schlüsselressourcen

Die Konfiguration einer Informationssphäre wird darüber hinaus durch die Beziehungen der I.-Ressourcen zueinander beschrieben. In einer Informationssphäre ist nicht jede I.-Ressourcen mit jeder anderen komplementär. Vielmehr sind

---

[563]   Vgl. Henderson/Clark (1990), S. 11.
[564]   Vgl. West/Gallagher (2006a), S. 325-327.

einzelne I.-Ressourcen aufeinander spezialisiert. Eine Informationssphäre kann damit als ein Geflecht voneinander abhängiger Ressourcen gedacht werden.

In dem Geflecht haben die I.-Ressourcen eine unterschiedliche Bedeutung für die Informationssphäre. Die Bedeutung einer I.-Ressource hängt dabei von ihren Abhängigkeiten in der Informationssphäre ab. Sie ist umso höher, je weniger abhängig sie von anderen Ressourcen ist *und* je mehr Ressourcen von ihr abhängen.[565] Dies illustriert Abbildung 14: Die Ressource C ist spezifisch zu den Ressourcen A und D (angedeutet durch die Richtung der Pfeile). Während A alternative Ressourcen zur Verfügung stehen, ist C sowohl von A als auch von D vollständig abhängig. Scheiden A oder D aus, so hat dies einen stärkeren Einfluss auf den Wert der Informationssphäre als wenn C den Ressourcenverbund verlässt, da im ersten Fall auch C nicht mehr Bestandteil der Informationssphäre sein kann, im letzten Fall jedoch die Ressourcen A und D weiterhin Bestand haben können. Die Ressource A besitzt damit eine größere Bedeutung als die Ressource C.

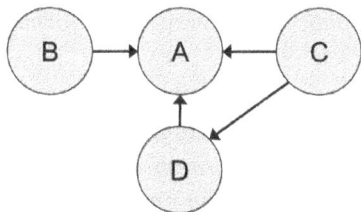

Abbildung 14: Ressourcenbeziehungen und Schlüsselressourcen in einer überbetrieblichen Informationssphäre

In einer *Informationssphäre* hat eine *Schlüsselressource* eine besonders große Bedeutung. Sie zeichnet sich dadurch aus, dass der Wert einer Informationssphäre wesentlich von ihr abhängt. Mit dem Wegfall der I.-Ressource würde ein Großteil der Informationssphäre zusammenbrechen. Auch dies illustriert Abbildung 14. Dort sind die Ressourcen B, C und D direkt abhängig von der Ressource A. Scheidet diese Ressource aus, bricht die dargestellte Informationssphäre vollständig zusammen. Ein Ausfall der Ressourcen B, C oder D hätte diesen Effekt dagegen nicht. Die Ressource A ist damit eine Schlüsselressource.

Das Betriebssystem Android ist ein Beispiel für Ressourcenabhängigkeiten und Schlüsselressourcen. Externe Entwickler schreiben ihre Anwendungen für Android, sodass diese Anwendungen auf konkurrierenden Betriebssystemen nicht lauffähig sind. Sie sind damit von dem Betriebssystem abhängig. Der Ausfall

---

565   Diese Betrachtung weist eine enge Verwandtschaft mit der Arbeit von Lippman & Rumelt auf. Die Autoren modellieren Beziehungen zwischen Ressourcen als ein kooperatives Spiel. Dabei stellen sie fest, dass die Verteilung des Spielgewinns von den alternativen Verwendungsmöglichkeiten der beteiligten Ressourcen abhängt, vgl. Lippman/Rumelt (2003), S. 1075.

einzelner Anwendungen würde den Wert von Android nur geringfügig schmälern. Damit ist das Betriebssystem Android eine Schlüsselressource.

Die Offenheit von I.-Ressourcen und ihre Beziehungen zueinander beschreiben folglich die Konfiguration einer Informationssphäre. Da hiernach nicht mehr ausschließlich eine exklusive Ressourcenausstattung oder ein gemeinsamer Ressourcenpool von Unternehmen betrachtet werden, ist ein überbetriebliches Ressourcenmanagement erforderlich. Dieses wird im Weiteren als ein *Management überbetrieblicher Informationssphären* konzeptualisiert.

III.   Ziele des Managements überbetrieblicher Informationssphären

Das vorausgehend erarbeitete Verständnis einer Informationssphäre führt zu einer erweiterten Sicht des Managements von I.-Ressourcen – dem *Management über-betrieblicher Informationssphären* (im Weiteren *Informationssphärenmanagement, ISM*). Hierfür werden die Ziele des *ISM* entwickelt. Dieses berücksichtigt nicht nur den Aufbau, den Schutz und die Nutzung der eigenen Ressourcenausstattung, sondern legt den Fokus auf die Entwicklung und die Nutzung einer Informations-sphäre: Ziel ist es, Einfluss auf die *Informationssphäre* zu gewinnen, um gestaltend auf ihre ansonsten spontane Entwicklung einzuwirken (1). Diese Gestaltung sollte derart erfolgen, dass das Unternehmen eine möglichst hohe Rente nachhaltig er-zielt (2).

1.   Einfluss gewinnen

Informationssphären, in denen I.-Ressourcen der Allgemeinheit geöffnet sind, ent-wickeln sich in der Regel spontan. Dritte können die geöffnete Ressource nutzen, nach eigenem Ermessen und gemäß eigener Nutzenerwägungen Wert schaffen[566] und damit die Informationssphäre ausbauen. Daher müssen die Akteure einer Informationssphäre beeinflusst werden, wenn die Entwicklung der Sphäre zum eigenen Vorteil führen soll.

Hinsichtlich der Ressourcenstruktur einer Informationssphäre ergibt sich aus dem Beziehungsgeflecht zwischen den beteiligten Ressourcen eine Einfluss-möglichkeit auf rechtlich unabhängige Akteure. PFEFFER & SALANCIK stellen heraus, dass Abhängigkeiten zwischen Ressourcen zu einer Abhängigkeit zwischen den Nutzern dieser Ressourcen führen.[567] Diese Abhängigkeiten gehen die Akteure freiwillig ein, um das Wertschöpfungspotenzial der Ressourcen Externer zu

---

[566]   Vgl. Kap. B.II.2.1.

[567]   Vgl. Pfeffer/Salancik (2003).

nutzen.[568] Es kommt damit zu einem Geflecht von Ressourcen, das zu einem Geflecht gegenseitiger Abhängigkeiten zwischen den Akteuren führt. Dieses Beziehungsgeflecht wird durch Schlüsselressourcen dominiert, die über das Funktionieren eines Teiles oder der gesamten Informationssphäre entscheiden. Die Ressource wird zum Schlüssel, mit dem der Aufbau einer Informationssphäre beeinflusst werden kann.[569] Der Akteur, der eine solche Ressource kontrolliert, kann über die Teilnahme oder den Ausschluss Dritter bestimmen.

Dabei ist gemäß der Matrix zwischen drei Kontrollausprägungen zu unterscheiden:

- Nimmt ein Unternehmen an einer Informationssphäre teil, die von einer *extern kontrollierten* Schlüsselressource dominiert wird, begibt es sich in eine fremde Einflusssphäre. Je höher die Abhängigkeit von dieser Ressource und je stärker ihre Bedeutung für den Geschäftsbetrieb eines Unternehmens ist, desto stärker begibt sich das Unternehmen in Abhängigkeit, die im Extremfall sein Überleben gefährden kann.[570] Ein Beispiel hierfür sind Unternehmen, die ausschließlich für das iPhone Anwendungen entwickeln.

- Um sich der Einflusssphäre zu entziehen, kann ein Unternehmen die Schlüsselressource öffentlich und unter einer *gemeinsamen Kontrolle* kollektiv imitieren.[571] Dies illustriert das Unternehmen Google, das sich mit Android aus der Abhängigkeit dritter Hersteller von Betriebssystemen zu lösen versucht.[572] Eine gemeinsame Kontrolle über eine Schlüsselressource verhindert in der Regel den Aufbau einer Einflusssphäre.

- Wird eine Schlüsselressource *intern kontrolliert*, weitet sich die eigene Einflusssphäre auf Dritte aus aus und führt sie in eine Abhängigkeit. Die eigene Einflusssphäre weitet sich auf diese Akteure aus. Das Unternehmen kann dadurch die Wertschöpfungs- und Wertaneignungshandlungen der Dritten zum eigenen Vorteil steuern. So kontrolliert Apple die Schlüsselressource der iPhone-Informationssphäre – das iPhone OS in Verbindung mit der API Cocoa. Damit kann es Regeln für die Teilnahme an der Informationssphäre aufstellen und Zuwiderhandlungen entsprechend ahnden. Dem geht Apple auch aktiv nach, wie das Verbot von „I am rich" und weiterer Anwendungen im Jahr 2008

---

[568] Vgl. Iansiti/Levien (2004a), S. 70.

[569] Vgl. Hawley (1950), S. 221 und Moore (1993), S. 81.

[570] Vgl. Pfeffer/Salancik (2003), S. 2 f.

[571] Vgl. Pisano (2006), S. 1228 f.

[572] Vgl. Page/Brin (2008).

zeigt.[573] Eine interne Kontrolle baut folglich die eigene Einflusssphäre auf Ressourcen Dritter aus (vgl. Abbildung 15).

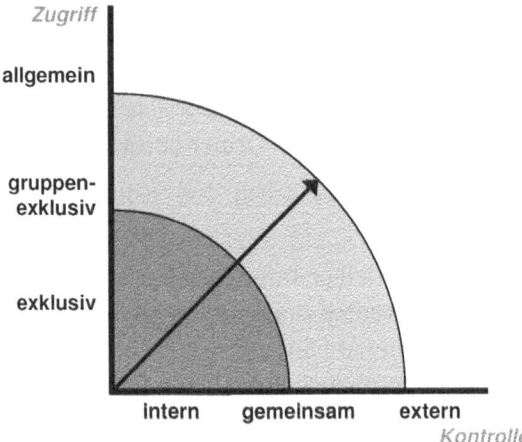

Abbildung 15: Ausbau des eigenen Einflusses innerhalb einer überbetrieblichen Informationssphäre

Das *ISM* hat zu berücksichtigen, dass die Kontrolle über Ressourcen nicht auf Dauer Bestand haben muss. Eine *gemeinsame Kontrolle* bietet dann keinen effektiven Schutz vor dem Einfluss Dritter, wenn es diesen gelingt, eine Schlüsselressource in ihren Kontrollbereich zu überführen. So hat Microsoft den Standard HTML durch proprietäre Erweiterungen unterlaufen[574] und konnte damit einen großen Einfluss auf die Entwicklung des Webs und Browsermarktes ausüben. Die *interne Kontrolle* ist dagegen zumeist robuster. Unterwanderungsversuche können in der Regel mit rechtlichen Schritten abgewehrt werden. So versuchte Microsoft – ähnlich wie bei HTML – den Standard Java durch proprietäre Erweiterungen zu unterwandern.[575] Da das Unternehmen Sun jedoch Rechte an Java hielt, konnte es dagegen erfolgreich vor Gericht vorgehen[576] und damit die Kontrollübernahme durch Microsoft verhindern.

Mit einer zunehmend internen Kontrolle von weithin genutzten Schlüsselressourcen kann ein Unternehmen folglich externe Ressourcen und ihre Nutzer in eine Abhängigkeit führen. Die eigene Einflusssphäre erstreckt sich damit auch auf I.-Ressourcen, die sich unter der Kontrolle oder sogar im exklusiven Besitz Dritter befinden.

---

[573] Die Anwendung „I am rich" beschränkte sich bei einem Preis von 999,99 $ darauf, einen leutenden roten Edelstein auf dem Display dazustellen, vgl. Wingfield (2008), S. B.1.

[574] Vgl. Windrum (2004), S. 388 f.

[575] Vgl. Rein (1997).

[576] Vgl. Garud/Jain/Kumaraswamy (2002), S. 203.

2. Renten erzielen

Das Öffnen eigener I.-Ressourcen und der damit verbundene Aufbau einer Informationssphäre zielt darauf ab, einen nachhaltigen Wertschöpfungsvorsprung gegenüber Wettbewerbern aufzubauen und eine Rente zu erzielen. Herkömmliche Ansätze des Managements von I.-Ressourcen betrachten die Aneignung von Innovationsrenten als bloße Aufteilung von Wert.[577] Dagegen verfolgt das *ISM* das Ziel, auch das Wertschöpfungspotenzial Dritter einzubeziehen, um die anzueignenden Renten zu steigern.[578] Ziel des *ISMs* ist es daher, mit der Öffnung zunächst die gesamte Wertschöpfung einer Informationssphäre zu steigern. Daraufhin können in der Informationssphäre ein höchstmöglicher Wertschöpfungsvorteil erzielt sowie die hieraus entstehenden Renten möglichst vollständig angeeignet werden.

Zunächst ist der in einer Informationssphäre zu erzielende Wert zu steigern. Mit der Öffnung einer I.-Ressource bietet ein Unternehmen die Plattform für eine kollektive oder selbstständige Wertschöpfung Dritter. Diese wird von den Akteuren genutzt, um gemeinsam Wert in einer Informationssphäre zu schaffen – mehr Wert, als sie jeweils selbst kreieren könnten.[579] Über welche Ressourcen die Akteure einer Informationssphäre verfügen, wird durch ihre Struktur definiert. Gleiches gilt für die Frage, welchen Wert sie erbringen können.[580]

Daraufhin gilt es, den in der Informationssphäre gemeinsam geschaffenen Wert zu nutzen, um einen Wertschöpfungsvorteil und eine Rente gegenüber Wettbewerbern zu erzielen. Die Informationssphäre kann derart gestaltet werden, dass sich ein Unternehmen entweder (1) in einem Wettbewerb oder (2) in einem Quasi-Monopol befindet:

(1) Befindet sich ein Unternehmen innerhalb einer Informationssphäre in einem *Wettbewerb*, nutzt es dieselbe I.-Ressourcen wie seine Wettbewerber, um vergleichbare Produkte zu schaffen und anzubieten. Die Akteure stehen innerhalb der Informationssphäre somit in einer „Co-opetition"[581]: Einerseits tragen sie gemeinsam zum Wert der Informationssphäre bei und sind damit Kooperationspartner. Andererseits stehen sie im direkten Wettbewerb zueinander und versuchen vis-à-vis einen Wertschöpfungsvorsprung zu erlangen. Voraussetzung hierfür ist eine im Wettbewerb überlegene Ressourcenausstattung, mit der das Unternehmen die offenen I.-Ressourcen der Informationssphäre besser nutzen kann als seine

---

577   Vgl. Harabi (1995), S. 982.

578   Vgl. hierzu auch Shapiro/Varian (1998), S. 198.

579   Vgl. Iansiti/Levien (2004a), S. 73.

580   Norman/Ramírez beschreiben diese Struktur als „value constellation", siehe Normann/Ramírez (1993), S. 65 ff.

581   Vgl. Brandenburger/Nalebuff (2006).

Wettbewerber.[582] Neben der eigenen Ressourcenausstattung kann darüber hinaus die Kontrolle der Plattform relevant sein, die der gemeinsamen Wertschöpfung zugrunde liegt. Mit einer rapiden Abfolge sequenzieller Innovation dieser Plattform kann das Unternehmen einen ständigen Anpassungsdruck innerhalb der Informationssphäre ausüben, den es selbst aufgrund seines Wissensvorsprungs besser bewältigen kann als seine Wettbewerber.[583]

Stellvertretend hierfür steht Google mit Android. Das Unternehmen besitzt innerhalb der Informationssphäre keine zentrale Stellung. Es muss den Wettbewerb mit dritten Unternehmen fürchten, die ebenso wie Google Dienste für Android anbieten können. Jedoch kann sich Google auf seine herausragende Ressourcenausstattung verlassen, die ihm bereits bei verschiedenen Online-Diensten zu einer Vormachtstellung verholfen hat. Darüber hinaus beteiligt sich das Unternehmen intensiv an der Weiterentwicklung des Betriebssystems, um einerseits diese Grundlage für eigene Dienste auszubauen und andererseits Wettbewerber zur stetigen Anpassung zu zwingen.

(2) Befindet sich ein Unternehmen in einer Informationssphäre in einem *Quasi-Monopol*, kann es die Kontrolle über Schlüsselressourcen nutzen. Es kann im Sinne eines „Value Scope Managements" Teile der Informationssphäre abschotten, während es andere Teile der Wertschöpfung Dritter überlässt.[584] Eine verbreitete Ausprägung einer derartigen Strategie ist die proprietäre Entwicklung und der Verkauf einer Produktplattform, für die Dritte Komplementärprodukte schaffen können.

Apple zeigt, dass mit der Etablierung eines Quasi-Monopols erfolgreich eine umfängliche Informationssphäre geschaffen und Erlöse aus der bevorzugten Position angeeignet werden können. Das Unternehmen hat mit der Kontrolle des Betriebssystems und der API Cocoa einen weitreichenden Einfluss in der Informationssphäre. Damit sichert sich das Unternehmen innerhalb der Informationssphäre ein Monopol für den Verkauf von Mobiltelefonen. Apple nutzt seine zentrale Stellung innerhalb der Informationssphäre, um sich einen Wert anzueignen.

Ziel des *ISMs* ist es, durch Gestaltung der eigenen Ressourcenausstattung und der Ressourcenumgebung eine Informationssphäre aufzubauen, in der es erstens einen Einfluss auf die Wertschöpfung in der Informationssphäre ausüben kann. Zweitens soll hierdurch eine Rente erzielt werden.

---

[582]   Vgl. Kap. E.III.2.

[583]   Vgl. Garud/Kumaraswamy (1993), S. 366.

[584]   Vgl. Schoder/Madeja/Vollmann (2006).

IV. Praxisorientierte Handlungsfelder des Managements überbetrieblicher Informationssphären

Nachdem soeben das Konzept des *ISMs* entwickelt wurde, stellt sich nun die Frage nach seiner Umsetzung im praktischen Ressourcenmanagement. Hierzu werden im Weiteren vier Handlungsfelder eines *ISMs* entwickelt (vgl. Abbildung 16): I.-Ressourcen und Kernkompetenzen (1), Informationstechnik (2), Wertschöpfungspartner (3) und Rentenaneignung (4). Die Beschreibung dieser Handlungsfelder fokussiert auf der Fragestellung, wie ein Unternehmen durch die Öffnung von I.-Ressourcen das Wertschöpfungspotenzial externer Ressourcen besser nutzen kann.

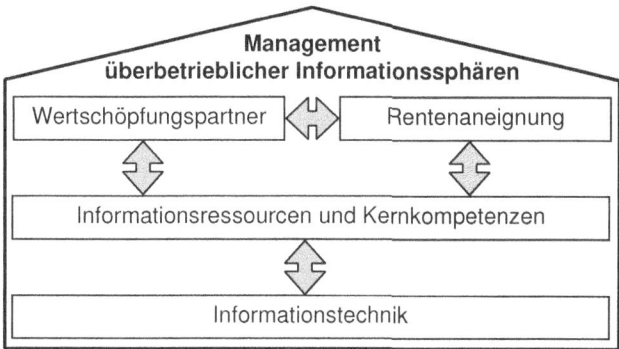

Abbildung 16: Handlungsfelder des Managements überbetrieblicher Informationssphären

Für die Darstellung der Handlungsfelder wird vorliegend auf den Ansatz der Kernkompetenz von PRAHALAD & HAMEL zurückgegriffen.[585] Dieser Ansatz – ein anwendungsorientiertes Derivat des Ressourcenansatzes[586] – bietet vorliegend zwar keinen Erkenntnisbeitrag, vereinfacht jedoch den Ressourcenansatz und erlaubt eine handlungsorientierte Darstellung. Aus didaktischen Gründen wird daher auf ihn zurückgegriffen.

Der Ansatz der Kernkompetenz aggregiert immaterielle Ressourcen und Fähigkeiten zu umfassenden Kernkompetenzen eines Unternehmens.[587] Mithilfe dieser Kompetenzen werden Komponenten oder Baugruppen geschaffen (sogenannte Kernprodukte). Diese zeichnen sich dadurch aus, dass sie für den Wert des Endprodukts von wesentlicher Bedeutung sind und über verschiedene Endprodukte hinweg genutzt werden können.[588]

---

[585]   Vgl. Prahalad/Hamel (1990).

[586]   Vgl. Rasche (1994), S. 91 f. und Rumelt (1994), S. XVI f.

[587]   Vgl. Gallon (1995), S. 21.

[588]   Vgl. Prahalad/Hamel (1990), S. 85.

Der Ansatz der Kernkompetenz ist damit eine anwendungsorientierte und stärker produktbezogene Sicht des Ressourcenansatzes. Er beschreibt Gruppen von Ressourcen und Fähigkeiten, die zur Überlegenheit von Unternehmensprodukten im Wettbewerb führen. Mit der weiten Verbreitung des Ansatzes in der Praxis erlaubt er eine einfachere Vermittlung des *ISMs* an potenzielle Anwender als der ursprüngliche Ressourcenansatz.

1.   Informationsressourcen und Kernkompetenzen

Im Zentrum des Managements von Informationssphären steht das Handlungsfeld „Informationsressourcen". Es bezieht sich auf das Erfolgspotenzial, das in den internen wie externen Ressourcen sowie deren Zusammenspiel liegt. Gegenstand dieses Handlungsfelds ist es einerseits, die eigene Ressourcenausstattung mithilfe dynamischer Fähigkeiten an die Ressourcenumgebung anzupassen.[589] Damit soll ein externer Wertschöpfungsbeitrag bestmöglich genutzt werden. Andererseits gilt es, durch die Öffnung eigener I.-Ressourcen die Ressourcenumgebung so zu beeinflussen, dass das eigene Unternehmen das Wertschöpfungspotenzial externer Ressourcen bestmöglich nutzen kann. Hierfür muss die Öffnung darauf ausgerichtet werden, dass eigene Kernkompetenzen geschützt und durch komplementäre Kompetenzen Dritter unterstützt werden.

Gegenstand des Handlungsfelds ist der Schutz eigener Kernkompetenzen. Wenn auch die Öffnung eigener I.-Ressourcen ein Kennzeichen des *ISMs* ist, so kann eine unüberlegte Öffnungsentscheidung die Wettbewerbsposition eines Unternehmens wesentlich beeinträchtigen. Das ist dann der Fall, wenn die Öffnung eigene Kernkompetenzen betrifft und Wettbewerber darin unterstützt werden, eigene Kernprodukte und damit die herausragenden Eigenschaften eigener Produkte zu imitieren. Daher sind zunächst die eigenen Kernkompetenzen zu identifizieren, die (1) einen wesentlichen Beitrag zum Wert von Unternehmensprodukten erbringen, (2) durch Wettbewerber schwer zu imitieren sind[590] und (3) potenziell den Zugang zu neuen Märkten öffnen.[591] Ein Zugriff auf Ressourcen, die zu den so identifizierten Kernkompetenzen beitragen, sind unter *interner Kontrolle* zu halten und vor einem *Zugriff* durch Wettbewerber zu schützen.

Die Beispiele Google und Apple illustrieren das von den Kernkompetenzen abhängige Öffnungsverhalten von Unternehmen. Googles Kernkompetenzen be-

---

[589]   Vgl. Eisenhardt/Martin (2000), S. 1107 und Teece/Pisano/Shuen (1997), S. 516.

[590]   Zu beachten ist, dass die Kriterien denen des Ressourcenansatzes entsprechen. Das erste Kritierium stellt auf den Wert und die Seltenheit der den Komptenzen zugrundeliegenden Ressourcen ab. Das zweite Kriterium schließt auch die Nicht-Substituierbarkeit der einer Kompetenz zugrundeliegenden Ressourcen ein und zielt damit auf die Nachhaltigkeit eines Wettbewerbsvorteils ab, vgl. Kap. C.III.3.

[591]   Vgl. Prahalad/Hamel (1990), S. 83 f.

stehen in der Entwicklung und Bereitstellung innovativer Dienste, deren Einbindung in ein umfängliches Produktsystem, dem Aufbau und der Nutzung umfangreicher Datenbestände sowie der Bereitstellung angepasster Werbung.[592] Die Öffnung des Quellcodes von Android beeinträchtigt die Kernkompetenzen von Google nicht. Apples Kernkompetenzen liegen hingegen in der Entwicklung und Vermarktung benutzerfreundlicher Endgeräte und Dienste in einem integrierten Produktsystem.[593] Die herausragende grafische Benutzeroberfläche sowie die Multitouch-Technik können damit als Kernprodukte des Unternehmens angesehen werden.[594] Entsprechend hält das Unternehmen den Quellcode des mobilen Betriebssystems geheim und hat die Multitouch-Technologie patentiert. Vor jeder Öffnungshandlung ist es daher notwendig, eigene Kernkompetenzen zu identifizieren und die zugrundeliegenden Ressourcen und Fähigkeiten im Sinne eines herkömmlichen Ressourcenmanagements zu schützen. Dabei sind zukünftige Marktentwicklungen zu antizipieren, um auch potenzielle und zukünftige Kernkompetenzen einzubeziehen und die ihnen zugrundeliegenden Ressourcen und Fähigkeiten zu identifizieren und zu entwickeln.[595]

Kompetenzen, die nicht zu den Kernkompetenzen eines Unternehmens zählen, jedoch Voraussetzung für ihre Nutzung sind oder ihren Wert erhöhen, können als komplementäre Kompetenzen bezeichnet werden. Sind diese unzureichend ausgebildet, so können im Rahmen des *ISMs* Kompetenzen Dritter genutzt werden. Wie das Kapitel E aufzeigt, kann hierzu Information in einen exklusiven Gruppenzugriff oder einen allgemeinen Zugriff überführt werden, um kooperative respektive offene Wertschöpfungsprozesse gemeinsam mit Kunden, Lieferanten, Komplementären und Wettbewerbern anzuregen. In diesen Wertschöpfungsprozessen können sich Wertschöpfungspartner auf bestimmte Beiträge spezialisieren[596] und sich gemäß ihrer jeweiligen Kernkompetenzen beteiligen. Mit der Öffnung können die Kernkompetenzen verschiedener Akteure im gemeinsamen Interesse gebündelt werden. Das betrachtete Unternehmen kann seine eigenen Kernkompetenzen effizienter oder effektiver in Produkte überführen.

---

[592]   Vgl. Kap. F.I.

[593]   Vgl. ebenda.

[594]   Beide Kernprodukte finden auch auf unterschiedlichen Märkten – insbesondere bei Notebooks –Anwendung. So ist das Betriebssystem MacOS X für seine herausragende grafische Benutzeroberfläche bekannt. Ebenso setzt Apple die Multitouch-Technik auch für Touchpads der Notebookserie Macbook ein. Es gibt zudem Überlegungen, die Technik auch für die Bildschirme der Notebooks anzuwenden, vgl. Hesseldahl (2008), S. 21. Darüber hinaus setzt Apple die Mutlitouch-Technik auch im mobilen MP3-Spieler „iPod Touch" ein.

[595]   Vgl. Hinterhuber/Stahl (1996), S. 99 f.

[596]   Vgl. Nalebuff/Brandenburger (1996), S. 110 ff.

Apple und Google führen vor Augen, wie Kompetenzen Dritter in einer Wert-schöpfung gebündelt werden können, um eigene Kernkompetenzen besser auszu-spielen. Während Apple die dem iPhone zugrundeliegenden Ressourcen schützt, öffnet das Unternehmen Softwareentwicklungswissen mithilfe des iPhone SDK und stellt mit Cocoa touch Dritten eine API zur Verfügung. Hierdurch können Dritte Anwendungen für das iPhone erstellen. Damit öffnet Apple seine Informationssphäre für dritte Softwareentwickler und induziert damit die für ein erfolgreiches Smartphone erforderliche breite Anwendungslandschaft. Auch Google bündelt mit der Öffnung von Android Kompetenzen Dritter. Indem das Unternehmen Dritten den Quellcode von Android zur Verfügung stellt, baut es seine Informationssphäre aus. Dritte können sich an einer kollektiven Entwicklung des Betriebssystems beteiligen, dieses selbstständig für eigene Mobiltelefone ein-setzen oder Anwendungssoftware entwickeln und anbieten. Hierdurch kann Google die Kompetenzen von Mobiltelefonherstellern, Netzbetreibern und An-wendungsentwicklern nutzen[597] und verfügt damit mittelbar über das für den Ein-tritt in den Mobilfunkmarkt notwendige Kompetenzspektrum. Dies versetzt Google in die Lage, seine Dienste im vollen Umfang auch in diesem Markt anzubieten und somit die Erlöse aus mobiler Werbung zu steigern.

Ein weiterer Aspekt des Handlungsfelds ist das Management der Abhängig-keiten zu anderen Wertschöpfungspartnern. Ein Ziel des Managements von I.-Ressourcen ist die Wahrung der eigenen Unabhängigkeit sowie die Entwicklung der Abhängigkeit Externer, um Einfluss auf die Informationssphäre auszuüben.[598] Hierzu gilt es, bereits vor Aufbau einer Informationssphäre Schlüsselressourcen zu antizipieren und die eigene Abhängigkeit zu diesen Ressourcen zu bewerten. Je höher die strategische Bedeutung von Schlüsselressourcen für die eigenen Kern-produkte ist, desto dringender ist es, sicherzustellen, dass diese dauerhaft zur Ver-fügung stehen. Schlüsselressourcen sollten entweder unter eine interne Kontrolle oder aber – wenn dies einer Beteiligung Dritter entgegensteht – unter eine ge-meinsame Kontrolle gestellt werden, um eine eigene Abhängigkeit zu vermeiden.

Beide Unternehmen – Apple und Google – wahren mit ihrem Öffnungsver-halten Unabhängigkeit von Dritten, unterscheiden sich jedoch in ihrem Bestreben, eine Abhängigkeit Dritter herbeizuführen (vgl. Abbildung 17). In beiden Informationssphären nehmen der Quellcode des Betriebssystems und die API ge-meinsam die Stellung einer Schlüsselressource ein (gestrichelt umrandet). Möchten Akteure eigene Hard- und Software im Rahmen der Informationssphäre ent-wickeln, so müssen sie diese auf das Betriebssystem bzw. die API spezialisieren. Beide Ressourcen sind damit der Schlüssel für eine Beteiligung an der überbetrieb-lichen Wertschöpfung.

---

[597]   Vgl. Mutschler (2007), S. 1.

[598]   Vgl hierzu auch Pfeffer/Salancik (2003).

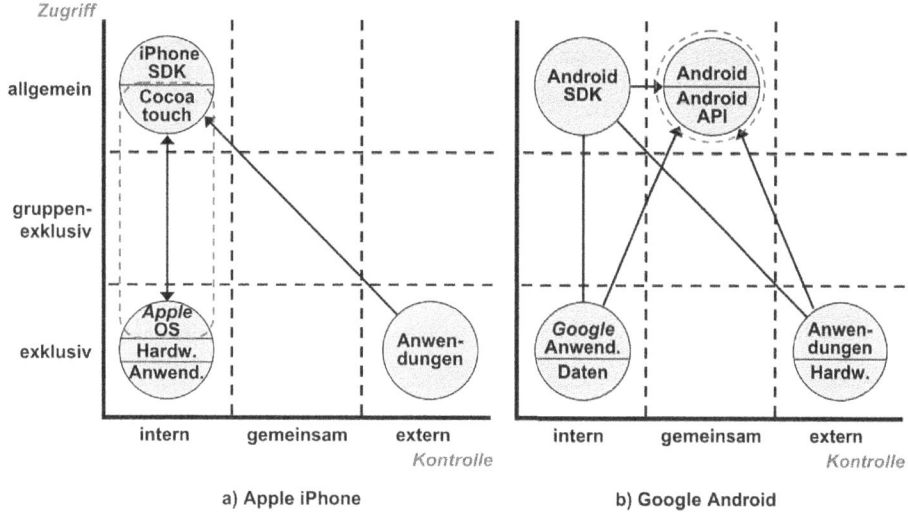

Abbildung 17: Vergleich der überbetrieblichen Informationssphären des iPhones und von Android

Apple hält die Kontrolle über die Schlüsselressource und erlangt damit einen weitgehenden Einfluss über Teile der Informationssphäre. Diesen nutzt das Unternehmen zum einen, um dritte Hersteller von Mobiltelefonen aus der Informationssphäre auszuschließen. Die Mobiltelefonhersteller können nicht an der Informationssphäre partizipieren, da ihnen die hierfür notwendigen Ressourcen – das Betriebssystem Apple OS – nicht zur Verfügung stehen. Apple verhindert mit seinem Öffnungsverhalten Wettbewerber aufseiten der Hardware und schafft sich damit ein Quasi-Monopol innerhalb der Informationssphäre. Zum anderen übt das Unternehmen einen weitgehenden Einfluss auf Anwendungsentwickler aus. Diese müssen ihre Anwendungen auf die von Apple kontrollierte API Cocoa touch spezialisieren, wenn sie einen Zugang zur Informationssphäre erlangen möchten. Mit der Kontrolle über die API kann das Unternehmen Anwendungsentwicklern den Zugang selektiv gestatten oder verbieten und damit Regeln für die Teilnahme aufstellen. Damit können auch externe Anwendungen verboten werden, die im Wettbewerb zu Apples eigenen Diensten stehen.

Google hingegen überführt den Quellcode seines Betriebssystems Android sowie die Schnittstelle – und damit die Schlüsselressourcen – in eine gemeinsame Kontrolle. Das Unternehmen nimmt somit keine zu Apple vergleichbare kontrollierende Stellung in der Informationssphäre ein. Auch die Kontrolle über das Android SDK gewährt nur eine eingeschränkte Kontrolle, da Dritte selbst ein SDK als Substitut entwickeln könnten. Dritte Hardware- und Anwendungsentwickler können ebenso auf Android und die API zugreifen wie Google selbst. Gleichzeitig verhindert Google eine eigene Abhängigkeit von Dritten, da sich die Schlüsselressource unter einer gemeinsamen Kontrolle befindet. Dritte können keine Vormachtstellung einnehmen. Während Google eine neutrale Informationssphäre schafft, nimmt Apple eine dominante Stellung ein.

Tabelle 4 stellt die Aufgaben des Handlungsfelds „Ressourcen und Kernkompetenzen" zusammenfassend dar.

Handlungsfeld Ressourcen und Kernkompetenzen
• identifiziere eigene Kernkompetenzen
• schütze und pflege entsprechende Ressourcen
• identifiziere Kompetenzschwächen und den entsprechenden Ressourcenbedarf
• identifiziere externe komplementäre Kompetenzen
• antizipiere zentrale Ressourcen einer Sphäre
• identifiziere zu öffnende Ressourcen
• bestimme die Offenheit und Kontrolle der zu öffnenden Ressourcen

Tabelle 4: Aufgaben des Handlungsfelds „Ressourcen und Kernkompetenzen"

2.   Informationstechnik

Während im Handlungsfeld „Ressourcen und Kernkompetenzen" abstrakt die zu öffnenden Ressourcen identifiziert wurden – wie z. B. der Zugang für Anwendungen auf das iPhone – obliegt die technische Realisierung dieser Öffnung dem Handlungsfeld „Informationstechnik". Dieses Handlungsfeld ist nicht als bloße Umsetzung strategischer Entscheidungen aufzufassen. Vielmehr bedingen sich beide Handlungsfelder gegenseitig: Einerseits leiten sich die Anforderungen an die technische Infrastruktur aus Entscheidungen im Handlungsfeld „Ressourcen und Kernkompetenzen" ab. Andererseits beschränken die vorhandene technische Infrastruktur und die Fähigkeit des Unternehmens, sie entsprechend seiner betriebswirtschaftlichen Ziele einzusetzen, den Handlungsspielraum des Ressourcenmanagements.

Im Handlungsfeld „Informationstechnik" können drei Arten der Öffnung unterschieden werden:

(1) Zunächst kann sich die Öffnung auf wesentliches Wissen über ein Produkt oder ein Informationssystem beziehen. Durch eine Offenlegung von technischen Konstruktionen, Quellcode und einen Verzicht auf entsprechende gewerbliche Schutz- und Verwertungsrechte können Dritte diese Ressourcen einsetzen und weiterentwickeln. Google illustriert dies mit der Freigabe des Quellcodes zu Android, aus der eine offene Wertschöpfung entsteht. Apple hingegen hält den Quellcode seines Betriebssystems geschlossen.

(2) Standards können veröffentlicht bzw. offene Standards eingesetzt werden, um eine Interoperabilität von Systemen zu gewährleisten und die Entwicklung

komplementärer Produkte zu erleichtern. Google setzt z. B. die weithin als Standard akzeptierte Programmiersprache Java für externe Anwendungen ein.[599] Apple nutzt hingegen die proprietäre Programmiersprache Objective-C, die zwar als Standard für Apple-Systeme, jedoch nicht für Fremdsysteme akzeptiert ist.

(3) Die Öffnung einer Schnittstelle kann Externen einen Zugriff auf das eigene System und seine Inhalte gewähren. Diese Form der Öffnung hat insbesondere im Zuge des Web 2.0 und der Mashups an Beliebtheit gewonnen, wie die verbreitete Nutzung von Google Maps und anderer Dienste zeigt. Auch in dieser Hinsicht ist Apple restriktiver und beschränkt den mobilen Zugriff auf den Synchronisationsdienst „MobileMe" ausschließlich auf das iPhone und den zu Apple gehörenden mobilen MP3-Spieler iPod touch.

Die technischen Alternativen einer Öffnung sind mit den Vorgaben des Handlungsfelds „Ressourcen und Kernkompetenzen" dahingehend abzugleichen, wie und in welchem Maß sie eine Kontrolle der geöffneten Ressource und mittelbar der Informationssphäre erlauben. Werden die Rechte an einer Ressource vollständig aufgegeben, verliert das Unternehmen nicht nur sein Monopol, sondern auch die Kontrolle über die aktuelle und zukünftige Nutzung dieser Ressource. Behält es jedoch einen Teil seiner Rechte oder erlaubt es einen Zugriff auf die Ressource ausschließlich über eine Schnittstelle, so kann das Unternehmen die Ressource jederzeit wieder schließen. Es kann Regeln aufstellen, wie die Ressource zu verwenden ist; für Zuwiderhandlung kann es mit dem Entzug der kontrollierten Ressource drohen. Nimmt diese Ressource darüber hinaus eine zentrale Stellung in der Informationssphäre ein – wie z. B. die Schnittstelle Cocoa touch bei Apple – kann das Unternehmen seine Einflusssphäre ausweiten. So verpflichtet Apple mithilfe der Kontrolle über Cocoa touch Anwendungsentwickler dazu, den AppStore als alleinigen Distributionskanal zu nutzen. Verwender des iPhones können Anwendungen Dritter regelmäßig nur über den AppStore installieren. Damit überführt Apple die Anforderung aus dem Handlungsfeld „Ressourcen und Kernkompetenzen" – Kontrolle über Schlüsselressourcen zu wahren – in die informationstechnische Infrastruktur: Das Unternehmen könnte das gesamte Wertschöpfungsnetz, bestehend aus Hunderten von Unternehmen und sich selbst, zerstören, wenn es den Zugriff Dritter auf den AppStore unterbinden würde.

Das Handlungsfeld „Informationstechnik" setzt jedoch nicht nur Anforderungen des Handlungsfelds „Ressourcen und Kernkompetenzen" um. Das Design der Informationstechnik bestimmt auch die Möglichkeiten und Grenzen einer Öffnung. Dies gilt insbesondere für die Modularisierung der technischen

---

[599] Dabei ist Java so in Android eingebunden, dass für geschwindigkeitskritische Funktionen auf in C oder C++ geschriebene – und damit in der Ausführung schnellere – Bibliotheken zurückgegriffen wird. Damit hat Java auf Smartphones, die auf Android basieren, in der Regel keine Geschwindigkeitsnachteile.

Infrastruktur eines Unternehmens. Die Modularisierung ist wesentliche Voraussetzung für die Öffnung.[600] Eine modular aufgebaute Infrastruktur zerfällt in einzelne Elemente – Module – die in einem Wertschöpfungsprozess getrennt voneinander bearbeitet werden und trotzdem im Ganzen zusammenwirken. Eine Modularisierung erlaubt damit eine arbeitsteilige Wertschöpfung von in Teilen geöffneten Systemen.[601] Die Feingliedrigkeit der Modularisierung bestimmt, wie differenziert ein Unternehmen einzelne Teile seiner Informationstechnik öffnen kann, ohne die Wertschöpfung durch geschlossene andere Teile zu behindern. Darüber hinaus muss ein Unternehmen auch in der Lage sein, die Schnittstellen zwischen den internen und externen Modulen sicher zu gestalten. Schnittstellen zwischen internen und externen Modulen gefährden die Sicherheit des Systems. Durch fehlerhafte Schnittstellen können Dritte einen Zugriff auf geschlossene Elemente eines Systems erlangen. Dies kann zu einer unfreiwilligen Öffnung von I.-Ressourcen und zu einem sinkenden Vertrauen Dritter in die Integrität des Systems führen. Um diese Gefahr zu minimieren, sind daher Investitionen in die Sicherheit der Infrastruktur notwendig.[602]

Apple führt die Schwierigkeiten vor Augen, die mit dem technischen Schutz der Elemente einer teiloffenen Informationssphäre verbunden sind. Das Unternehmen behält die API Cocoa touch unter seiner Kontrolle. Dritten ist es jedoch mittels des sogenannten „jailbreaking" gelungen, die technische Kontrolle auszuhebeln und direkten Zugriff auf das Dateisystem des iPhones zu erlangen. Damit können sie Anwendungen vollständig nach eigenem Ermessen installieren.[603] Hierdurch sind auch von Apple unabhängige Vertriebskanäle denkbar. So kündigte ein Promotionsstudent aus den USA im März 2009 an, einen eigenen Online-Shop für Drittanwendungen des iPhones zu eröffnen.[604] Apple ist es insoweit nicht gelungen, die Sicherheitsbeschränkungen zwischen seinen Modulen technisch effektiv zu verwirklichen. Ein weiteres Beispiel für Sicherheitsprobleme liefert das Unternehmen Twitter. Angemeldete Kunden können über den gleichnamigen Dienst Kurznachrichten veröffentlichen. Jedoch gelingt es dem Unternehmen nicht vollständig, den Zugriff Dritter auf unerlaubte Bereiche des Dienstes zu verweigern. Akteuren ist es gelungen, Zugriff auf fremde Benutzerkonten zu erlangen.[605] Inwieweit eine Öffnung erfolgreich durchgeführt werden kann, hängt zum Ersten von der vorhandenen technischen Infrastruktur ab. Zum Zweiten sind

---

[600]   Vgl. Cusumano/Gawer (2002), S. 53.

[601]   Vgl. Baldwin/Clark (2000), S. 237, Behlendorf (1999), S. 150 und Narduzzo/Rossi (2004), S. 84 ff.

[602]   Vgl. IT Governance Institute (2005), S. 13.

[603]   Vgl. Simpson (2009), S. 23.

[604]   Vgl. Iwatani Kane (2009), S. B.1.

[605]   Vgl. Carr (2009), S. 2 und Casale et al. (2009), S. 27.

die Ressourcen und Fähigkeiten, die Infrastruktur an die aus dem Handlungsfeld „Ressourcen und Kernkompetenzen" abgeleiteten Anforderungen anzupassen, von Relevanz.

Ein *ISM* setzt damit nicht nur betriebswirtschaftlich-strategisches sondern auch informationstechnisches Wissen voraus. Voraussetzung für eine erfolgreiche Öffnung von I.-Ressourcen ist daher nicht nur der Besitz einer zu öffnenden I.-Ressource sowie die geschlossene überlegene Ressourcenausstattung eines Unternehmens, sondern auch eine entsprechende informationstechnische Infrastruktur. Der Erfolgsbeitrag ist jedoch weniger in der Informationstechnik, als vielmehr in den Fähigkeiten der Mitarbeiter und des Unternehmens zu vermuten, die Technik effektiv, effizient und zielgerichtet zu nutzen sowie sie weiterzuentwickeln und an geänderte Anforderungen anzupassen.[606] Damit ist das Management der Informationstechnik im Rahmen eines *ISMs* eine Kernkompetenz.

Tabelle 5 stellt die Aufgaben des Handlungsfelds „Informationstechnik" zusammenfassend dar.

Handlungsfeld Informationstechnik
• modularisiere eigene Produkte/Informationssysteme
• bestimme die zentralen technischen Elemente
• entwickle Öffnungs- und Kontrollmechanismen
• gestalte die Öffnung so, dass die Ressourcen einfach zu nutzen sind

Tabelle 5: Aufgaben des Handlungsfelds „Informationstechnik"

3. Wertschöpfungspartner

Während im Handlungsfeld „Ressourcen und Kernkompetenzen" gewünschte externe Ressourcen und Kernkompetenzen erarbeitet werden, werden in diesem Handlungsfeld potenzielle „Wertschöpfungspartner" als Träger der Kompetenzen identifiziert und zur Teilnahme an der Informationssphäre motiviert. Erst ihre Teilnahme schafft die Voraussetzung dafür, dass ein Unternehmen von der Öffnung externer Ressourcen profitieren kann.

Das Spektrum potenzieller Partner für eine Informationssphäre ist breit. Neben Abnehmern und Lieferanten, mit denen häufig bereits im Rahmen von Geschäftsbeziehungen eine enge Kooperation bestehen kann, können auch Endkunden, Beratungsorganisationen, Universitäten und andere Forschungseinrichtungen, aber auch Wettbewerber potenzielle Träger komplementärer Kompetenzen sein. Das Kompetenzportfolio potenzieller Unternehmenspartner kann – zumindest soweit sie sich in der gleichen Branche befinden – in der Regel gut über ihre Rolle inner-

---

[606]   Vgl. Wade/Hulland (2004), S. 114 f.

halb einer Industriestruktur sowie über die Art und Qualität ihrer Produkte identifiziert werden. Bei Endkunden ist dies hingegen problematischer. Sie werden in klassischen Wertschöpfungsbetrachtungen als Konsumenten und damit als passiv angesehen. Werden Kunden hingegen als „Prosumer"[607] betrachtet, die eine aktive Rolle innerhalb der Wertschöpfung einnehmen, rücken ihre Kompetenzen, Fähigkeiten und Bedürfnisse in den Fokus der Betrachtung. ROGERS unterteilt Kunden hinsichtlich ihrer Bereitschaft, Innovation anzunehmen, in fünf Klassen: (1) Innovatoren (innovators), (2) Kunden mit früherer Bereitschaft (early adopters), (3) frühe Mehrheit (early majority), (4) späte Mehrheit (late majority) und (5) Nachzügler (laggards).[608] Dabei können Innovatoren und Kunden mit einer frühen Bereitschaft wertvolle Informationen zu einem Markteintritt geben. Dies gilt insbesondere für sogenannte „Lead User", deren Einbindung in einen Innovationsprozess helfen kann, diesen bereits in frühen Phasen an den Kundenbedürfnissen auszurichten.[609] In späteren Phasen eines Produktlebenszyklus können auch andere Kundentypen relevante Ressourcen und Kernkompetenzen zu einer Informationssphäre beitragen. Diese sind zwar weniger innovativ, können jedoch Information z. B. zu Personen, zur Geografie oder zu einer Subkultur liefern. Für ein Unternehmen besteht die Herausforderung darin, die einzelnen Akteure zu identifizieren, die Öffnung entsprechend auszurichten und ihnen gemäß ihrer Ressourcen und Kernkompetenzen die Teilnahme zu ermöglichen.

Google zeigt, wie die Ausrichtung an eine Zielgruppe und die entsprechende Gestaltung der Öffnung die Partizipation potenzieller Wertschöpfungspartner unterstützen kann. Google greift bei der Öffnung seiner Informationssphäre auf die an Universitäten häufig gelehrte und unter Anwendungsentwicklern verbreitete Programmiersprache Java zurück. Darüber hinaus veröffentlicht das Unternehmen ein Referenzhandbuch in Form einer Website, die in ihrer Gestaltung auf Anwendungsentwickler zugeschnitten ist, sodass diese sich in dem Handbuch schnell zurechtfinden können.[610] Bei der Öffnung des Dienstes Google Maps,[611] gestaltet sich die Öffnung jedoch anders. Der Dienst stellt Kartenmaterial öffentlich zur Verfügung. Diesem können Dritte ortsbezogene Informationen hinzufügen, damit thematische Karten erstellen und diese wiederum ihren Freunden oder der Allgemeinheit zur Verfügung stellen. Dabei zielt die Gestaltung des Dienstes auf nicht IT-affine und weniger innovative Nutzer ab. Die Benutzerschnittstelle zeichnet sich dadurch aus, dass sie – insbesondere im Vergleich zu früheren geografischen Informationssystemen – intuitiv bedient werden kann. Indem das Unternehmen

---

[607]   Vgl. Toffler (1980), S. 273.

[608]   Vgl. Rogers (2003), S. 282 ff.

[609]   Vgl. von Hippel (1986) und Urban/von Hippel (1988).

[610]   Vgl. Google (2009e).

[611]   Vgl. Google (2009f).

gezielt auf die Fähigkeiten und Bedürfnisse seiner Nutzer eingeht, gelingt es Google, hoch qualifizierte und innovative Anwendungsentwickler für die Plattform Android sowie eine Vielzahl unterschiedlicher Verwender für Google Maps und damit ein breites Spektrum an ortsbezogenen Informationen zu gewinnen.

Wertschöpfungspartner müssen nicht nur identifiziert, sie müssen auch mittels eines wirksamen Anreizsystems für einen Beitrag motiviert werden. Das Anreizsystem muss von dem Unternehmen als Kombination intrinsischer, sozialer und extrinsischer Motivationsfaktoren gestaltet werden. Wie das Beispiel Google Maps zeigt, kann die *intrinsische* Motivation einen hohen Stellenwert einnehmen. Bei dieser ist ein Akteur nicht durch einen Vorteil motiviert, der ihm persönlich als Ergebnis der Handlung entsteht. Die Handlung selbst wird vielmehr als Vorteil begriffen (z. B. Spaß). Eine intrinsische Motivation ist insbesondere bei der Entwicklung von OSS durch individuelle Akteure eine treibende Kraft.[612] Darüber hinaus können individuelle Akteure für die Teilnahme *sozial* motiviert werden. Diese Motivation speist sich aus dem Nutzen, den ein Akteur mit seinem Beitrag für ein soziales Gefüge erbringt, sowie aus der Anerkennung, die er durch den Beitrag erfährt.[613] Diese Motivation ist umso größer, je höher die erwartete Reaktion Dritter auf eine Handlung ist, gewichtet nach der Bedeutung, die ein handelnder Akteur diesen Dritten subjektiv beimisst.[614] Eine intrinsische Motivation kann gefördert werden, indem der Beitrag eines Teilnehmers dem sozialen Gefüge transparent gemacht wird, z. B. indem Dritte diesen Beitrag öffentlich bewerten. Voraussetzung für soziale Motivation ist, dass eine kritische Masse an Akteuren involviert ist.[615] Um diese zu erreichen, können Akteure *extrinsisch* durch direkte oder indirekte Zahlungen motiviert werden.[616] Um die Entwicklung einer initialen Basis von Anwendungen voranzutreiben, hat Google parallel zur Veröffentlichung von Android zwei mit insgesamt zehn Millionen Dollar dotierte Wettbewerbe für die Entwicklung neuer auf Android basierender Dienste ausgeschrieben.[617]

---

[612] Vgl. Achtenhagen/Müller-Lietzkow/zu Knyphausen-Aufseß (2003), S. 465 f., Bitzer/Schrettl/Schröder (2007), Hertel/Niedner/Herrmann (2003), S. 1176, Lakhani/Wolf (2005), S. 3 ff., Raymond (1999b) und Torvalds/Diamond (2001).

[613] So zeigt eine Untersuchung von „Social Bookmarking Systems", dass der Beitrag eines Akteurs vom Beitrag Dritter abhängt. Er ist dagegen unabhängig vom eigenen Nutzen, den dieser Akteur dem Beitrag Dritter zumisst. Darüber hinaus hängt der Beitrag eines Akteurs davon ab, welchen Nutzen für Gemeinschaft er diesem Beitrag zurechnet, vgl. Arakji/Benbunan-Fich/Koufaris (2009), S. 250 f.

[614] Vgl. Hertel/Niedner/Herrmann (2003), S. 1163.

[615] So kann eine soziale Motivation nur dann entstehen, wenn sich bereits ein ausreichend großes und für die zu motivierenden Akteure relevantes soziales Gefüge gebildet hat. Ebenso kann eine intrinsische Motivation von der Größe einer Informationssphäre und den damit zur Verfügung stehenden komplementären Ressourcen abhängen.

[616] Vgl. Franz (2003), S. 111 f.

[617] Vgl. Google (2007).

Mit der Entwicklung eines Anreizsystems eng verknüpft, ist die Steuerung des Wertschöpfungsbeitrags. Ziel der Steuerung ist es, die fremde Wertschöpfung auf die eigenen Kernkompetenzen abzustimmen. Liegt dem Beitrag Dritter eine individualvertragliche Vereinbarung zugrunde, können mit dieser durchsetzbare Verpflichtungen Dritter begründet werden.[618] Erfolgt eine Teilnahme Dritter jedoch auf Grundlage einer I.-Ressource, die für die Allgemeinheit geöffnet ist, sind subtilere Steuerungsmittel notwendig. Insoweit käme in Betracht, mithilfe eines „Community Engineerings" ein anerkanntes Qualitätsniveau und ein gemeinsames Wertschöpfungsziel zu vereinbaren, dem sich sozial motivierte Akteure verpflichtet fühlen.[619] Darüber hinaus können Schlüsselspieler auf die spontane Entwicklung einer Informationssphäre steuernd einwirken, indem sie die Schlüsselressource als Grundlage der Wertschöpfung weiterentwickeln, externe Innovation fördern und Qualitätsmaßstäbe festlegen.[620] Das Unternehmen kann Regeln propagieren, Werte und Ziele für die Informationssphäre festsetzen und diese bei Zuwiderhandlung zumindest potenziell durchsetzen.

Apple z. B. stellt feste Regeln für die Teilnahme von Anwendungsentwicklern an einer Informationssphäre auf. Mit diesen Regeln versucht das Unternehmen eine Informationssphäre zu formen, die dem Image von Apple – insbesondere bezüglich der Einfachheit, Fehlerfreiheit und Werthaltigkeit – entspricht. So fordert Apple eine digitale Signatur für Anwendungsprogramme, anhand derer Urheber identifiziert werden können, um die Entwickler von Schadprogrammen abzuschrecken.[621] Darüber hinaus verbietet Apple Programme, die anstößige Inhalte verbreiten.[622] Der Einfluss auf die Informationssphäre versetzt das Unternehmen in die Lage, den Inhalt und das Wachstum der Informationssphäre zu steuern.

Jedoch ist einem Schlüsselspieler zu empfehlen, den eigenen Einfluss nur behutsam auszubauen und nachvollziehbar im Interesse der Gemeinschaft der an

---

[618]   Selz spricht in diesem Zusammenhang von „Charry-picking" und bezeichnet damit das Verhalten eines Unternehmens, mit dem es sich Partner heraussucht, die den eigenen Wertschöpfungszielen entsprechen, vgl. Selz (1999), S. 112 f.

[619]   So existiert z. B. innerhalb von Wikipedia ein Regelwerk, an das sich die Autoren halten sollen, vgl. Wikipedia (2009). Jedoch kann dieses Regelwerk nicht vertraglich durchgesetzt werden, da sich jedermann an der Enzyklopädie ohne Anmeldung beteiligen kann. Trotzdem fühlen sich genügend Autoren diesem Regelwerk verpflichtet, sodass es innerhalb von Wikipedia effektiv ist.

[620]   Vgl. Iansiti/Levien (2004b), S. 82 f. und S. 92-95.

[621]   Vgl. Postinett (2008a), S. 19.

[622]   So verbot Apple z. B. die Anwendung „Newspaper(s)", mit der Inhalte namenhafter Zeitungen betrachtet werden konnten. Die Begründung hierfür lautete, dass die regelmäßig auf der dritten Seite der britischen Zeitung „Sun" erscheinenden Bilder leichtbekleideter Damen gegen das Pornografieverbot von Apple verstoßen würden. Erst, nachdem die „Sun" aus dem Angebot von Newspaper(s) entfernt wurde, konnte die Anwendung vertrieben werden, vgl. Ray (2009).

einer Informationssphäre beteiligten Akteure durchzusetzen. Er hat zu berücksichtigen, dass sein Verhalten zu einem Ausscheiden von Nischenakteuren in der Informationssphäre führen kann.[623] Das kann für ihn auch nachteilhaft sein: Denn auch der Schlüsselspieler ist regelmäßig auf eine hinreichende Anzahl von Akteuren angewiesen.[624] Ein Schlüsselspieler sollte daher mittels Selbstverpflichtungserklärungen, mittels weniger restriktiven Lizenzbedingungen und weiterer Maßnahmen das Vertrauen Dritter in seine Integrität fördern.[625] Im Rahmen des Handlungsfelds sind damit nicht nur Akteure und deren positive Motivationstreiber zu identifizieren, sondern auch die Befürchtungen potenzieller Wertschöpfungspartner zu berücksichtigen.

Tabelle 6 stellt die Aufgaben des Handlungsfelds „Wertschöpfungspartner" zusammenfassend dar.

Handlungsfeld Wertschöpfungspartner
• identifiziere komplementäre Partner
• bewerte deren Fähigkeiten & Bedürfnisse
• designe ein entsprechendes Anreizsystem
• steuere den Wertschöpfungsbeitrag der Partner

Tabelle 6: Aufgaben des Handlungsfelds „Wertschöpfungspartner"

4. Rentenaneignung

Ein Wettbewerbsvorteil führt nicht notwendigerweise zur Erlössteigerung eines Unternehmens. Das Beispiel Facebook illustriert die Schwierigkeit, die mit einer Aneignung verbunden sein kann. Zwar gelang es dem Unternehmen, durch den Aufbau einer Informationssphäre einen Wettbewerbsvorteil zu schaffen. Trotzdem geriet es im März 2009 in einen finanziellen Engpass, da es nicht ausreichend Erlöse generieren konnte.[626] Gegenstand des Handlungsfelds „Rentenaneignung" ist es daher, Wege zu identifizieren, mit denen sich ein Unternehmen eine geschaffene Rente auch aneignen kann. Hierzu sind Kernkompetenzen zu wählen, die als Erlösquelle genutzt werden können und potenzielle Erlösquellen zu identifizieren.

Für die Entwicklung einer Erlösquelle sind die ihr zugrundeliegenden Ressourcen zu identifizieren. Dies sind zum Ersten die durch das herkömmliche Ressourcenmanagement beschriebenen geschlossenen Ressourcen, die vor einer

---

[623] Vgl. Pierce (2009), S. 343.

[624] Vgl. Hagel III (1996), S. 14 und Iansiti/Levien (2004a), S. 78.

[625] Vgl. Garud/Jain/Kumaraswamy (2002), S. 204-206.

[626] Vgl. Ante (2009).

fremden Imitation und Substitution geschützt sind.[627] Zum Zweiten sind dies die-jenigen Ressourcen, auf die ein Unternehmen gegenüber seinen Wettbewerbern bevorzugt zugreifen kann. Hierzu zählen insbesondere Ressourcen, die direkt von Dritten gewonnen werden – wie z. B. die im Rahmen einer Kundenintegration mithilfe von Toolkits gewonnen Bedürfnisinformationen.[628] Auch externe Ressourcen, die auf intern kontrollierte Ressourcen spezialisiert sind – wie z. B. die auf Facebook spezialisierten Anwendungen Dritter – sind einzubeziehen. Mit diesen Ressourcen können Kernprodukte geschaffen werden, die Wettbewerber nicht imitieren oder substituieren können. Werden diese Kernprodukte – und damit die ihnen zugrundeliegenden Ressourcen – Hauptbestandteil eines Unternehmens-produktes, so erschließt sich dem Unternehmen eine potenzielle Erlösquelle, die nachhaltig Bestand haben kann.

Um potenzielle Erlösquellen abschöpfen zu können, ist die Entwicklung eines Aneignungsmechanismus notwendig. Voraussetzung hierfür ist es, mithilfe der identifizierten Ressourcen ein Produkt zu schaffen, für das bei potenziellen Kunden Zahlungsbereitschaft besteht. Dabei gilt es, externe Ressourcen derart zu nutzen, dass potenzielle Kunden das Produkt nicht selbst mit einem ähnlichen Aufwand schaffen können. Hierzu stehen drei Wege offen: (1) Eine allgemein ver-fügbare Ressource kann in den eigenen Produktionsprozess eingebracht werden. (2) Ein Unternehmensprodukt kann von einer externen Verwertung einer Ressource profitieren. (3) Eine eigene Machtposition kann ausbezahlt werden.

(1) Eine allgemein verfügbare Ressource kann in einen eigenen Wert-schöpfungsprozess eingebracht werden, um gemeinsam mit anderen Unter-nehmensressourcen ein Produkt herzustellen. Können Kunden dieses Produkt nicht selbst herstellen, da ihnen die hierzu notwendigen Unternehmensressourcen fehlen, so ergibt sich eine Zahlungsbereitschaft, die abgeschöpft werden kann. Die An-eignung erfolgt indirekt, da ausschließlich die exklusiven Unternehmensressourcen eine Wertaneignung ermöglichen, während die Höhe des sich anzueignenden Wertes sowohl von den eigenen Ressourcen als auch von der offenen Ressource abhängt. Bertelsmann z. B. kündigte im April 2008 an, die Inhalte der Enzyklo-pädie Wikipedia als Buch zu veröffentlichen.[629] Eine Zahlungsbereitschaft für dieses Buch könnte allein daraus entstehen, dass Bertelsmann über die not-wendigen Druck- und Bindemaschinen, mithin über Ressourcen verfügt, welche die potenziellen Käufer nicht besitzen.[630] Der Großteil des Wertes, den das Produkt

---

627   Vgl. Barney (1991) und Dierickx/Cool (1989).

628   Vgl. Thomke/von Hippel (2002) und von Hippel (1994).

629   Vgl. Siebenhaar (2008), S. 16.

630   Anzumerken ist, dass diese Ressourcen nicht selten sind. Wettbewerber könnten damit die Strategie von Bertelsmann imitieren. Dies ist jedoch eine Frage des strageischen Nutzens, nicht der Aneignung entstehender Werte.

erbringen könnte, würde sich jedoch aus der frei verfügbaren Information, die Wikipedia entnommen wird, speisen.

(2) Ein Unternehmen kann sich auch dann einen Teil des Wertes einer externen Ressource aneignen, wenn diese durch Dritte genutzt wird. Das gilt unabhängig davon, ob die Invention allgemein zugänglich ist oder ob sie sich im exklusiven Besitz eines Dritten befindet. Die Aneignung geschieht in diesem Fall durch den Verkauf eines eigenen Produkts. Im Gegensatz zum erstgenannten Aneignungstypus basiert das Produkt vollständig auf eigenen Ressourcen. Die externe Verwertung der Innovation führt jedoch dazu, dass Kunden die Produkte effektiver und effizienter nutzen können, dass Zulieferer bessere Vorprodukte, Maschinen oder Werkzeuge anbieten, dass komplementäre Produkte zur Verfügung stehen.[631] In allen diesen Fällen übt eine externe Verwertung positive Externalitäten auf das eigene Produkt aus, mit denen sein Absatz gesteigert oder sein Preis angehoben und damit ein Teil des geschaffenen Wertes angeeignet werden können. Exemplarisch für derartige Aneignungsmechanismen sind Geschäftsmodelle, die auf OSS aufbauen. Dabei erzielen Unternehmen vor allem Erlöse aus dem Verkauf von zu Software komplementären Dienstleistungen – wie z. B. Installation und Pflege von Informationssystemen, Hardware, Zubehör, Schulungen, Beratungen oder sonstige Dienstleistungen, die auf der quelloffenen Software aufbauen.[632] Auch Google folgt diesem Prinzip, indem es mit der Freigabe des Betriebssystems Android den Wert seines Werbeangebots steigert. Das Unternehmen nutzt hierzu seine im Wettbewerb überlegenen Ressourcen und Fähigkeiten zur Entwicklung neuartiger Dienste auf Basis eines einzigartigen Datenbestands. Unternehmen, die diesem Aneignungsmechanismus folgen, erzielen ihre Erlöse damit nicht aus der OSS selbst, sondern aus der Nachfrage nach komplementären Produkten, die mit dem Einsatz dieser Software steigt.

(3) Unternehmen können sich die Machtposition innerhalb einer Informationssphäre auszahlen lassen. Diese Erlösquelle zeichnet sich dadurch aus, dass sie nicht aus einem im Wettbewerb überlegenen Produkt resultiert. Sie folgt vielmehr aus der Quasi-Monopolstellung, die ein Unternehmen durch den Besitz und die

---

[631] Für eine detaillierter Betrachtung indirekter Aneignungsmechanismen aus der Verwertung einer Invention durch Dritte siehe Kap. B.II.2.2. Dabei findet die bewusste Herbeiführung einer Substitution eigener Inventionen vorliegend keine Beachtung, da ausschließlich eine externe Verwertung extern geschaffener Invention betrachtet wird. Weiterhin ist zu beachten, dass die Fälle einer externen Verwertung, die zu verbesserten Vorprodukten, Maschinen und Werkzeugen führen, nicht von dem Fall abgedeckt werden, dass ein Unternehmen die extern geschaffene Ressource in die eigene Produktion aufnimmt. Eventuell kann das eigene Unternehmen die extern geschaffene Ressource nicht oder nicht in dem Ausmaß verwerten wie es einem Zulieferer gelingt, vgl. hierzu auch Harhoff/Henkel/von Hippel (2003), S. 1760-1762.

[632] Vgl. Achtenhagen/Müller-Lietzkow/zu Knyphausen-Aufseß (2003), S. 470, Dahlander (2005), S. 270 f., Hemphill (2006), S. 70 f. und Markus/Manville/Agres (2000), S. 19.

Kontrolle einer Schlüsselressource innerhalb einer Informationssphäre einnimmt. So sichert Apple sich mit dem Besitz der kombinierten Schlüsselressource Cocoa touch/Apple OS eine Monopolstellung für seinen AppStore. Da dritte Entwickler ihre Anwendungen über diesen Store verkaufen bzw. Kunden diese hierüber beziehen müssen, kann das Unternehmen faktisch eine Provision in Höhe von 30 % für sämtliche in der Informationssphäre veräußerten Anwendungen verlangen.[633]

Bei allen drei Aneignungsmechanismen muss sichergestellt werden, dass die Erlösquelle von Dritten unabhängig ist. Eine Nutzung externer Ressourcen kann jedoch zu einer Abhängigkeit gegenüber Dritten und eine solche Abhängigkeit wiederum zu Forderungen Dritter führen. Das gilt vor allem, wenn Zweifel an der Schutzfähigkeit eigener Ressourcen bestehen.[634] Daher ist die Abhängigkeit eigener Ressourcen von denen Dritter möglichst zu vermeiden oder mit vertraglichen Beziehungen abzusichern. Gelingt dies, können die drei vorgestellten Mechanismen dazu genutzt werden, sich geschaffene Renten in einer Informationssphäre und damit den Wert externer Ressourcen anzueignen.

Tabelle 7 stellt die Aufgaben des Handlungsfelds „Rentenaneignung" zusammenfassend dar.

Handlungsfeld Rentenaneignung
• identifiziere Ressourcen als Grundlage für Erlösquellen
• entwickle einen Aneignungsmechanismus
o Einbringen öffentlicher Ressourcen
o Profitieren von externer Verwertung
o Ausbezahlen einer Machtposition
• sichere Unabhängigkeit eigener Erlösquellen

Tabelle 7: Aufgaben des Handlungsfelds „Rentenaneignung"

---

[633]   Vgl. Wingfield (2008), S. B.1.
[634]   Vgl. Kap. C.III.4, Kap. F.III.1 und Teece (1986), S. 290-292.

V. Zusammenfassung

Das vorliegend konzeptualisierte *Management überbetrieblicher Informationssphären* erweitert und integriert die herkömmlichen ressourcenorientierten Ansätze. Dabei konnte aufgezeigt werden, dass insbesondere die Konfiguration einer Informationssphäre – die Offenheit der beteiligten Ressourcen sowie ihre Beziehungen zueinander – determinieren, inwieweit ein Unternehmen vom Wertschöpfungspotenzial externer Ressourcen profitieren kann. Dabei nehmen Schlüsselressourcen eine herausragende Stellung ein, da von ihnen wesentliche Teile der Informationssphäre abhängig sind.

Aus dieser Konzeptualisierung leiten sich die Ziele des *ISMs* ab: Ein Unternehmen sollte einen so weitreichenden Einfluss auf die Informationssphäre gewinnen, dass es ihre Entwicklung zu seinem Vorteil beeinflussen kann. Von zentraler Bedeutung ist dabei die Kontrolle über Schlüsselressourcen, die zu einer Abhängigkeit der an der Wertschöpfung beteiligten Akteure führen. Schlüsselressourcen können darüber hinaus genutzt werden, um eine Rente zu erzielen. Mit ihrer Hilfe kann ein Unternehmen eine Quasi-Monopolstellung innerhalb der Informationssphäre erlangen. Apple demonstriert dies am Beispiel des iPhones. Auch mit eigenen herausragenden Ressourcen, mit denen sich ein Unternehmen im Wettbewerb innerhalb einer Informationssphäre einen Vorteil erarbeiten kann, kann eine Rente erzielt werden.

Hieraus ergeben sich praxisorientierte Handlungsfelder des *ISMs*, die anhand der Beispiele Apple iPhone und Google Android illustriert wurden (vgl. Abbildung 18). Die Handlungsfelder bilden die Bausteine eines *ISMs*: Aufgabe des Handlungsfelds „Ressourcen und Kernkompetenzen" ist das strategisch-konzeptionelle Design des Erfolgspotenzials eines Unternehmens im Kontext einer Informationssphäre. Dieses Handlungsfeld bezieht sich insbesondere auf den Umgang mit eigenen Ressourcen und Kernkompetenzen sowie auf die Frage, wie ein Unternehmen mit ihrer Öffnung vom Wertschöpfungspotenzial externer Ressourcen profitieren kann. Die technische Umsetzung dieser Entscheidungen erfolgt im Handlungsfeld „Informationstechnik". Dieses ist nicht nur von ausführendem Charakter, sondern schränkt auch den Spielraum des zuerst genannten Handlungsfelds ein oder erweitert es. Im Rahmen des dritten Handlungsfelds sind „Wertschöpfungspartner" zu identifizieren, zu gewinnen und ihr Wertbeitrag zu steuern. Das Handlungsfeld „Rentenaneignung" verfolgt schließlich das Ziel, den geschaffenen Wert in Unternehmenserlöse zu überführen.

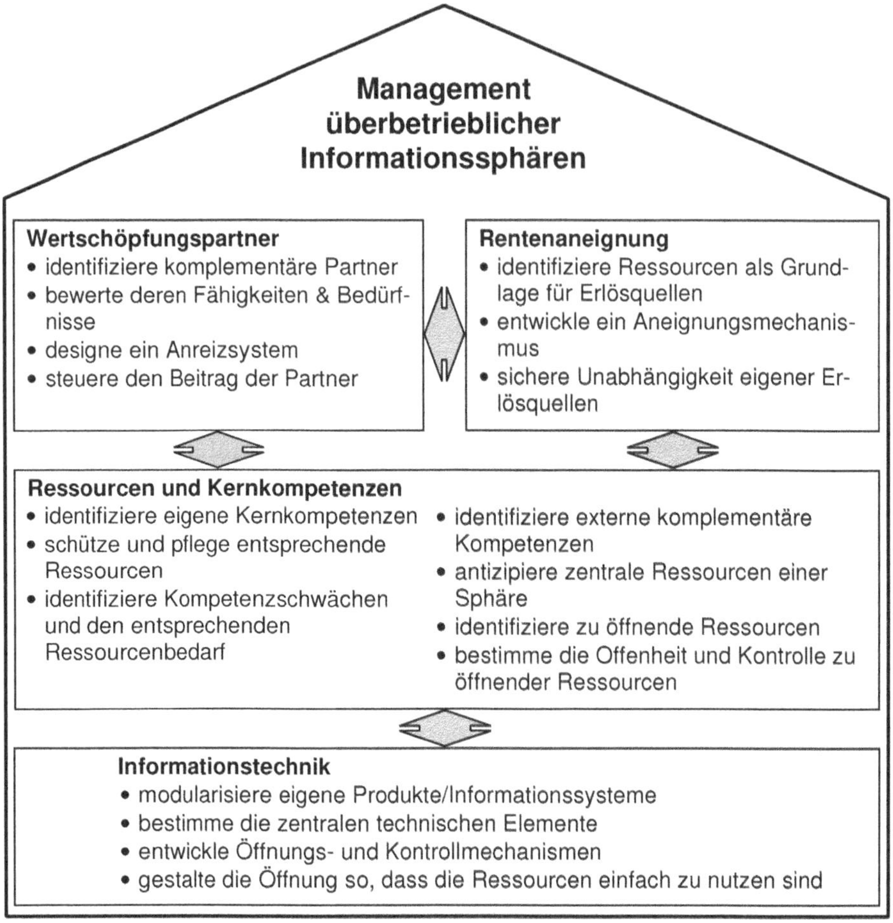

**Management
überbetrieblicher
Informationssphären**

Wertschöpfungspartner
- identifiziere komplementäre Partner
- bewerte deren Fähigkeiten & Bedürfnisse
- designe ein Anreizsystem
- steuere den Beitrag der Partner

Rentenaneignung
- identifiziere Ressourcen als Grundlage für Erlösquellen
- entwickle ein Aneignungsmechanismus
- sichere Unabhängigkeit eigener Erlösquellen

Ressourcen und Kernkompetenzen
- identifiziere eigene Kernkompetenzen
- schütze und pflege entsprechende
  Ressourcen
- identifiziere Kompetenzschwächen
  und den entsprechenden
  Ressourcenbedarf

- identifiziere externe komplementäre
  Kompetenzen
- antizipiere zentrale Ressourcen einer
  Sphäre
- identifiziere zu öffnende Ressourcen
- bestimme die Offenheit und Kontrolle zu
  öffnender Ressourcen

Informationstechnik
- modularisiere eigene Produkte/Informationssysteme
- bestimme die zentralen technischen Elemente
- entwickle Öffnungs- und Kontrollmechanismen
- gestalte die Öffnung so, dass die Ressourcen einfach zu nutzen sind

**Abbildung 18: Handlungsfelder und Aufgaben des Managements überbetrieblicher
Informationssphären**

Die Ziele eines *ISMs* können nur im Zusammenspiel dieser Handlungsfelder erreicht werden. Damit ist eine Öffnung keine einmalige, sich selbst tragende Handlung. Im Rahmen eines *ISMs* ist der eigene Einfluss zu nutzen, um die Wertschöpfung in einer sich ständig wandelnden Informationssphäre aufrecht zu erhalten und ihre Qualität zu garantieren sowie die eigene Rente zu sichern. Dabei liegt die Kunst des *ISMs* darin, die eigenen Interessen mit denen der Wertschöpfungspartner auszubalancieren.

G.   Zusammenfassung und Implikationen

I.   Zusammenfassung

Ausgangspunkt der vorliegenden Arbeit war die Feststellung, dass Phänomene der Öffnung von I.-Ressourcen dem herkömmlichen Ressourcenansatz entgegenstehen. Beispiele wie IBM, Facebook, Google und Apple zeigen, dass Unternehmen mit der Öffnung von I.-Ressourcen einen Wettbewerbsvorteil erzielen können. Der herkömmliche Ressourcenansatz argumentiert demgegenüber, dass Ressourcen vor einer externen Nutzung zu schützen sind, wenn sie zu einem Wettbewerbsvorteil beitragen sollen. Ziel der Arbeit war es daher, (1) zunächst ein im Ressourcenansatz verankertes strukturiertes Problemverständnis dieser Phänomene zu entwickeln und (2) eine erweiterte Sicht des Ressourcenmanagements zu erarbeiten und als ein Management überbetrieblicher Informationssphären zu konzeptualisieren.

Grundlage der Arbeit war zum einen eine innovationsökonomische Betrachtung, welche die Innovation in einer geschlossenen und einer offenen Wertschöpfung gegenüberstellte. Zum anderen basierte die Arbeit auf der Analyse des Ressourcenansatzes und seiner Erweiterungen hinsichtlich ihres Erklärungsbeitrags für die beschriebenen Öffnungsphänomene. Es wurde ein Bezugsrahmen geschaffen, anhand dessen das Wertschöpfungspotenzial externer Ressourcen und verschiedene Arten der Offenheit vor dem Hintergrund des Ressourcenansatzes beschrieben werden können. Mithilfe dieses Bezugsrahmens wurden verschiedene Arten der Wertschöpfung strukturiert und bestehende Erklärungen für die Öffnung in das Konstrukt des Ressourcenansatzes eingebettet. Dies führte zur Forderung nach einer erweiterten Sicht des strategischen Managements von I.-Ressourcen, die daraufhin als ein *Management überbetrieblicher Informationssphären (Informationssphärenmanagement, ISM)* konzeptualisiert wurde.

Die wesentlichen Ergebnisse der Arbeit sind:

- Die offene und die geschlossene Wertschöpfung sind zwei Arten der Innovation, die diametral zueinander stehen hinsichtlich der Verwendung von Information, der Kontrolle des Wertschöpfungsprozesses und der Wege einer Aneignung. Insbesondere die Offenheit des Eingangsfaktors „Information" determiniert die Offenheit des Wertschöpfungsprozesses.

- Der Ressourcenansatz sowie seine Erweiterungen können nur einen sehr begrenzten Erklärungsbeitrag für Öffnungsphänomene leisten. Der Ressourcenansatz erklärt Wettbewerbsvorteile mit der geschlossenen Ressourcenausstattung eines Unternehmens. Der Ansatz der dynamischen Fähigkeiten, der

© Springer Fachmedien Wiesbaden GmbH, ein Teil von Springer Nature 2010
S. Muhle, *Strategisches Innovationsmanagement in überbetrieblichen Informationssphären*, Edition KWV, https://doi.org/10.1007/978-3-658-24248-0_7

Wissensansatz sowie der relationale Ansatz erweitern zwar die Erklärungsreichweite. Die Anpassung einer Ressourcenausstattung an die Unternehmensumwelt bzw. langfristige überbetriebliche Kooperationen werden mit einbezogen. Der Erfolgsbeitrag offener Ressourcen oder kurzfristige Kooperationen werden von den herkömmlichen Ansätzen jedoch nicht erfasst.

- Das Öffnungsverhalten von Unternehmen kann mithilfe des erarbeiteten
  Bezugsrahmens vor dem Hintergrund des Ressourcenansatzes als eine
  differenzierte Öffnung beschrieben werden. Das Wertschöpfungspotenzial externer Wissensressourcen kann auf unterschiedliche Weise genutzt werden.
  Dabei wird das Wertschöpfungspotenzial externer Wissensressourcen durch
  ihre Komplementarität und die Transaktionskosten, die für ihre Erschließung
  anfallen, beschrieben. Öffnung bedeutet, dass ausgewählte Ressourcen in verschiedene Arten der Offenheit überführt werden. Diese werden anhand der
  Dimensionen *Zugriff* und *Kontrolle* strukturiert. Der Bezugsrahmen führt damit
  zu einem strukturierten Verständnis der bewussten Öffnung, die über die binäre
  Betrachtung *geschlossen* vs. *offen* hinausgeht, und der damit verbundenen
  Nutzung externer Wissensressourcen.

- Es wurde ein im Ressourcenansatz verankertes strukturiertes Problemverständnis von Öffnungsphänomenen geschaffen. Mit einer auf dem Bezugsrahmen
  aufbauenden Strukturierung von Wertschöpfungsformen konnten Erklärungsansätze der Öffnung in den Ressourcenansatz eingebettet werden. Externe
  Ressourcen können dazu beitragen, ein Ressourcendefizit auszugleichen und
  einen Wettbewerbsvorteil aufzubauen. Damit sollte eine exklusive Wertschöpfung und Rentenaneignung durch den Aufbau, den Schutz und die Verwertung eigener I.-Ressourcen nicht das ausschließliche Ziel des Managements
  von I.-Ressourcen sein. Diese Erkenntnis führt zur Forderung nach einer erweiterten Sicht des Managements von I.-Ressourcen, die auch eine bewusste
  Öffnung erfasst.

- Das *ISM* integriert die bestehenden ressourcenorientierten Ansätze und erweitert sie um offene Ressourcen und spontane Kooperationen. Gegenstand
  dieser Sicht ist eine überbetriebliche Informationssphäre, die I.-Ressourcen aus
  allen identifizierten Arten der Offenheit beinhalten kann. Die Konfiguration
  einer überbetrieblichen Informationssphäre determiniert den Erfolg eines
  Unternehmens in dieser Informationssphäre. Die Ziele dieses ISM sind, Einfluss zu gewinnen und Renten aus externen Ressourcen zu erzielen. Die Handlungsfelder „Ressourcen und Kernkompetenzen", „Informationstechnik",
  „Wertschöpfungspartner" und „Rentenaneignung" bilden die Bausteine der
  praktischen Umsetzung.

Die vorliegende Arbeit erbringt einen Beitrag, den eingangs dargestellten Konflikt zwischen den Öffnungsphänomenen und dem herkömmlichen Ressourcenansatz aufzulösen. Mit einer differenzierten Öffnung entlang der Dimensionen *Zugriff* und *Kontrolle* kann ein Unternehmen eine überbetriebliche Informationssphäre aufbauen und damit das Wertschöpfungspotenzial externer Ressourcen nutzen, um einen eigenen Wettbewerbsvorteil zu erzielen. Damit erweitert das Management von überbetrieblichen Informationssphären zugleich ein verbreitetes theoretisches Konzept und ein populäres Managementverständnis. Die hiermit verbundenen Implikationen für die Forschung und das Management werden abschließend diskutiert.

II.   Implikationen für die Forschung

Die vorliegende Arbeit leistet einen konzeptionellen Beitrag für zukünftige Forschung im Bereich der überbetrieblichen Wertschöpfung. Der erarbeitete Bezugsrahmen und das Konzept des *ISM* führen zu neuen Fragen, welche den Weg für weitere Forschung in diesem Bereich weisen.

Weiterer Forschungsbedarf besteht insbesondere hinsichtlich der potenziellen Erklärungskraft des *ISMs*. Die vorliegende Arbeit hat grundlegende Konzepte und Strukturen dieser Sicht erarbeitet. Sie zeigt anhand der Beispiele Apple iPhone und Google Android auf, dass diese Konzepte und Strukturen Einsichten in Öffnungsphänomene bieten, die über herkömmliche Ansätze hinausgehen. Die Arbeit motiviert damit eine auf den Konzepten und Strukturen aufbauende weitere empirisch begründete Theoriebildung des *ISMs*. Dabei sollten alle aufgezeigten Handlungsfelder auf ihren Zusammenhang mit einem nachhaltigen Wettbewerbsvorteil untersucht werden. Als Forschungsmethoden bieten sich als theoriebildende Methoden die Grounded Theory[635] und die Fallstudienanalyse[636] an.

Neben der Entwicklung einer *Theorie des ISMs* ergibt sich weiterer Forschungsbedarf hinsichtlich der einzelnen Handlungsfelder.

Bezüglich der „Ressourcen und Kernkompetenzen" ist vor allem die Struktur von Informationssphären von Interesse. Hier stellt sich insbesondere die Frage, wie sich Abhängigkeiten zwischen I.-Ressourcen und deren Wirkung auf einen Wettbewerbsvorteil beschreiben lassen. Einen spieltheoretischen Ansatz bietet hierzu die Arbeit von LIPPMAN & RUMELT, anhand derer sich Abhängigkeitsstrukturen und die Bedeutung von I.-Ressourcen in einer solchen Struktur beschreiben

---

[635]   Vgl. Corbin/Strauss (2008), Glaser (1978), Glaser/Strauss (1980), Strauss/Corbin (1990), Strübing (2002) und Strübing (2004).

[636]   Vgl. Dul/Hak (2008), Eisenhardt (1989), George/Bennett (2005) und Yin (2009).

lassen.[637] Zudem sind Schlüsselressourcen von besonderem Interesse. Dabei erscheint insbesondere relevant, wie ein Unternehmen – über Standardisierungsstrategien[638] hinaus – Schlüsselressourcen unter seiner Kontrolle etablieren oder die Kontrolle über eine bestehende Schlüsselressource gewinnen kann – z. B. indem Standards „entführt", d. h. einseitig spezialisiert werden. Derartige Mechanismen können z. B. anhand des Wettstreits zwischen Microsoft und Netscape um die Vorherrschaft im Browsermarkt[639] analysiert werden. Hierbei sind nicht nur einzelne Öffnungshandlungen getrennt voneinander, sondern auch aufeinanderfolgende „Öffnungszüge" zu betrachten.

Für das Handlungsfeld „Informationstechnik" bedarf es einer Strukturierung von Mechanismen, mit denen I.-Ressourcen in verschiedene Arten der Offenheit überführt – d. h. *geöffnet oder geschlossen* – werden können, sowie einer Analyse entsprechender Bedingungsfaktoren. Hierbei erscheint insbesondere die Kontrolldimension von Interesse, da rechtliche und faktische Mechanismen – mit Ausnahme von Open Source – bis jetzt vornehmlich als Schutzmechanismen, jedoch nicht als Mechanismen einer Öffnung, angesehen wurden.[640] Eine detaillierte Betrachtung technischer Mechanismen wurde bisher vernachlässigt. Als Ausgangspunkt dieser Untersuchung kann die Strukturierung von HENKEL dienen,[641] die aber um die Betrachtung technischer Mechanismen erweitert werden sollte.

Im Rahmen des Handlungsfelds „Wertschöpfungspartner" soll an dieser Stelle die Balance zwischen dem eigenen Nutzen und dem potenzieller Wertschöpfungspartner hervorgehoben werden. Dabei stellt sich angesichts des Verhaltens der Wertschöpfungspartner die Frage nach der Optimalität bestimmten Öffnungsverhaltens in Bezug auf die Wertschöpfung. Einen Ansatz zur formalen Betrachtung dieser Frage kann die Property Rights Theorie und speziell der Ansatz von GROSSMAN, HART und MOORE[642] bieten, der häufig als „New" Property Rights Ansatz bezeichnet wird.[643] Insbesondere kann der Kooperationsertrag, der sich durch unterschiedliches Öffnungsverhalten ergeben kann, mithilfe der Faktoren „Essentialität von Humankapital" – vorliegend „Fähigkeiten" –, der Komplementarität nicht menschlicher Ressourcen und der relativen Bedeutung spezifischer Investitionen modelliert werden.[644] Das gilt auch unter Berücksichtigung einer möglichen Hold-Up Situation infolge der internen Kontrolle über bestimmte I.-

---

[637]   Vgl. Lippman/Rumelt (2003).

[638]   Vgl. Borowicz/Scherm (2001).

[639]   Vgl. Windrum (2004).

[640]   Vgl. Levin et al. (1987).

[641]   Vgl. Henkel (2007), S. 10 ff.

[642]   Vgl. Grossman/Hart (1986) und Hart/Moore (1990).

[643]   Vgl. Foss/Foss (2001).

[644]   Vgl. Hart (1995), S. 734 und Ullrich (2004), S. 160-164.

Ressourcen. Einen Ansatz zur Modellierung von Nutzen auch nicht institutioneller Akteure gibt in diesem Zusammenhang Franck.[645] Darüber hinaus bieten Meckl & Kubitschek einen modifizierten „New" Property Rights Ansatz,[646] mit dem Empfehlungen für eine Verteilung von Eigentumsrechten in Netzwerken abgeleitet werden können. Als Brücke zwischen dem Property Rights Ansatz und dem Ressourcenansatz können die Arbeiten von Foss & Foss sowie Kim & Mahoney dienen.[647]

Im Vordergrund des Handlungsfelds „Rentenaneignung" steht die Frage nach einer phänomengeleiteten Typisierung von Aneignungsmechanismen und die Analyse ihrer Bedingungsfaktoren. Diese Betrachtung sollte – im Gegensatz zum Ansatz der meisten bestehenden Arbeiten – über die Betrachtung des einzelnen Betrachtungsgegenstands, wie z. B. der OSS, hinausgehen. Darüber hinaus ist es von Interesse, einen Bezug zwischen den Aneignungsmechanismen und der Ressourcenkonfiguration herzustellen. Dieser Bezug wirft die Frage auf, welche Arten von I.-Ressourcen und welche Art der Einbindung in eine Ressourcen-konfiguration für welche Arten von Aneignungsmechanismen geeignet sind und wie ein Erlösstrom nachhaltig verteidigt werden kann.

III. Implikationen für das Management

Für das Management liefert der vorliegende Beitrag eine strukturierende Grundlage, wie es den Umgang mit internen und externen I.-Ressourcen im Rahmen eines strategischen Informationsmanagement-Kalküls überdenken kann. Dies gilt sowohl für die Wege, mit denen ein Unternehmen externes Wertschöpfungspotenzial nutzen kann, als auch für das Verständnis des Erfolgspotenzials externer Ressourcen.

Der Bezugsrahmen und die Phänomenbetrachtung geben eine strukturierte Darstellung von Alternativen, wie externes Wertschöpfungspotenzial genutzt werden kann. Dabei beschränkt sich die vorliegende Arbeit nicht auf eine Aufzählung dieser Alternativen, sondern zeigt mithilfe des Bezugsrahmens den Gestaltungsraum eines *ISMs* auf. Zu diesen Alternativen gehören Formen der herkömmlichen Integration von Kunden und Lieferanten,[648] Formen der interaktiven Wertschöpfung,[649] ein externer Technologiebezug,[650] eine externe Techno-

---

[645]   Vgl. Franck (2006).

[646]   Vgl. Meckl/Kubitschek (2000).

[647]   Vgl. Foss/Foss (2005) und Kim/Mahoney (2005).

[648]   Vgl. Picot (1991).

[649]   Vgl. Reichwald/Piller (2009).

[650]   Vgl. Brockhoff (1995) und Pisano (1990).

logieverwertung[651] und diverse Formen der Unternehmenskooperation.[652] Der Bezugsrahmen gibt damit ein Verständnis der Nutzung externen Wertschöpfungspotenzials. Er ist entwicklungsoffen und erlaubt es, dass auch zukünftige Alternativen eingebettet werden.

Das *ISM* erweitert das Verständnis von Managern, die auf Methoden des ressourcenorientierten Managements zurückgreifen. Auf dem Ressourcenansatz basierende Öffnungskalküle können zu suboptimalen Entscheidungen führen, wenn sie eine Öffnung von I.-Ressourcen an die Allgemeinheit nicht berücksichtigen. Die Einbettung einer bewussten Öffnung in den Ressourcenansatz wirkt damit einer verkürzten Sicht auf potenzielle Öffnungsentscheidungen und ihren Konsequenzen entgegen. Damit erweitert der Bezugsrahmen ein im Ressourcenansatz verankertes Verständnis von Managern um die differenzierte Öffnung von I.-Ressourcen – eine Öffnung ausgewählter I.-Ressourcen in bestimmte Arten der Offenheit – und gibt eine Strukturierungshilfe zur Identifikation und Bewertung potenzieller Öffnungsentscheidungen.

Die vorliegende Arbeit ist jedoch kein Plädoyer für eine Öffnung. Vielmehr zeigen der Bezugsrahmen und das Konzept des *ISMs* den Gestaltungsspielraum auf, den eine erweiterte Sicht des Managements von I.-Ressourcen bietet. Dieser Gestaltungsspielraum lässt auch einer Öffnung entgegengesetzte Überlegungen in das strategische Informationsmanagement einfließen: Unternehmen sollten bestehende offene Wertschöpfungsstrukturen daraufhin prüfen, ob es sinnvoll ist, diese gegenüber Dritten zu schließen.

Ein Schließen von Wertschöpfungsstrukturen scheint oft zunächst wenig praktikabel. Prominente Fälle, wie etwa Apples iTunes-Konzept oder Nestlés „Nespresso"-Kaffeesystem zeigen jedoch, dass eine Abschottung von Wertschöpfungsstrukturen möglich und sinnvoll sein kann: *Apple* gelang es, seine Wertschöpfungskette für den digitalen Musikkonsum gegenüber Dritten abzuschotten, indem das Unternehmen den proprietären Standard FairPlay als digitales Rechtemanagementsystem einführte. Mit diesem Standard schuf Apple eine geschlossene Informationssphäre, die seinen Musikvertrieb (iTunes Store), die Abspielsoftware (iTunes), den mobilen MP3-Player (iPod) und das Mobiltelefon (iPhone) umfasst.[653] Ebenso konnte *Nestlé* eine vermeintlich offene Wertschöpfungskette für Kaffeekonsum mit dem Nespresso-Kaffeesystem sehr weitgehend abschotten. Nestlé vertreibt Kaffeepatronen, die nur mit speziellen, zu diesen passenden Kaffeeautomaten verwendet werden können.[654] Die Spezifikation

---

[651]   Vgl. Ford/Ryan (1981).

[652]   Vgl. Dyer/Singh (1998).

[653]   Vgl. George/Chandak (2006).

[654]   Vgl. Markides/Oyon (2000), S. 296 f.

für diese Patronen und für die zugehörigen Kaffeemaschinen sowie der Zugriff auf die Endkunden über Nestlés exklusiven Direktvertrieb bilden eine geschlossene Informationssphäre. Diese Beispiele verdeutlichen die Aktualität und – bezogen auf das letzte Beispiel – auch die betriebswirtschaftliche Relevanz über IT-Unternehmen und ihre jeweilige Branchenzugehörigkeit hinaus.

Die vorliegende Arbeit weist damit den Weg zum *ISM*, das Entscheidern ein besseres Verständnis ihres Handlungsspielraums aufzeigt. Dieser Weg offenbart ein breites Spektrum noch nicht oder nur unzureichend beantworteter Fragen zu Öffnungsphänomenen. Diese Fragen zu beantworten und damit das *ISM* zu gestalten, ist Aufgabe zukünftiger Forschung.

Literaturverzeichnis

Abernathy, William J.; Clark, Kim B. (1985): Innovation: Mapping the winds of creative destruction. In: Research Policy, 14 (1985) 1, S. 3-22.

Achtenhagen, Leona; Müller-Lietzkow, Jörg; zu Knyphausen-Aufseß, Dodo (2003): Das Open Source-Dilemma: Open Source-Software zwischen freier Verfügbarkeit und Kommerzialisierung. In: Schmalenbachs Zeitschrift für betriebswirtschaftliche Forschung, 55 (2003) 5, S. 455-481.

Adner, Ron (2002): When are Technologies Disruptive? A Demand-Based View of the Emergence of Competition. In: Strategic Management Journal, 23 (2002) 8, S. 667-688.

Ahuja, Gautam (2000): The Duality of Collaboration: Inducements and Opportunities in the Formation of Interfirm Linkages. In: Strategic Management Journal, 21 (2000) 3, S. 317-343.

Alavi, Maryam; Leidner, Dorothy E. (2001): Review: Knowledge Management and Knowledge Management Systems: Conceptual Foundations and Research Issues. In: MIS Quarterly, 25 (2001) 1, S. 107-136.

Albors, José; Ramos, José C.; Hervas, José L. (2008): New Learning Network Paradigms: Communities of Objectives, Crowdsourcing, Wikis and Open Source. In: International Journal of Information Management, 28 (2008) 3, S. 194-202.

Allen, Robert C. (1983): Collective Invention. In: Journal of Economic Behavior & Organization, 4 (1983) 1, S. 1-24.

AlMarzouq, Mohammad; Zheng, Li; Rong, Guang; Grover, Varun (2005): Open Source: Concepts, Benefits, and Challenges. In: Communications of the Association for Information Systems, 16 (2005), S. 756-784.

Alpar, Paul; Grob, Heinz L.; Weimann, Peter; Winter, Robert (1998): Unternehmensorientierte Wirtschaftsinformatik. Eine Einführung in die Strategie und Realisierung erfolgreicher IuK-Systeme. Braunschweig u. a. 1998.

Amazon (2007): What is Mechanical Turk? Im Web unter https://www.mturk.com/mturk/help?helpPage=overview. Abrufdatum: 01.05.2009.

Amit, Raphael; Schoemaker, Paul J. H. (1993): Strategic Assets and Organizational Rent. In: Strategic Management Journal, 14 (1993) 1, S. 33-46.

Anand, Bharat N.; Khanna, Tarun (2000): Do Firms Learn to Create Value? The Case of Alliances. In: Strategic Management Journal, 21 (2000) 3, S. 295-315.

Andrews, Kenneth R. (1987): The Concept of Corporate Strategy. 3. Aufl., Homewood, Ill. 1987.

Android (2009): Android Open Source Project – Licenses. Im Web unter http://source.android.com/license. Abrufdatum: 13.05.2009.

© Springer Fachmedien Wiesbaden GmbH, ein Teil von Springer Nature 2010
S. Muhle, *Strategisches Innovationsmanagement in überbetrieblichen Informationssphären*, Edition KWV, https://doi.org/10.1007/978-3-658-24248-0

Ante, Spencer E. (2009): Facebook Is Hunting for More Money. In: Business Week Online. Im Web unter http://www.businessweek.com/technology/content/mar2009/tc20090326_604141.htm. Abrufdatum: 27.03.2009.

Antonelli, Christiano (1999): The Evolution of the Industrial Organisation of the Production of Knowledge. In: Cambridge Journal of Economics, 23 (1999) 2, S. 243-260.

Apache (2004): Apache License, Version 2.0. Im Web unter http://www.apache.org/ licenses/LICENSE-2.0. Abrufdatum: 14.05.2009.

Apple (2008): Annual report Pursuant to Section 13 or 15(d) of the Securities Exchange Act of 1934. Im Web unter http://ccbn.10kwizard.com/xml/download.php?repo=tenk&ipage=5956638&format=PDF.   Abrufdatum: 12.05.2009.

Apple (2009a): Apple Investor Relations FAQ. Im Web unter http://phx.corporate-ir.net/phoenix.zhtml?c=107357&p=irol-faq. Abrufdatum: 12.05.2009.

Apple (2009b): Apple's Revolutionary App Store Downloads Top One Billion in Just Nine Months. Im Web unter http://www.apple.com/ca/press/2009_04/app_store.html. Abrufdatum: 12.05.2009.

Arakji, Reina; Benbunan-Fich, Raquel; Koufaris, Marios (2009): Exploring Contributions of Public Resources in Social Bookmarking Systems. In: Decision Support Systems, 47 (2009) 3, S. 245-253.

Aral, Sinan; Weill, Peter (2007): IT Assets, Organizational Capabilities, and Firm Performance: How Resource Allocations and Organizational Differences Explain Performance Variation. In: Organization Science, 18 (2007) 5, S. 763-780.

Arora, Ashish; Fosfuri, Andrea; Gambardella, Alfonso (2001): Markets for Technology and their Implications for Corporate Strategy. In: Industrial und Corporate Change, 10 (2001) 2, S. 419-451.

Arrow, Kenneth J. (1962a): Economic Welfare and the Allocation of Resources for Invention. In: Richard R. Nelson (Hrsg.): The Rate and Direction of Inventive Activity: Economic and Social Factors. Princeton 1962, S. 609-626.

Arrow, Kenneth J. (1962b): The Economic Implications of Learning by Doing. In: Review of Economic Studies, 29 (1962) 3, S. 155-173.

Arundel, Anthony (2001): The Relative Effectiveness of Patents and Secrecy for Appropriation. In: Research Policy, 30 (2001) 4, S. 611-624.

Backhaus, Klaus; Schneider, Helmut (2009): Strategisches Marketing. 2. Aufl., Stuttgart 2009.

Bain, Joe S. (1956): Barriers to New Competition. Their Character and Consequences in Manufacturing Industries. Cambridge 1956.

Baird, Douglas G.; Gertner, Robert H.; Picker, Randal C. (2003): Game theory and the law. 3. Aufl., Cambridge 2003.

Baker, George; Gibbons, Robert; Murphy, Kevin J. (2002): Relational Contracts and the Theory of the Firm. In: Quarterly Journal of Economics, 117 (2002) 1, S. 39-84.

Baldwin, Carliss Y.; Clark, Kim B. (2000): Design Rules. Band 1: The power of modularity. Cambridge 2000.

Bamberger, Ingolf; Wrona, Thomas (1996): Der Ressourcenansatz und seine Bedeutung für die strategische Unternehmensführung. In: Schmalenbachs Zeitschrift für betriebswirtschaftliche Forschung, 48 (1996) 2, S. 130-153.

Barney, Jay B. (1986): Strategic factor markets: expectations, luck, and business strategy. In: Management Science, 32 (1986) 10, S. 1231-1241.

Barney, Jay B. (1991): Firm Resources and Sustained Competitive Advantage. In: Journal of Management, 17 (1991) 3, S. 99-120.

Behlendorf, Brian (1999): Open Source as a Business Strategy. In: C. Di Bona; S. Ochman; M. Stone (Hrsg.): Voices from the Open Source Revolution. Sebastopol 1999, S. 149-170.

Bell, Daniel (1981): Models and Reality in Economic Discourse. In: D. Bell; I. Kristol (Hrsg.): The Crisis in Economic Theory. New York 1981, S. 46-80.

Benkler, Yochai (2006): The wealth of networks. How social production transforms markets and freedom. New Haven 2006.

Bergquist, Magnus; Ljungberg, Jan (2001): The Power of Gifts: Organizing Social Relationships in Open Source Communities. In: Information Systems Journal, 11 (2001) 4, S. 305-320.

Bessen, James; Maskin, Eric (2002): Sequential Innovation, Patents, and Imitation. Im Web unter http://www.researchoninnovation.org/patrev.pdf. Abrufdatum: 01.03.2008.

Bettis, Richard A.; Hitt, Michael A. (1995): The New Competitive Landscape. In: Strategic Management Journal, 16 (1995) Summer Special Issue, S. 7-19.

Bitzer, Jürgen; Schrettl, Wolfram; Schröder, Philipp J. H. (2007): Intrinsic Motivation in Open Source Software Development. In: Journal of Comparative Economics, 35 (2007) 1, S. 160-169.

Bode, Jürgen (1993): Betriebliche Produktion von Information. Wiesbaden 1993.

Bonaccorsi, Andrea; Rossi, Cristina (2003): Why Open Source Software can Succeed. In: Research Policy, 32 (2003) 7, S. 1243-1258.

Bonaccorsi, Andrea; Rossi, Cristina (2006): Altruistic Individuals, Selfish Firms? The Structure of Motivation in Open Source Software. Social Science Research Network. Im Web unter http://ssrn.com/abstract=433620. Abrufdatum: 02.02.2009.

Borowicz, Frank; Scherm, Ewald (2001): Standardisierungsstrategien: Eine erweiterte Betrachtung des Wettbewerbs auf Netzeffektmärkten. In: Zeitschrift für betriebswirtschaftliche Forschung, 53 (2001) 4, S. 391-416.

Brabham, Daren C. (2008): Crowdsourcing as a Model for Problem Solving - An Introduction and Cases. In: The International Journal of Research Into New Media Technologies, 14 (2008) 1, S. 75-90.

Brandenburger, Adam M.; Nalebuff, Barry J. (2006): Co-Opetition. New York 2006.

Brandenburger, Adam M.; Stuart, Harborne W. (1996): Value-Based Business Strategy. In: Journal of Economics and Management Strategy, 5 (1996) 1, S. 5-24.

Brockhoff, Klaus (1992): R&D Cooperation between Firms – A Perceived Transaction Cost Perspective. In: Management Science, 38 (1992) 4, S. 514-524.

Brockhoff, Klaus (1995): Zur Theorie des externen Erwerbs neuen technologischen Wissens. In: Zeitschrift für Betriebswirtschaft, Ergänzungsheft 1 (1995), S. 27-42.

Brockhoff, Klaus (1999): Forschung und Entwicklung. Planung und Kontrolle. 5. Aufl., München u. a. 1999.

Bröring, Stefanie (2005): The Front End of Innovation in Converging Industries. the Case of Nutraceuticals and Functional Foods. Wiesbaden 2005.

Bröring, Stefanie; Herzog, Philipp (2008): Organising new Business Development: Open Innovation at Degussa. In: European Journal of Innovation Management, 11 (2008) 3, S. 330-348.

Brown, Phillip; Lauder, Hugh (2001): Capitalism and Social Progress – the Future of Society in a Global Economy. Basingstoke 2001.

Brügge, Bernd; Harhoff, Dietmar; Picot, Arnold; Creighton, Oliver; Fiedler, Marina; Henkel, Joachim (2004): Open-Source-Software. Eine ökonomische und technische Analyse. Berlin u. a. 2004.

Bürki, Daniel M. (1996): Der „resource-based view" Ansatz als neues Denkmodell des strategischen Managements. St. Gallen 1996.

Callaway, Tom (2009): Fedora Licensing: Main Revision: 1.39. Im Web unter http://fedoraproject.org/w/index.php?title=Licensing:Main&oldid=95659. Abrufdatum: 13.04.2009.

Carr, John (2009): Twitter Trouble. In: Information Today, 26 (2009) 2, S. 2.

Casale, Jeff; Ceniceros, Roberto; Greenwald, Judy; Hofmann, Mark A. (2009): Hack attack is such tweet sorrow for Twitter. In: Business Insurance, 43 (2009) 2, S. 27.

Cassiman, Bruno; Veugelers, Reinhilde (2006): In Search of Complementarity in Innovation Strategy: Internal R&D and External Knowledge Acquisition. In: Management Science, 52 (2006) 1, S. 68 - 82.

Caves, Richard E. (1980): Industrial Organization, Corporate Strategy and Structure. In: Journal of Economic Literature, 18 (1980) 1, S. 64-92.

Chesbrough, Henry W. (2003a): Open innovation. the new imperative for creating and profiting from technology. Boston, Mass 2003.

Chesbrough, Henry W. (2003b): The Era of Open Innovation. In: MIT Sloan Management Review, 44 (2003) 3, S. 35-41.

Chesbrough, Henry W. (2006): Open Business Models: How to Thrive in the New Innovation Landscape. Boston 2006.

Chesbrough, Henry W.; Birkinshaw, Julian; Teubal, Morris (2006): Introduction to the Research Policy 20th Anniversary Special Issue of the Publication of „Profiting from Innovation" by David J. Teece. In: Research Policy, 35 (2006) 8, S. 1091-1099.

Chesbrough, Henry W.; Appleyard, Melissa M. (2007): Open Innovation and Strategy. In: California Management Review, 50 (2007) 1, S. 67-76.

Christensen, Clayton M. (1997): The Innovator's Dilemma. When New Technologies Cause Great Firms to Fail. Boston 1997.

Christensen, Clayton M.; Raynor, Michael E. (2003): The Innovator's Solution. Creating and Sustaining Successful Growth. Boston 2003.

Church, Jeffrey; Gandal, Neil (1992): Network Effects, Software Provision and Standardization. In: Journal of Economic Behavior & Organization, 401 (1992) 1, S. 85-104.

Clagett, Robert P. (1967): Receptivity to innovation – overcoming N.I.H. Master Thesis, Massachusetts Institute of Technology, Cambridge, 1967. Im Web unter http://hdl.handle.net/1721.1/42453. Abrufdatum: 31.03.2009.

Coase, Ronald H. (1937): The Nature of Firm. In: Economica, 4 (1937) 16, S. 368-405.

Cohen, Wesley M.; Levinthal, Daniel A. (1989): Innovation and Learning: The Two Faces of R&D. In: The Economic Journal, 99 (1989) 397, S. 569-596.

Cohen, Wesley M.; Levinthal, Daniel A. (1990): Absorptive Capacity: A New Perspective on Learning and Innovation. In: Administrative Science Quarterly, 35 (1990) 1, S. 128-152.

Cohen, Wesley M.; Nelson, Richard R.; Walsh, John P. (2000): Protecting Their Intellectual Assets: Appropriability Conditions and Why U. S. Manufacturing Firms Patent (or Not). NBER Working Paper No. 7552, 2000. Im Web unter http://www.nber.org/papers/w7552.pdf?new_window=1. Abrufdatum: 31.03.2009.

Conner, Kathleen R. (1991): A Historical Comparison of Resource-Based Theory and Five Schools of Thought Within Industrial Organization Economics: Do We Have a New Theory of the Firm? In: Journal of Management, 17 (1991) 1, S. 121-154.

Contractor, Farok J.; Lorange, Peter (2002): Cooperative Strategies in International Business. Joint Ventures and Technology Partnerships Between Firms. 2. Aufl., Amsterdam u. a. 2002.

Cooper, Robert G. (1979): Identifying Industrial New Product Success: Project NewProd. In: Industrial Marketing Management, 8 (1979) 2, S. 124-135.

Corbin, Juliet M.; Strauss, Anselm L. (2008): Basics of Qualitative Research. Techniques and procedures for Developing Grounded Theory. 3. Aufl., Los Angeles u. a. 2008.

Coroama, Vlad; Hähner, Jörg; Handy, Matthias; Rudolph-Kuhn, Patricia; Magerkurth, Carsten; Müller, Jürgen; Strasser, Moritz; Zimmer, Tobias (2003): Leben in einer smarten Umgebung - Ubiquitous Computing: Szenarien und Auswirkungen. Gottlieb Daimler- und Karl Benz-Stiftung, 2003.

Cusumano, Michael A. (2008): The Puzzle of Apple. In: Communications of the ACM, 51 (2008) 9, S. 22-24.

Cusumano, Michael A.; Gawer, Annabelle (2002): The Elements of Platform Leadership. In: MIT Sloan Management Review, 43 (2002) 3, S. 51-58.

Daft, Richard L. (1983): The Organization Theory and Design. St. Paul u. a. 1983.

Dahan, Ely; Hauser, John R. (2002): The Virtual Customer. In: Journal of Product Innovation Management, 19 (2002) 5, S. 332-353.

Dahlander, Linus (2005): Appropriation and Appropriability in Open Source Software. In: International Journal of Innovation Management, 9 (2005) 3, S. 259-285.

Dahlander, Linus; Magnusson, Mats G. (2005): Relationships Between Open Source Software Companies and Communities: Observations from Nordic Firms. In: Research Policy, 34 (2005) 4, S. 481-493.

Das, T. K.; Teng, Bing-Sheng (2000): A Resource-Based Theory of Strategic Alliances. In: Journal of Management, 26 (2000) 1, S. 31-62.

Davis, Stanley (1987): Future Perfect. Reading 1987.

de Laat, Paul B. (2005): Copyright or Copyleft?: An Analysis of Property Regimes for Software Development. In: Research Policy, 34 (2005) 10, S. 1511-1532.

Dechenaux, Emmanuel; Goldfarb, Brent; Shane, Scott; Thursby, Marie (2008): Appropriability and Commercialization: Evidence from MIT Inventions. In: Management Science, 54 (2008) 5, S. 893-906.

Demsetz, Harold (1967): Toward a Theory of Property Rights. In: American Economic Review, 57 (1967) 2, S. 347-359.

Dierickx, Ingemar; Cool, Karel (1989): Asset Stock Accumulation and Sustainability of Competitive Advantage. In: Management Science, 35 (1989) 12, S. 1504-1513.

Dosi, Giovanni; Marengo, Luigi; Pasquali, Corrado (2006): How Much Should Society Fuel the Greed of Innovators?: On the Relations Between Appropriability, Opportunities and Rates of Innovation. In: Research Policy, 35 (2006) 8, S. 1110-1121.

Doz, Yves L. (1996): The Evolution of Cooperation in Strategic Alliances: Initial Conditions or Learning Processes? In: Strategic Management Journal, 17 (1996) 7, S. 55-83.

Dul, Jan; Hak, Tony (2008): Case Study Methodology in Business Research. Amsterdam u. a. 2008.

Duschek, Stephan (2004): Inter-Firm Resources and Sustained Competitive Advantage. In: Management Revue, 15 (2004) 1, S. 53-73.

Dussauge, Pierre; Garrette, Bernard; Mitchell, Will (2004): Asymmetric Performance: The Market Share Impact of Scale and Link Alliances in the Global Auto Industry. In: Strategic Management Journal, 25 (2004) 7, S. 701-711.

Dyer, Jeffrey H. (1997): Effective Interim Collaboration: How Firms Minimize Transaction Costs and Maximise Transaction Value. In: Strategic Management Journal, 18 (1997) 7, S. 535-556.

Dyer, Jeffrey H.; Singh, Harbir (1998): The Relational View: Cooperative Strategy and Sources of Interorganizational Competitive Advantage. In: Academy of Management Review, 23 (1998) 4, S. 660-679.

Eaton, Jonathan J.; Bawden, David (1991): What Kind of Resource is Information? In: International Journal of Information Management, 11 (1991) 2, S. 156-165.

Economides, Nicholas (1996): Network Externalities, Complementarities, and Invitations to Enter. In: European Journal of Political Economy, 12 (1996) 2, S. 211-233.

Edvinsson, Leif; Malone, Michael S. (1997): Intellectual Capital. Realizing your Company's True Value by Finding its Hidden Brainpower. New York 1997.

Eisenhardt, Kathleen (1989): Building Theories from Case Study Research. In: Academy of Management Review, 14 (1989) 4, S. 532-550.

Eisenhardt, Kathleen M.; Schoonhoven, Claudia B. (1996): Resource-based View of Strategic Alliance Formation: Strategic and Social Effects in Entrepreneurial Firms. In: Organization Science, 7 (1996) 2, S. 136-150.

Eisenhardt, Kathleen; Martin, Jeffrey A. (2000): Dynamic Capabilities: What are they? In: Strategic Management Journal, 21 (2000) 10/11, S. 1105-1121.

Elgin, Ben (2005): Google Buys Android for Its Mobile Arsenal. In: Business Week. Im Web unter http://www.businessweek.com/technology/content/aug2005/tc20050817_0949_tc024.htm. Abrufdatum: 13.05.2009.

Eschenbach, Rolf; Eschenbach, Sebastian; Kunesch, Hermann (2003): Strategische Konzepte. Management-Ansätze von Ansoff bis Ulrich. 4. Aufl., Stuttgart 2003.

Escher, Jean-Philippe (2003): Design and Implementation of Technology Marketing Organizations. In: H. Tschirky; H. Jung; P. Savioz (Hrsg.): Technology and Innovation Management on the Move – From Managing Technology to Managing Innovation-Driven Enterprises. Zürich 2003, S. 215–228.

Facebook (2008a): Developer Terms of Service. Last revision date: December 4, 2008. Im Web unter http://developers.facebook.com/terms.php. Abrufdatum: 21.03.2009.

Facebook (2008b): Facebook Developers Wiki. Storable Information. Im Web unter http://wiki.developers.facebook.com/index.php/Storable_Information. Abrufdatum: 01.06.2009.

Facebook (2009): Facebook Developers. Im Web unter http://developers.facebook.com/. Abrufdatum: 21.03.2009.

Farrell, Joseph; Gallini, Nancy T. (1988): Second-Sourcing as a Commitment: Monopoly Incentives to Attract Competition. In: Quarterly Journal of Economics, 103 (1988) 4, S. 673-694.

Farrell, Joseph; Saloner, Garth (1985): Standardization, Compatibility, and Innovation. In: RAND Journal of Economics, 16 (1985) 1, S. 70-83.

Feeny, David F.; Ives, Blake (1990): In Search of Sustainability: Reaping Long-term Advantage from Investments in Information Technology. In: Journal of Management Information Systems, 7 (1990) 1, S. 27-46.

Fombrun, Charles; Shanley, Mark (1990): What's in a Name? Reputation Building and Corporate Strategy. In: Academy of Management Journal, 33 (1990) 2, S. 233-258.

Ford, David; Ryan, Chris (1981): Taking technology to market. In: Harvard Business Review, 59 (1981) 2, S. 117-126.

Ford, Richard (2007): Open vs. Closed – Which is More Secure? In: ACM Queue, 5 (2007) 2, S. 32-38.

Fosfuri, Andrea; Giarratana, Marco S.; Luzzi, Alessandra (2008): The Penguin Has Entered the Building: The Commercialization of Open Source Software Products. In: Organization Science, 19 (2008) 2, S. 292-305.

Foss, Kirsten; Foss, Nicolai (2001): Assets, Attributes and Ownership. In: International Journal of the Economics of Business, 8 (2001) 1, S. 19-37.

Foss, Kirsten; Foss, Nicolai J. (2005): Resources and Transaction Costs: How Property Rights Economics Furthers the Resource-Based View. In: Strategic Management Journal, 26 (2005) 6, S. 541-553.

Franck, Egon (2006): Beiträge der Neuen Institutionenökonomik zum Inovationsmanagement – Von der Ausgestaltung der Intellectual Property Rights zur Aneignung von Innovationserträgen. In: Schmalenbachs Zeitschrift für betriebswirtschaftliche Forschung, 54 (2006) Sonderheft, S. 58-85.

Franke, Nikolaus; Shah, Sonali (2003): How Communities Support Innovative Activities: An Exploration of Assistance and Sharing Among End-Users. In: Research Policy, 32 (2003) 1, S. 157-178.

Franz, Andreas (2003): Management von Business Webs. Das Beispiel von Technologieplattformen für mobile Dienste. Wiesbaden 2003.

Free Software Foundation (2007): GNU General Public License Version 3, 29 June 2007. Im Web unter http://www.fsf.org/licensing/licenses/gpl.html. Abrufdatum: 14. April 2008.

Free Software Foundation (2008): GNU Free Documentation License Version 1.3, November 2008. Im Web unter http://www.gnu.org/copyleft/fdl.html. Abrufdatum: 13. Januar 2009.

Freiling, Jörg (2001): Resource-based View und ökonomische Theorie. Grundlagen und Positionierung des Ressourcenansatzes. Wiesbaden 2001.

Friedli, Thomas (2006): Technologiemanagement. Modelle zur Sicherung der Wettbewerbsfähigkeit. Berlin, Heidelberg 2006.

Füller, Johann; Jawecki, Gregor; Mühlbacher, Hans (2007): Innovation Creation by Online Basketball Communities. In: Journal of Business Research, 60 (2007) 1, S. 60-71.

Funk, Jeffrey L. (2003): Standards, Dominant Designs and Preferential Acquisition of Complementary Assets Through Slight Information Advantages. In: Research Policy, 32 (2003) 8, S. 1325-1341.

Gälweiler, Aloys; Schwaninger, Markus (2005): Strategische Unternehmensführung. 3. Aufl., Frankfurt a. M. u. a. 2005.

Gallon, Mark R, Stillman, Harold M, Coates, David (1995): Putting Core Competency Thinking Into Practice. In: Research Technology Management, 38 (1995) 3, S. 20-29.

Garud, Raghu; Jain, Sanjay; Kumaraswamy, Arun (2002): Institutional Entrepreneurship in the Sponsorship of Common Technologicy Standards: The Case of Sun Microsystems and Java. In: Academy of Management Journal, 45 (2002) 1, S. 196-214.

Garud, Raghu; Kumaraswamy, Arun (1993): Changing Competitive Dynamics in Network Industries: An Exploration of Sun Microsystems' Open Systems Strategy. In: Strategic Management Journal, 14 (1993) 5, S. 351-369.

Gassmann, Oliver; Enkel, Ellen (2006): Open Innovation – Die Öffnung des Innovationsprozesses erhöht das Innovationspotenzial. In: Zeitschrift für Führung und Organisation, 75 (2006) 3, S. 132-138.

Gawer, Annabelle; Cusumano, Michael A. (2002): Platform leadership. how Intel, Microsoft, and Cisco drive industry innovation. Boston 2002.

Gemünden, Hans Georg; Ritter, Thomas; Heydebreck, Peter (1996): Network Configuration and Innovation Success: An Empirical Analysis in German High-Tech Industries. In: International Journal of Research in Marketing, 13 (1996) 5, S. 449-462.

George, Alexander Lawrence; Bennett, Andrew (2005): Case Studies and Theory Development in the Social Sciences. Cambridge 2005.

George, Carlisle; Chandak, Navin (2006): Issues and Challenges in Securing Interoperability of DRM Systems in the Digital Music Market. In: International Review of Law, Computers und Technology, 20 (2006) 3, S. 271-285.

Gerpott, Torsten J. (2005): Strategisches Technologie- und Innovationsmanagement. 2. Aufl., Stuttgart 2005.

Gershenfeld, Neil (1999): When Things Start to Think. London 1999.

Ghemawat, Pankaj (1986): Sustainable advantage. In: Harvard Business Review, 64 (1986) 5, S. 53-58.

Ghemawat, Pankaj (1991): Commitment. The Dynamic of Strategy. New York 1991.

Ghosh, Rishab A. (2007): Understanding Free Software Developers: Findings from the FLOSS Study. In: J. Feller; B. Fitzgerald; S. A. Hissam (Hrsg.): Perspectives on Free and Open Source Software.2007, S. 23-45.

Giles, Jim (2005): Internet Encyclopaedias go Head to Head. In: Nature, 438 (2005) 7070, S. 900-901.

Glaser, Barney G. (1978): Theoretical Sensitivity. Advances in the Methodology of Grounded Theory. Mill Valley 1978.

Glaser, Barney G.; Strauss, Anselm L. (1980): The discovery of grounded theory. strategies for qualitative research. 11. Aufl., New York 1980.

Gloor, Peter A. (2006): Swarm creativity. Competitive advantage through collaborative innovation networks. Oxford 2006.

Gold, Andrew H.; Malhotra, Arvind; Segars, Albert H. (2001): Knowledge Management – An Organizational Capability Perspective. In: Journal of Management Information Systems, 18 (2001) 1, S. 185-214.

Gomes-Casseres, Benjamin (1994): Group Versus Group: How Alliance Networks Compete. In: Harvard Business Review, 72 (1994) 4, S. 62-74.

Google (2007): Google Announces $10 Million Android Developer Challenge. Im Web unter http://www.google.com/intl/en/press/pressrel/20071112_android_challenge.html. Abrufdatum: 02.01.2009.

Google (2008a): Google Code of Conduct. Im Web unter http://investor.google.com/ conduct.html. Abrufdatum: 12.04.2009.

Google (2008b): Annual Report Pursuant to Section 13 or 15(d) of the Securities Exchange Act of 1934 for the fiscal year ended December 31, 2008. Im Web unter http://investor.google.com/pdf/2008_google_annual_report.pdf. Abrufdatum: 14.05.2009.

Google (2009a): Google Transit. Im Web unter http://www.google.com/transit. Abrufdatum: 14. Februar 2009.

Google (2009b): Quarterly Report Pursuant to Section 13 or 15(d) of the Securities Exchange Act of 1934 for the quarterly period ended March 31, 2009. Im Web unter http://investor.google.com/pdf/20090331_google_10Q.pdf. Abrufdatum: 14.05.2009.

Google (2009c): Android Software Development Kit License Agreement. Im Web unter http://developer.android.com/sdk/terms.html. Abrufdatum: 13.05.2009.

Google (2009d): Andorid Brand Guidelines. Im Web unter http://www.android.com/branding.html. Abrufdatum: 13.05.2009.

Google (2009e): Android Developers. The Developer's Guide. Im Web unter http://developer.android.com/guide/index.html. Abrufdatum: 13.05.2009.

Google (2009f): Google Maps. Im Web unter http://maps.google.de. Abrufdatum: 13.05.2009.

Goos, Philipp (2006): Strategisches Innovationsmanagement in fokalen Unternehmensnetzwerken. Gestaltung von Instrumenten. Lohmar, Köln 2006.

Gort, Michael; Klepper, Steven (1982): Time Paths in the Diffusion of Product Innovations. In: Economic Journal, 92 (1982) 367, S. 630-653.

Grand, Simon; von Krogh, Georg; Leonard, Dorothy; Swap, Walter (2004): Resource Allocation Beyond Firm Boundaries: A Multi-Level Model for Open Source Innovation. In: Long Range Planning, 37 (2004) 6, S. 591 - 610.

Grant, Robert M. (1991): The Resource-Based Theory of Competitive Advantage: Implications for Strategy Formulation. In: California Management Review, 33 (1991) 3, S. 114-135.

Grant, Robert M. (1996a): Toward a Knowledge-Based Theory of the Firm. In: Strategic Management Journal, 17 (1996) Winter special issue, S. 109-122.

Grant, Robert M. (1996b): Prospering in Dynamically-Competitive Environments: Organizational Capability as Knowledge Integration. In: Organization Science, 7 (1996) 4, S. 375-387.

Grant, Robert M.; Baden-Fuller, Charles (1995): A Knowledge-Based Theory of Inter-Firm Collaboration. In: Academy of Management Proceedings 1995, S. 17-21.

Griliches, Zvi (1992): The Search for R&D Spillovers. In: Scandinavian Journal of Economics, 94 (1992) 1, S. 29-47.

Grindley, Peter C.; Teece, David J. (1997): Managing Intellectual Capital: Licensing and Cross-Licensing in Semiconductors and Electronics. In: California Management Review, 39 (1997) 2, S. 8-41.

Grossman, Lev (2007): Invention of the Year: The iPhone. In: Time Magazine, 170 (2007) 20, S. 60-62.

Grossman, Sanford J.; Hart, Oliver D. (1986): The Costs and Benefits of Ownership: A Theory of Vertical and Lateral Integration. In: Journal of Political Economy, 98 (1986) 6, S. 1119-1158.

Gulati, R.; Nohria, N.; Zaheer, A. (2000): Strategic Networks. In: Strategic Management Journal, 21 (2000) 3, S. 397-420.

Gutenberg, Erich (1951): Die Produktion. Berlin 1951.

Guth, Robert A.; Vara, Vauhini; Delaney, Kevin J. (2007): Microsoft Bets On Facebook Stake And Web Ad Boom. In: Wall Street Journal, Ausgabe vom 25.10.2007, S. B.1.

Hagel III, John (1996): SPIDER versus SPIDER. In: McKinsey Quarterly, 32 (1996) 1, S. 4-18.

Hamel, Gary (1991): Competition for Competence and Inter-Partner Learning within International Strategic Alliances. In: Strategic Management Journal, 12 (1991) 4, S. 83-103.

Hamel, Gary; Doz, Yves L.; Prahalad, C. K. (1989): Collaborate with Your Competitors – and Win. In: Harvard Business Review, 67 (1989) 1, S. 133-139.

Hansen, Hans R.; Neumann, Gustaf (2005): Wirtschaftsinformatik: Grundlagen und Anwendungen. 9. Aufl., Stuttgart 2005.

Hansmann, Uwe (2001): Pervasive computing handbook. Berlin 2001.

Harabi, Najib (1995): Appropriability of Technical Innovations an Empirical Analysis. In: Research Policy, 24 (1995) 6, S. 981-992.

Harhoff, Dietmar (1996): Strategic Spillovers and Incentives for Research and Development. In: Management Science, 42 (1996) 6, S. 907-925.

Harhoff, Dietmar; Henkel, Joachim; von Hippel, Eric (2003): Profiting from Voluntary Information Spillovers: How Users Benefit by Freely Revealing their Innovations. In: Research Policy, 32 (2003) 10, S. 1753-1769.

Harrigan, Kathryn Rudie (1988): Joint Ventures and Competitive Strategy. In: Strategic Management Journal, 9 (1988) 2, S. 141-158.

Hars, Alexander; Qu, Shaosong (2002): Working for Free? Motivations for Participating in Open-Source Projects. In: International Journal of Electronic Commerce, 6 (2002) 3, S. 25.

Hart, Oliver (1995): Firms, contracts, and financial structure. Oxford u. a. 1995.

Hart, Oliver D.; Moore, John (1990): Property Rights and the Nature of the Firm. In: Journal of Political Economy, 98 (1990) 6, S. 1119-1158.

Hauschildt, Jürgen; Salomo, Sören (2007): Innovationsmanagement. 4. Aufl., München 2007.

Hawken, Paul (1983): The next economy. New York 1983.

Hawley, Amos H. (1950): Human Ecology. A Theory of Community Structure. New York 1950.

Heinen, Edmund (1968): Einführung in die Betriebswirtschaftslehre. Wiesbaden 1968.

Heinrich, Lutz J.; Heinzl, Armin; Roithmayr, Friedrich (2004): Wirtschaftsinformatik-Lexikon. 7. Aufl., München u. a. 2004.

Heller, Michael A. (1998): The Tragedy of the Anticommons: Property in the Transition from Marx to Markets. In: Harvard Law Review, 111 (1998) 3, S. 621–688.

Heller, Michael A.; Eisenberg, Rebecca S. (1998): Can Patents Deter Innovation? The Anticommons in Biomedical Research. In: Science, 280 (1998) 5364, S. 698-701.

Hempel, Jessi (2007): Tapping the Wisdom of the Crowd. In: Business Week, Ausgabe vom 18.01.2007, S. 27.

Hemphill, Thomas A. (2006): A Taxonomy of Closed and Open Source Software Industry Business Models. In: International Journal of Innovation and Technology Management, 3 (2006) 1, S. 91-82.

Henderson, Rebecca; Clark, Kim B. (1990): Architectural Innovation: The Reconfiguration of Existing Product Technologies and the Failure of Established Firms. In: Administrative Science Quarterly, 35 (1990) 1, S. 9-30.

Henkel, Joachim (2004): Open Source Software from Commercial Firms – Tools, Complements, and Collective Invention. In: Zeitschrift für Betriebswirtschaft, 4 (2004) Ergänzungsheft 4, S. 1-23.

Henkel, Joachim (2006): Selective Revealing in Open Innovation Processes: The Case of Embedded Linux. In: Research Policy, 35 (2006) 7, S. 953-969.

Henkel, Joachim (2007): Offene Innovationsprozesse. Die kommerzielle Entwicklung von Open-Source-Software. Wiesbaden 2007.

Hennart, Jean-Francois; Roehl, Thomas; Zeitlow, Dixie S. (1999): 'Trojan Horse' or 'Workhorse'? The Evolution of U.S.-Japanese Joint Venture in the United States. In: Strategic Management Journal, 20 (1999) 1, S. 15-29.

Hertel, Guido; Niedner, Sven; Herrmann, Stefanie (2003): Motivation of Software Developers in Open Source Projects: an Internet-Based Survey of Contributors to the Linux Kkernel. In: Research Policy, 32 (2003) 7, S. 1159-1177.

Herzog, Philipp (2008): Open and closed innovation. Different cultures for different strategies. Wiesbaden 2008.

Hesseldahl, Arik (2008): Is Apple Revamping Its Laptop Line? In: Business Week, Ausgabe vom 30.07.2008, S. 21.

HGI (2009a): Home Gateway Initiative – Members. Im Web unter http://www.homegatewayinitiative.org/aboutus/hgi_members_list.htm. Abrufdatum: 16.04.2009.

HGI (2009b): Home Gateway Initiative – Vision. Im Web unter http://www.homegatewayinitiative.org/aboutus/vision.html. Abrufdatum: 16.04.2009.

Hinterhuber, Hans H.; Stahl, Heinz K. (1996): Unternehmensnetzwerke und Kernkompetenzen. In: K. Bellmann; A. Hippe (Hrsg.): Management von Unternehmensnetzwerken – interorganisationale Konzepte und praktische Umsetzung. Wiesbaden 1996, S. 87-117.

Hoffmann, Leah (2009): Crowd Control. In: Communications of the ACM, 52 (2009) 3, S. 16-17.

Hohensee, Matthias (2006): Richtige Rockstars. In: WirtschaftsWoche, 31, Ausgabe vom 31.07.2006, S. 18.

Hoppe, Hans-Hermann (1987): Eigentum, Anarchie und Staat. Studien zur Theorie des Kapitalismus. Opladen 1987.

Horton, Forest W. (1979): Information resources management. Concept and Cases. Cleveland 1979.

Horton, Forest W. (1985): Information Resources Management. Harnessing Information Assets for Productivity Gains in the Office, Factory, and Laboratory. Englewood Cliffs 1985.

Horton, Forest W.; Marchand, Donald A. (1982): Information management in public administration. An introduction and resource guide to government in the information age. Arlington 1982.

Howe, Jeff (2006): The Rise of Crowdsourcing. In: WIRED Magazine, (2006) 6, S. 176-183.

Iansiti, Marco; Levien, Roy (2004a): Strategy as Ecology. In: Harvard Business Review, 82 (2004) 3, S. 68-78.

Iansiti, Marco; Levien, Roy (2004b): The keystone advantage. Boston 2004.

IBM (2001): IBM annual report 2001. Im Web unter ftp://ftp.software.ibm.com/annualreport/2001/ibm2001.pdf. Abrufdatum: 05.07.2009.

IBM (2005): IBM Statement of Non-Assertion of Named Patents Against OSS. Im Web unter http://www.ibm.com/ibm/licensing/patents/pledgedpatents.pdf. Abrufdatum: 20.04.2008.

Inkpen, Andrew C. (2000): A Note on the Dynamics of Learning Alliances: Competition, Cooperation, and Relative Scope. In: Strategic Management Journal, 21 (2000) 7, S. 775-779.

Innocentive (2008): Innocentive Inc., Andover, USA. Im Web unter http://www.innocentive.com/. Abrufdatum: 01.04.2009.

IT Governance Institute (2005): Governance of the extended enterprise. Bridging business and IT strategies. Hoboken 2005.

Iwatani Kane, Yukari (2009): Breaking Apple's Grip on the iPhone. In: Wall Street Journal, Ausgabe vom 06.03.2009, S. B.1.

Jacobides, Michael G.; Knudsen, Thorbjørn; Augier, Mie (2006): Benefiting From Innovation: Value Creation, Value Appropriation and the Role of Industry Architectures. In: Research Policy, 35 (2006) 8, S. 1200-1221.

Jacobides, Michael G.; Winter, Sidney G. (2007): Entrepreneurship and Firm Boundaries: The Theory of A Firm. In: Journal of Management Studies, 44 (2007) 7, S. 1213-1241.

Jarillo, Carlos J. (1988): On Strategic Networks. In: Strategic Management Journal, 9 (1988) 1, S. 31-41.

Kale, Prashant; Singh, Harbir; Perlmutter, Howard (2000): Learning and Protection of Proprietary Assets in Strategic Alliances: Building Relational Capital. In: Strategic Management Journal, 21 (2000) 3, S. 217-237.

Kamien, Morton I.; Tauman, Yair (1986): Fees Versus Royalties and the Private Value of a Patent. In: The Quarterly Journal of Economics, 101 (1986) 3, S. 471-491.

Kanter, Rosabeth M. (1994): Collaborative Advantage: The Art of Alliances. In: Harvard Business Review, 72 (1994) 4, S. 96.

Katz, Michael L.; Shapiro, Carl (1985): Network Externalities, Competition, and Compatibility. In: American Economic Review, 75 (1985) 3, S. 424-440.

Katz, Michael L.; Shapiro, Carl (1992): Product Introduction with Network Externalities. In: Journal of Industrial Economics, 40 (1992) 1, S. 55-83.

Katz, Michael L.; Shapiro, Carl (1994): Systems Competition and Network Effects. In: Journal of Economic Perspectives, 8 (1994) 2, S. 93-115.

Katz, Ralph; Allen, Thomas J. (1982): Investigating the Not Invented Here (NIH) Syndrome: A look at the Performance, Tenure, and Communication Patterns of 50 R&D Project Groups. In: R&D Management, 12 (1982) 1, S. 7-20.

Kettinger, William J.; Grover, Varun; Guha, Subashish; Segars, Albert H. (1994): Strategic information systems revisited: A Study in Sustainability and Performance. In: MIS Quarterly, 18 (1994) 1, S. 31-58.

Khanna, Tarun; Gulati, Ranjay; Nohria, Nitin (1998): The dynamics of learning alliances: Competition, cooperation, and relative scope. In: Strategic Management Journal, 19 (1998) 3, S. 193-210.

Kim, Jongwook; Mahoney, Joseph T. (2005): Property Rights Theory, Transaction Costs Theory, and Agency Theory: An Organizational Economics Approach to Strategic Management. In: Managerial and Decision Economics, 26 (2005) 4, S. 223-242.

King, William R.; Hufnagel, Ellen; Grover, Varun (1988): Using Information Technology for Competitive Advantage. In: M. J. Earl (Hrsg.): Information management - the strategic dimension. Oxford 1988, S. 75-86.

Kirsch, Werner (1971): Entscheidungen in Organisationen. In: W. Kirsch (Hrsg.): Entscheidungsprozesse, Band 3. Wiesbaden 1971.

Kirsch, Werner (1991): Grundzüge des strategischen Managements. In: W. Kirsch (Hrsg.): Beiträge zum Management strategischer Programme. München 1991, S. 3-37.

Klein, Benjamin; Crawford, Robert G.; Alchian, Armen A. (1978): Vertical Integration, Appropriable Rents, and the Competitive Contracting Process. In: Journal of Law & Economics, 21 (1978) 2, S. 297-326.

Kleinemeyer, Jens (1998): Standardisierung zwischen Kooperation und Wettbewerb. Eine spieltheoretische Betrachtung. Frankfurt am Main 1998.

Kline, Stephen J.; Rosenberg, Nathan (1986): An Overview of Innovation. In: R. Landau (Hrsg.): The positive sum strategy - harnessing technology for economic growth. Washington DC 1986, S. 275-306.

Knüwer, Thomas (2009): Business-Netz Xing eifert Facebook nach. In: Handelsblatt, 139, Ausgabe vom 23.07.2009, S. 13.

Kogut, Bruce (1991): Joint Ventures and the Option to Expand and Acquire. In: Management Science, 37 (1991) 1, S. 19-33.

Kogut, Bruce; Zander, Udo (1992): Knowledge of the Firm, Combinative Capabilities, and Replication of Technologies. In: Organization Science, 3 (1992) 3, S. 383-397.

Krampf, Peter (2000): Strategisches Beschaffungsmanagement in industriellen Großunternehmen. ein hierarchisches Konzept am Beispiel der Automobilindustrie. Lohmar u. a. 2000.

Kubicek, Herbert (1975): Empirische Organisationsforschung. Konzeption und Methodik. Stuttgart 1975.

Kubicek, Herbert (1977): Heuristische Bezugsrahmen und heuristisch angelegte Forschungsdesigns als Elemente einer Konstruktionsstrategie empirischer Forschung. In: R. Köhler (Hrsg.): Empirische und handlungstheoretische forschungskonzeptionen in der Betriebswirtschaftslehre. Stuttgart 1977, S. 3-36.

Lado, Augustine A.; Boyd, Nancy G.; Wright, Peter (1992): A Competency-Based Model of Sustainable Competitive Advantage: Toward a Conceptual Integration. In: Journal of Management, 18 (1992) 1, S. 77-91.

Lakhani, Karim R.; von Hippel, Eric (2003): How Open Source Software Works: „free" User-to-User Assistance. In: Research Policy, 32 (2003) 6, S. 923-943.

Lakhani, Karim R.; Wolf, Robert G. (2005): Why hackers do what they do: Understanding motivation effort in free/open source software projects. In: J. Feller et al. (Hrsg.): Perspectives on Free and Open Source Software. Cambridge, 2005, S. 3-21.

Lattemann, Christoph; Stieglitz, Stefan (2006): Coworker Governance in Open-Source Projects. In: J. Bitzer; P. J. H. Schröder (Hrsg.): The economics of Open Source Software development. Amsterdam u. a. 2006, S. 149-164.

Laudon, Kenneth C.; Laudon, Jane Price; Schoder, Detlef (2010): Wirtschaftsinformatik. eine Einführung. 2. Aufl., München u. a. 2010.

Lei, David T. (1997): Competence-Building, Technology Fusion and Competitive Advantage: The Key Roles of Organizational. In: International Journal of Technology Management, 14 (1997) 2-4, S. 208-237.

Lerner, Josh; Tirole, Jean (2002): Some Simple Economics of Open Source. In: The Journal of Industrial Economics, 52 (2002) 2, S. 197-234.

Lerner, Reuven M. (2008): Working with Facebook. In: Linux Journal, 15 (2008) 165, S. 16-19.

Lessig, Lawrence (2001): The Future for Ideas: The Fate of the Commons in a Connected World. New York 2001.

Lessig, Lawrence (2002): The Architecture of Innovation. In: Duke Law Journal, 51 (2002) 6, S. 1783-1801.

Levin, Richard C.; Klevorick, Alvin K.; Nelson, Richard R.; Winter, Sidney G. (1987): Appropriating the Returns from Industrial Research and Development. In: Brookings Papers on Economic Activity, (1987) 3, S. 783-831.

Levitan, Karen B. (1982): Information Resources as 'Goods' in the Life Cycle of Information Production. In: Journal of the American Society for Information Science, 33 (1982) 1, S. 44-54.

Li, Dan; Eden, Lorraine; Hitt, Michael A.; Ireland, Duane R. (2008): Friends, Acquaintances, or Strangers? Partner Selection in R&D Alliances. In: Academy of Management Journal, 51 (2008) 2, S. 315-334.

Lichtenthaler, Ulrich; Ernst, Holger (2006): Attitudes to Externally Organising Knowledge Management Tasks: A Review, Reconsideration and Extension of the NIH Syndrome. In: R&D Management, 36 (2006) 4, S. 367-386.

Lichtenthaler, Ulrich; Ernst, Holger; Lichtenthaler, Eckhard (2007): Fähigkeit der externen Technologieverwertung: Theoretisches Konzept und empirische Analyse. In: Schmalenbachs Zeitschrift für betriebswirtschaftliche Forschung, 59 (2007) 3, S. 221-249.

Lieberman, Marvin B. (1989): The Learning Curve, Technology Barriers to Entry, and Competitive Survival in the Chemical Processing Industries. In: Strategic Management Journal, 10 (1989) 5, S. 431-447.

Liebeskind, Julia Porter (1996): Knowledge, Strategy, and the Theory of the Firm. In: Strategic Management Journal, 17 (1996) Special Issue, S. 93-107.

Lippman, Steven A.; Rumelt, Richard P. (1982): Uncertain Imitability: An Analysis of Interfirm Differences in Efficiency under Competition. In: The Bell Journal of Economics, 13 (1982) 2, S. 418-438.

Lippman, Steven A.; Rumelt, Richard P. (2003): A Bargaining Perspective on Resource Advantage. In: Strategic Management Journal, 24 (2003) 11, S. 1069-1086.

Lüthje, Christian; Herstatt, Cornelius; von Hippel, Eric (2005): User-Innovators and „local" Information: The Case of Mountain Biking. In: Research Policy, 34 (2005) 6, S. 951-965.

Lundvall, Bengte-Ake (1988): Innovation as an Interactive Process: From User-Pro-ducer Interaction to the National System of Innovation. In: G. Dosi (Hrsg.): Technical Change and Economic Theory. London 1988, S. 349-369.

Lytle, Richard H. (1986): Information Resource Management 1981-1986. In: M. E. Williams (Hrsg.): Annual Review of Information Science and Technology, Vol. 21. Michigan 1986, S. 309-336.

Madhok, Anoop (1997): Cost, Value and Foreign Market Entry Mode: The Transaction and the Firm. In: Strategic Management Journal, 18 (1997) 1, S. 39-61.

Mahoney, Joseph T.; Pandian, J. Rajendran (1992): The Resource-Based View within the Conversation of Strategic Management. In: Strategic Management Journal, 13 (1992) 5, S. 363-380.

Malerba, Franco (1992): Learning by Firms and Incremental Technical Change. In: Economic Journal, 102 (1992) 413, S. 845-859.

Mansell, Robin (2006): Collective Action, Institutionalism, and the Internet. In: Journal of Economic Issues, 11 (2006) 2, S. 297-305.

Mansfield, Edwin (1985): How Rapidly does New Industrial Technology Leak Out? In: Journal of Industrial Economics, 34 (1985) 2, S. 217-223.

Mansfield, Edwin; Schwartz, Mark; Wagner, Samuel (1981): Imitation Costs and Patents: An Emirical Study. In: Economic Journal, 91 (1981) 364, S. 907-918.

Markides, Constantinos; Oyon, Daniel (2000): Changing the Strategy at Nespresso: An Interview with Former CEO Jean-Paul Gaillard. In: European Management Journal, 18 (2000) 3, S. 296-301.

Markus, M. Lynne; Manville, Brook; Agres, Carole E. (2000): What Makes a Virtual Organization Work? In: Sloan Management Review, 42 (2000) 1, S. 13-26.

Mason, Edward S. (1939): Price and Production Policies of Large-Scale Enterprise. In: American Economic Review, 29 (1939) Ergänzungsheft 1, S. 61-74.

Mason, Sam; Korolev, Elise (2008): Native and Java ME Development on Symbian OS. Im Web unter http://developer.symbian.com/main/downloads/papers/Native_And_Java_ME_Dev_On_SymbianOS_%20v1.1.pdf. Abrufdatum: 12.05.2009.

Mayer, Roger C.; Davis, James H.; Schoorman, David F. (1995): An Integrative Model of Organizational Trust. In: The Academy of Management Review, 20 (1995) 3, S. 709-734.

McKay, Niall (1998): IBM bundles Apache into its WebSphere. In: InfoWorld, 20 (1998) 25, S. 2.

Meckl, Reinhard; Kubitschek, Christian (2000): Organisation von Unternehmensnetzwerken – Eine verfügungsrechtstheoretische Analyse. In: Zeitschrift für Betriebswirtschaft, 70 (2000) 3, S. 289-307.

Mehrwald, Herwig (1999): Das 'Not invented here'-Syndrom in Forschung und Entwicklung. Wiesbaden 1999.

Meredith, Jack (1987): The Strategic Advantages of New Manufacturing Technologies for Small Firms. In: Strategic Management Journal, 8 (1987) 3, S. 249-258.

Merges, Robert P.; Nelson, Richard R. (1990): On the Complex Economics of Patent Scope. In: Columbia Law Review, 90 (1990) 4, S. 839-916.

Mertens, Peter; Back, Andrea; Becker, Jörg; König, Wolfgang; Krallmann, Hermann; Rieger, Bodo; Scheer, August-Wilhelm; Seibt, Dietrich; Stahlknecht, Peter; Strunz, Horst; Thome, Rainer; Wedekind, Hartmut (2001): Lexikon der Wirtschaftsinformatik. 4. Aufl., Berlin u. a. 2001.

Mertens, Peter; Bodendorf, Freimut; König, Wolfgang; Picot, Arnold; Schumann, Matthias; Hess, Thomas (2004): Grundzüge der Wirtschaftsinformatik. 8. Aufl., Berlin u. a. 2004.

Mesquita, Luiz F.; Anand, Jaideep; Brush, Thomas H. (2008): Comparing the Resource-Based and Relational Views: Knowledge Transfer and Spillover in Vertical Alliances. In: Strategic Management Journal, 29 (2008) 9, S. 913-941.

Milgrom, Paul R.; Roberts, John (1992): Economics, organization and management. Englewood Cliffs 1992.

Milgrom, Paul; Roberts, John (1995): Complementarities and Fit: Strategy, Structure, and Organizational Change in Manufacturing. In: Journal of Accounting und Economics, 19 (1995) 2/3, S. 179-208.

Moore, Geoffrey A. (2005): Crossing the Chasm. Marketing and selling technology products to mainstream customers. New York 2005.

Moore, James F. (1993): Predators and Prey – A New Ecology of Competition. In: Harvard Business Review, 71 (1993) 3, S. 75-86.

Moran, Peter; Ghoshal, Sumantra (1999): Markets, Firms, and the Process of Economic Development. In: Academy of Management Review, 24 (1999) 3, S. 390-412.

Mossberg, Walter S. (2008): Google Answers the iPhone. In: Wall Street Journal, Ausgabe vom 16.10.2008, S. D.1.

Mowery, David; Oxley, Joanne E. (1998): Technological Overlap and Interfirm Cooperation: Implications for the Resource-Based View of the Firm. In: Research Policy, 27 (1998) 5, S. 507-523.

Müller, Wolfgang (1987): Zur informationstheoretischen Erweiterung der Betriebswirtschaftslehre – Ein Modell der Informationsproduktion. In: D. Adam (Hrsg.): Neuere Entwicklungen in der Produktions- und Investitionspolitik. Festschrift für Herbert Jacob zum 60. Geburtstag. Wiesbaden 1987, S. 119-135.

Müller-Stewens, Günter; Lechner, Christoph (2003): Strategisches Management. Wie strategische Initiativen zum Wandel führen. 2. Aufl., Stuttgart 2003.

Mutschler, Ann S. (2007): Google confirms mobile phone open platform effort. In: Electronic News, 53 (2007) 48, S. 1.

Nalebuff, Barry J.; Brandenburger, Adam M. (1996): Coopetition – kooperativ konkurrieren. Mit der Spieltheorie zum Unternehmenserfolg. Frankfurt a. M. u. a. 1996.

Narduzzo, Alessandro; Rossi, Alessandro (2004): The Role of Modularity in Free/Open Source Software Development. In: S. Koch (Hrsg.): Free/Open Source Software Development. Hershey 2004, S. 84-102.

Nelson, Richard R. (1991): Why do Firms Differ, and How Does it Matter? In: Strategic Management Journal, 12 (1991) Winter Special Issue, S. 61-74.

Nelson, Richard R.; Winter, Sidney G. (1982): An Evolutionary Theory of Economic Change. Cambridge 1982.

Nonaka, Ikujiro (1994): A Dynamic Theory of Organizational Knowledge Creation. In: Organization Science, 5 (1994) 1, S. 14-37.

Nonaka, Ikujiro; Toyama, Ryoko; Byosière, Philippe (2001): A Theory of Organizational Knowledge Creation: Understanding the Dynamic Process of Creating Knowledge. In: M. Dierkes et al. (Hrsg.): Handbook of organizational learning and knowledge. Oxford u. a. 2001, S. 491-517.

Nooteboom, Bart (2000): Learning by Interaction: Absorptive Capacity, Cognitive Distance and Governance. In: Journal of Management und Governance, 4 (2000) 1/2, S. 69-92.

Normann, Richard; Ramírez, Rafael (1993): From Value Chain to Value Constellation: Designing Interactive Strategy. In: Harvard Business Review, 71 (1993) 4, S. 65-77.

Nuvolari, Alessandro (2004): Collective Invention During the British Industrial Revolution: The Case of the Cornish Pumping Engine. In: Cambridge Journal of Economics, 28 (2004) 3, S. 347-363.

Oliver, Christine (1997): Sustainable Competitive Advantage: Combining Institutional and Resource-Based Views. In: Strategic Management Journal, 18 (1997) 9, S. 697-713.

Olson, Mancur (1965): The logic of collective action. Public goods and the theory of groups. Cambridge 1965.

Osterloh, Margit; Rota, Sandra (2007): Open Source Software Development – Just Another Case of Collective Invention? In: Research Policy, 36 (2007) 2, S. 157-171.

Page, Larry; Brin, Sergey (2008): Letter from the Founders. Im Web unter http://investor.google.com/2008_founders_letter.html.   Abrufdatum: 13.05.2009.

Parker, Geoffrey G.; van Alstyne, Marshall W. (2005): Two-Sided Network Effects: A Theory of Information Product Design. In: Management Science, 51 (2005) 10, S. 1494-1504.

Parkhe, Arvind (2004): International Alliances. In: B. J. Punnett; O. Shenkar (Hrsg.): Handbook for international management research., Vol. 2, Ann Arbor 2004, S. 210-238.

Penrose, Edith T. (1959): The Theory of the growth of the firm. Oxford 1959.

Peteraf, Margaret A. (1993): The Cornerstones of Competitive Advantage: A Resource-Based View. In: Strategic Management Journal, 14 (1993) 3, S. 179-191.

Peteraf, Margaret A. (1994): COMMENTARY: The Two Schools of Thought in Resource-Based Theory: Definitions and Implications for Research (W. S. Schulze). In: P. Shrivastava; A. Huff (Hrsg.): Advances in strategic management 10A. Greenwich 1994, S. 153-158.

Peteraf, Margaret A.; Barney, Jay B. (2003): Unraveling The Resource-Based Tangle. In: Managerial und Decision Economics, 24 (2003) 4, S. 309-323.

Pfeffer, Jeffrey; Salancik, Gerald R. (2003): The external control of organizations. a resource dependence perspective. Stanford 2003.

Picot, Arnold (1991): Ein neuer Ansatz zur Gestaltung der Leistungstiefe. In: Schmalenbachs Zeitschrift für betriebswirtschaftliche Forschung, 43 (1991) 4, S. 336-357.

Pierce, Lamar (2009): Big Losses in Ecosystem Niches: How Core Firm Decisions Drive Complementary Product Shakeouts. In: Strategic Management Journal, 30 (2009) 3, S. 323-347.

Piller, Frank T. (1998): Kundenindividuelle Massenproduktion. München, Wien 1998.

Piller, Frank T.; Möslein, Kathrin; Stotko, Christof M. (2004): Does Mass Customization Pay? An Economic Approach to Evaluate Customer Integration. In: Production Planning und Control, 15 (2004) 4, S. 435-444.

Pine, Joseph II B. (1993): Mass Customization. Boston 1993.

Pisano, Gary (2006): Profiting from Innovation and the Intellectual Property Revolution. In: Research Policy, 35 (2006) 8, S. 1122-1130.

Pisano, Gary P. (1990): The R&D Boundaries of the Firm: An Empirical Analysis. In: Administrative Science Quarterly, 35 (1990) 1, S. 153-176.

Pisano, Gary P.; Teece, David J. (2007): How to Capture Value from Innovation: Shaping Intellectual Property and Industry Architecture. In: California Management Review, 50 (2007) 1, S. 278-296.

Polanyi, Michael (1958): Personal knowledge. Towards a post-critical philosophy. London 1958.

Polanyi, Michael (1966): The Tacit Dimension. Garden City 1966.

Porter, Michael E. (1980): Competitive strategy. Techniques for analyzing industries and competitors. 52. Aufl., New York u. a. 1980.

Porter, Michael E. (1981): The Contributions of Industrial Organization To Strategic Management. In: Academy of Management Review, 6 (1981) 4, S. 609-620.

Porter, Michael E. (1991): Towards a Dynamic Theory of Strategy. In: Strategic Management Journal, 12 (1991) 8, S. 95-117.

Porter, Michael E. (1985): Competitive advantage. Creating and sustaining superior performance. New York u. a. 1985.

Postinett, Axel (2007): Das Woodstock des Mobilfunks – iPhone in den USA: Apple sorgt für Warteschlangen und Festivalatmosphäre. In: Handelsblatt, 124, Ausgabe vom 2.7.2007, S. 12.

Postinett, Axel (2008a): Mit Zusatzsoftware zum Tausendsassa. In: Handelsblatt, 132, Ausgabe vom 10.7.2008, S. 19.

Postinett, Axel (2008b): Google schwört Mobilfunk-Allianz ein. In: Handelsblatt, 119, Ausgabe vom 23.06.2008, S. 12.

Postinett, Axel (2009a): Palm Pre startet mit O2 in Deutschland. In: Handelsblatt, 128, Ausgabe vom 08.07.2009, S. 13.

Postinett, Axel (2009b): Deutsche verfallen dem Google-Handy. In: Handelsblatt, 27, Ausgabe vom 9.2.2009, S. 17.

Powell, Walter W. (1990): Neither market nor hierarchy: nework forms of organization. In: Research in Organizational Behavior, 12 (1990), S. 295-336.

Prahalad, C. K.; Hamel, Gary (1990): The Core Competence of the Corporation. In: Harvard Business Review, 68 (1990) 3, S. 79-91.

Priem, Richard L.; Butler, John E. (2001): Is the Resource-Based „View" a Useful Perspective for Strategic Management Research? In: Academy of Management Review, 26 (2001) 1, S. 22-40.

Prügl, Reinhard; Schreier, Martin (2006): Learning from Leading-Edge Customers at The Sims: Opening up the Innovation Process Using Toolkits. In: R&D Management, 36 (2006) 3, S. 237-250.

Pénin, Julien (2007): Open Knowledge Disclosure: An Overview of the Evidence and Economic Motivations. In: Journal of Economic Surveys, 21 (2007) 2, S. 326-348.

Ramírez, Rafael (1999): Value Co-production: Intellectual Origins and Implications for Practice and Research. In: Strategic Management Journal, 20 (1999) 1, S. 49-65.

Rasche, Christoph (1994): Wettbewerbsvorteile durch Kernkompetenzen. Ein ressourcenorientierter Ansatz. Wiesbaden 1994.

Rasche, Christoph; Wolfrum, Bernd (1994): Ressourcenorientierte Unternehmensführung. In: Die Betriebswirtschaft, 54 (1994) 4, S. 501-517.

Ray, Bill (2009): Apple brands UK tabloid 'obscene'. In: The Register. Im Web unter http://www.theregister.co.uk/2009/05/05/sun_itunes_obscene/. Abrufdatum: 29.05.2009.

Ray, Gautam; Barney, Jay B.; Muhanna, Waleed A. (2004): Capabilities, Business Processes, and Competitive Advantage: Choosing the Dependent Variable in Empirical Tests of the Resource-Based View. In: Strategic Management Journal, 25 (2004) 1, S. 23-37.

Raymond, Eric S. (1998): Halloween Document I (Version 1.17). Im Web unter http://www.catb.org/esr/halloween/halloween1.html.   Abrufdatum: 05.03.2009.

Raymond, Eric S. (1999a): The cathedral and the bazaar. Musings on Linux and open source by an accidental revolutionary. Sebastopol 1999.

Raymond, Eric S. (1999b): The Magic Cauldron. Im Web unter http://www.catb.org/esr/writings/magic-cauldron/magic-cauldron.html. Abrufdatum: 01.02.2009.

Reichwald, Ralf; Piller, Frank (2009): Interaktive Wertschöpfung. Open Innovation, Individualisierung und neue Formen der Arbeitsteilung. 2. Aufl., Wiesbaden 2009.

Rein, Lisa (1997): Microsoft pushes Java aside. In: Wired News. Im Web unter http://www.wired.com/news/news/technology/story/7324.html. Abrufdatum: 15.05.2009.

Roberts, Edward B. (2007): Managing Invention and Innovation. In: Research Technology Management, 50 (2007) 1, S. 35-54.

Rogers, Everett M. (2003): Diffusion of Innovations. 5. Aufl., New York 2003.

Rose, Carol M. (1998): The Several Futures of Property: Of Cyberspace and Folk Tales, Emission Trades and Ecosystems. In: Minnisota Law Review, 83 (1998) 1, S. 192-182.

Rotering, Christian (1990): Forschungs- und Entwicklungskooperationen zwischen Unternehmen. eine empirische Analyse. Stuttgart 1990.

Roush, Wade (2005): Killer Maps. In: Technology Review, 108 (2005) 10, S. 54-60.

Rüdiger, Mathias (2000): Forschung und Entwicklung als Dienstleistung. Grundlagen und Erfolgsbedingungen der Vertragsforschung. Wiesbaden 2000.

Rumelt, Richard P. (1984): Towards a strategic theory of the firm' in Competitive strategic management. In: R. B. Lamb (Hrsg.): Competitive strategic management. Englewood Cliffs 1984, S. 556–570.

Rumelt, Richard P. (1987): Theory, strategy, and entrepreneurship. In: D. J. Teece (Hrsg.): The competitive challenge – strategies for industrial innovation and renewal. Cambridge, Mass 1987, S. 137-158.

Rumelt, Richard P. (1994): Foreword. In: G. Hamel; A. Heene (Hrsg.): Competence based competition. Chichester u. a. 1994, S. xv-xx.

Sabherwal, Rajiv; King, William R. (1991): Towards a Theory of Strategic Use of Information Resources: An Inductive Approach. In: Information & Management, 20 (1991) 3, S. 191-212.

Sampler, Jeffrey L. (1998): Redefining Industry Structure for the Information Age. In: Strategic Management Journal, 19 (1998) 4, S. 343-355.

Samuelson, Pamela (2006): IBM's Pragmatic Embrace of Open Source. In: Communications of the ACM, 49 (2006) 10, S. 21-25.

Sattler, Henrik (2003): Appropriability of Product Innovations: An Empirical Analysis for Germany. In: International Journal of Technology Management, 26 (2003) 5/6, S. 502-516.

Schoder, Detlef (1995): Erfolg und Mißerfolg telematischer Innovationen. Erklärung der „kritischen Masse" und weiterer Diffusionsphänomene. Wiesbaden 1995.

Schoder, Detlef (2000): Die ökonomische Bedeutung von Intermediären im Electronic Commerce. Habilitationsschrift. Freiburg 2000.

Schoder, Detlef, Fischbach, Kai (2003): Peer-to-Peer-Netzwerke für das Ressourcenmanagement. In: Wirtschaftsinformatik, 45 (2003) 3, S. 313-323.

Schoder, Detlef; Madeja, Nils; Vollmann, Christian (2006): Explaining the Success of NTT DoCoMo's I-Mode. The Concept of Value Scope Management. In: M. J. Shaw (Hrsg.): E-Commerce and the Digital Economy. Armonk, London 2006, S. 214-225.

Schumpeter, Joseph A. (1934): The Theory of Economic Development. Cambridge u. a. 1934.

Schumpeter, Joseph A. (1959): Capitalism, socialism and democracy. 8. Aufl., London 1959.

Schwarz, Andrew; Mehta, Manjari; Johnson, Norman; Chin, Wynne W. (2007): Understanding Frameworks and Reviews: A Commentary to Assist us in Moving our Field Forward by Analyzing our Past. In: The Data Base for Advances in Information Systems, 38 (2007) 3, S. 29-50.

Scotchmer, Suzanne (1991): Standing on the Shoulders of Giants: Cumulative Research and the Patent Law. In: Journal of Economic Perspectives, 5 (1991) 1, S. 29-41.

Selz, Dorian (1999): Value Webs. Emerging forms of fluid and flexible organizations. Bamberg 1999.

Selznick, Philip (1957): Leadership in administration. A sociological interpretation. Evanstaon u. a. 1957.

Shan, Weijian (1990): An Empirical Analysis of Organizational Strategies by Entrepreneurial High-technology Firms. In: Strategic Management Journal, 11 (1990) 2, S. 129-139.

Shankland, Stephen (1998): Linux shipments up 212 percent. In: CNET News, Ausgabe vom 16.12.1998. Im Web unter: http://news.cnet.com/2100-1001-219214.html.

Shapiro, Carl (2000): Navigating the Patent Thicket: Cross Licenses, Patent Pools, and Standard Setting. In: Innovation Policy and the Economy, 1 (2000), S. 119-150.

Shapiro, Carl; Varian, Hal (1998): Information Rules. A Strategic Guide to the Network Economy. Boston 1998.

Shapiro, Carl; Varian, Hal (1999): The Art of Standards Wars. In: California Management Review, 41 (1999) 2, S. 8-32.

Shepard, Andrea (1987): Licensing to Enhance Demand for New Technologies. In: RAND Journal of Economics, 18 (1987) 3, S. 360-368.

Siebenhaar, Hans-Peter (2008): Bertelsmann druckt Internet-Lexikon Wikipedia als Buch. In: Handelsblatt, 79, Ausgabe vom 23.04.08, S. 16.

Simon, Hermann (1988): Management strategischer Wettbewerbsvorteile. In: H. Simon (Hrsg.): Wettbewerbsvorteile und Wettbewerbsfähigkeit. Wiesbaden 1988, S. 1-17.

Simpson, Luke (2009): Wireless Wars: Jailbreaking, Unlocking and the DMCA. In: Wireless Week, Ausgabe vom 01.04.2009, S. 22 f.

Sirmon, David G.; Hitt, Michael A.; Ireland, R. Duane (2007): Managing Firm Resources in Dynamic Environments to Create Value: Looking Inside the Black Box. In: Academy of Management Review, 32 (2007) 1, S. 273-292.

Sobrero, Maurizio; Schrader, Stephan (1998): Structuring Inter-firm Relationships: A Meta-analytic Approach. In: Organization Studies, 19 (1998) 4, S. 585-615.

Specht, Günter; Beckmann, Christoph; Amelingmeyer, Jenny (2002): F&E-Management. Kompetenz im Innovationsmanagement. 2. Aufl., Stuttgart 2002.

Spender, John-Christopher (1989): Industry recipes. An enquiry into the nature and sources of managerial judgement. Oxford u. a. 1989.

Spender, John-Christopher (1994): Organizational Knowledge, Collective Practice and Penrose Rents. In: International Business Review, 3 (1994) 4, S. 353-367.

Spender, John-Christopher (1996): Making Knowledge the Basis of a Dynamic Theory of the Firm. In: Strategic Management Journal, 17 (1996) Special Issue, S. 45-62.

Staehle, Wolfgang H.; Conrad, Peter; Sydow, Jörg (1999): Management. Eine verhaltenswissenschaftliche Perspektive. 8. Aufl., München 1999.

Stäuble, Markus (2008): Ein bisschen Freiheit – Entwicklung mit dem iPhone SDK. In: IX, 21 (2008) 5, S. 131-133.

Stahlknecht, Peter; Hasenkamp, Ulrich (2002): Einführung in die Wirtschaftsinformatik. 10. Aufl., Berlin u. a. 2002.

Stalk, George; Evans, Philip; Shulman, Lawrence E. (1992): Competing on Capabilities: The New Rules of Corporate Strategy. In: Harvard Business Review, 70 (1992) 2, S. 54-66.

Stallman, Richard (1999): The GNU Operating System and the Free Software Movement. In: C. DiBona (Hrsg.): Open sources: voices from the open source revolution. Beijing u. a. 1999.

Steel, Emily (2008): MySpace Weds the Wider Web – Like Facebook, New Tools Share User Data Across Sites – Wall Street Journal, Ausgabe vom 09.12.2008, S. B.5.

Steinmann, Horst; Schreyögg, Georg; Koch, Jochen (2005): Management. Grundlagen der Unternehmensführung. 6. Aufl., Wiesbaden 2005.

Stieglitz, Nils; Heine, Klaus (2007): Innovations and the Role of Complementarities in a Strategic Theory of the Firm. In: Strategic Management Journal, 28 (2007) 1, S. 1-15.

Strauss, Anselm L.; Corbin, Juliet M. (1990): Grounded Theory Research: Procedures, Canons and Evaluative Criteria. In: Zeitschrift für Soziologie, 19 (1990) 6, S. 418-427.

Strübing, Jörg (2002): Just do it? Zum Konzept der Herstellung und Sicherung von Qualität in grounded theory-basierten Forschungsarbeiten. In: Kölner Zeitschrift für Soziologie und Sozialpsychologie, 54 (2002) 2, S. 318-342.

Strübing, Jörg (2004): Grounded theory. Zur sozialtheoretischen und epistemologischen Fundierung des Verfahrens der empirisch begründeten Theoriebildung. Wiesbaden 2004.

Sull, Donald N. (1999a): The Dynamics of Standing Still: Firestone Tire und Rubber and the Radial Revolution. In: The Business History Review, 73 (1999) 3, S. 430-464.

Sull, Donald N. (1999b): Why Good Companies Go Bad. In: Harvard Business Review, 77 (1999) 4, S. 42-50.

Surowiecki, James (2004): The wisdom of crowds. Why the many are smarter than the few and how collective wisdom shapes business, economics, society and nations. London 2004.

Tanriverdi, Hüseyin (2005): Information Technology Relatedness, Knowledge Management Capability, and Performance of Multibusiness Firms. In: MIS Quarterly, 29 (2005) 2, S. 311-334.

Tapscott, Don; Williams, Anthony D. (2006): Wikinomics. How mass collaboration changes everything. New York 2006.

Taylor, Frederick W. (1911): The principles of scientific management. New York, London 1911.

Teece, David J. (1984): Economic Analysis and Strategic Management. In: California Management Review, 26 (1984) 3, S. 87-110.

Teece, David J. (1986): Profiting From Technological Innovation: Implications for Integration, Collaboration, Licensing and Public Policy. In: Research Policy, 15 (1986) 6, S. 285-305.

Teece, David J. (1992): Competition, Cooperation, and Innovation: Organizational Arrangements for Regimes of Rapid Technological Progress. In: Journal of Economic Behavior und Organization, 18 (1992) 1, S. 1-25.

Teece, David J. (1996): Firm Organization, Industrial Structure, and Technological Innovation. In: Journal of Economic Behavior & Organization, 31 (1996) 2, S. 193-224.

Teece, David J. (2000): Managing Intellectual Capital. Organizational, Strategic, and Policy Dimensions. Oxford u. a. 2000.

Teece, David J.; Pisano, Gary; Shuen, Amy (1997): Dynamic Capabilities and Strategic Management. In: Strategic Management Journal, 18 (1997) 7, S. 509-533.

Thomke, Stefan (2003): Experimentation Matters: Unlocking the Potential of New Technologies for Innovation. Boston 2003.

Thomke, Stefan; von Hippel, Eric (2002): Customers as Innovators: A New Way to Create Value. In: Harvard Business Review, 80 (2002) 4, S. 74-81.

Tidd, Joe; Trewhella, Martin J. (1997): Organizational and Technological Antecedents for Knowledge Acquisition and Learning. In: R&D Management, 27 (1997) 4, S. 359-375.

Tietzel, Manfred (1981): Die Ökonomie der Property Rights: ein Überblick. In: Zeitschrift für Wirtschaftspolitik, 30 (1981) 3, S. 207-243.

Toffler, Alvin (1980): Die Zukunftschance. Von der Industriegesellschaft zu einer humaneren Zivilisation. München 1980.

Torvalds, Linus; Diamond, David (2001): Just for fun. The story of an accidental revolutionary. New York 2001.

Tushman, Michael L.; Anderson, Philip (1986): Technological Discontinuities and Organizational Environments. In: Administrative Science Quarterly, 31 (1986) 3, S. 439-465.

Tushman, Michael L.; O'Reilly, Charles A. (2002): Winning through innovation. A practical guide to leading organizational change and renewal. Boston 2002.

Ulhøi, John P. (2004): Open Source Development: A Hybrid in Innovation and Management Theory. In: Management Decision, 42 (2004) 9, S. 1095-1114.

Ullrich, Frank (2004): Verdünnte Verfügungsrechte. Konzeptualisierung und Operationalisierung der Dienstleistungsqualität auf der Grundlage der Property Rights Theorie. Wiesbaden 2004.

Urban, Glen I.; von Hippel, Eric (1988): Lead User Analysis for Development of New Industrial Products. In: Management Science, 34 (1988) 5, S. 569-582.

Veugelers, Reinhilde; Cassiman, Bruno (1999): Make and Buy in Innovation Strategies: Evidence from Belgian Manufacturing Firms. In: Research Policy, 28 (1999) 1, S. 63-80.

von der Oelsnitz, Dietrich; Busch, Michael W. (2008): Die Bedeutung transaktiver Gedächtnissysteme für die Informationsproduktion in Teams. In: Zeitschrift für Betriebswirtschaft, 78 (2008) 4, S. 367-396.

von Hippel, Eric (1986): Lead Users: A Source of Novel Product Concepts. In: Management Science, 32 (1986) 7, S. 791-805.

von Hippel, Eric (1988): The sources of innovation. New York u. a. 1988.

von Hippel, Eric (1994): 'Sticky Information' and the Locus of Problem Solving: Implications for Innovation. In: Management Science, 40 (1994) 4, S. 429-439.

von Hippel, Eric (2001): Perspective: User toolkits for innovation. In: Journal of Product Innovation Management, 18 (2001) 4, S. 247-257.

von Hippel, Eric (2005): Democratizing Innovation. Cambridge 2005.

von Hippel, Eric; von Krogh, Georg (2003): Open Source Software and the 'Private-Collective' Innovation Model: Issues for Organization Science. In: Organization Science, 14 (2003) 2, S. 209-223.

von Hippel, Eric; von Krogh, Georg (2006): Free Revealing and the Private-Collective Model for Innovation Incentives. In: R&D Management, 36 (2006) 3, S. 295-306.

von Krogh, Georg; Spaeth, Sebastian; Haefliger, Stefan (2005): Knowledge reuse in open source software: an exploratory study of 15 open source projects. Proceedings of the 38th Annual Hawaii International Conference on System Sciences, Hawaii 2005.

Wade, Michael; Hulland, John (2004): Review: The Resource Based View and Information Systems Research: Review, Extension and Suggestions for Future Research. In: MIS Quarterly, 28 (2004) 1, S. 107-142.

Wagner, Stephan M.; Hoegl, Martin (2006): Involving Suppliers in Product Development: Insights from R&D Directors and Project Managers. In: Industrial Marketing Management, 35 (2006), S. 936-943.

Weiser, Mark (1991): The Computer of the 21st Century. In: Scientific American, 256 (1991) 3, S. 94-104.

Wernerfelt, Birger (1984): A Resource-based View of the Firm. In: Strategic Management Journal, 5 (1984) 2, S. 171-180.

Wernerfelt, Birger (1989): From Critical Resource to Corporate Strategy. In: Journal of General Management, 14 (1989) 3, S. 4-12.

West, Joel (2003): How Ppen is Open Enough? Melding Proprietary and Open Source Platform Strategies. In: Research Policy, 32 (2003) 7, S. 1259-1285.

West, Joel; Gallagher, Scott (2006a): Challenges of Open Innovation: The Paradox of Firm Investment in Open-Source Software. In: R&D Management, 36 (2006) 3, S. 319-331.

West, Joel; Gallagher, Scott (2006b): Patterns of Open Innovation in Open Source Software. In: H. W. Chesbrogh; W. Vanhaverbeke; J. West (Hrsg.): Open Innovation: Researching a New Paradigm. Oxford u. a. 2006, S. 82-106.

Wiede, Thomas; Knüwer, Thomas (2009): Ein Russe zieht ins Silicon Valley. In: Handelsblatt, 101, Ausgabe vom 28.05.2009, S. 13.

Wikipedia (2009): Wikipedia-Richtlinien. Im Web unter http://de.wikipedia.org/wiki/Wikipedia:Richtlinien. Abrufdatum: 11.07.2009.

Williamson, Oliver E. (1981): The Modern Corporation: Origins, Evolution, Attributes. In: Journal of Economic Literature, 19 (1981) 4, S. 1537-1568.

Williamson, Oliver E. (1985): The economic institutions of capitalism. Firms, markets, relational contracting. 2. Aufl., New York 1985.

Williamson, Oliver Eaton (1975): Markets and hierarchies: analysis and antitrust implications. A study in the economics of internal organization. New York u. a. 1975.

Windrum, Paul (2004): Leveraging Technological Externalities in Complex Technologies: Microsoft's Exploitation of Standards in the Browser Wars. In: Research Policy, 33 (2004) 3, S. 385-394.

Wingfield, Nick (2008): IPhone Software Sales Take Off: Apple's Jobs. In: Wall Street Journal, Ausgabe vom 11.08.2008, S. B.1.

Winter, Sidney G. (2000): The Satisficing Principle in Capability Learning. In: Strategic Management Journal, 21 (2000) 10-11, S. 981-996.

Winter, Sidney G. (2003): Understanding Dynamic Capabilities. In: Strategic Management Journal, 24 (2003) 10, S. 991-995.

Wittmann, Waldemar (1959): Unternehmung und unvollkommene Information. Unternehmerische Voraussicht, Ungewißheit und Planung. Köln u. a. 1959.

Yin, Robert K. (2009): Case study research. Design and methods. 4. Aufl., Los Angeles u. a. 2009.

Zäpfel, Günther (2000): Strategisches Produktions-Management. 2. Aufl., Berlin u. a. 2000.

Zahay, Debra; Griffin, Abbie; Fredericks, Elisa (2004): Sources, Uses, and Forms of Data in the New Product Development Process. In: Industrial Marketing Management, 33 (2004) 7, S. 658-666.

Zahn, Erich; Foschiani, Stefan; Tilbein, Meike (2000): Wissen und Strategiekompetenz als Basis für die Wettbewerbsfähgkeit von Unternehmen. In: P. Hammann; J. Freiling (Hrsg.): Die Ressourcen- und Kompetenzperspektive des Strategischen Managements. Wiesbaden 2000, S. 47-68.

Zahra, Shaker A.; Covin, Jeffrey G. (1993): Business Strategy, Technology Policy and Firm Performance. In: Strategic Management Journal, 14 (1993) 6, S. 451-478.

Zahra, Shaker A.; George, Gerard (2002): Absorptive Capacity: A Review, Reconceptualization, and Extension. In: Academy of Management Review, 27 (2002) 2, S. 185-203.

Zerdick, Axel; Picot, Arnold; Schrappe, Klaus; Artopé, Alexander; Goldhammer, Klaus; Heger, Dominik H.; Lange, Ulrich T.; Vierkant, Eckart; López-Estocobar, Esteban; Silverstone, Roger (2001): Die Internet-Ökonomie: Strategien für die digitale Wirtschaft. 3. Aufl., Berlin u. a. 2001.

Zhang, Michael J. (2007): Assessing the Performance Impacts of Information Systems from the Resource-Based Perspective: An Empirical Test of the Indirect Effect of IS. In: Journal of Business Strategies, 24 (2007) 2, S. 141-164.

The manufacturer's authorised representative in the EU is Springer
Nature Customer Service Centre GmbH, Europaplatz 3, 69115 Heidelberg,
Germany. If you have any concerns regarding our products, please
contact ProductSafety@springernature.com

Printed and bound by CPI Group (UK) Ltd, Croydon, CR0 4YY

23/04/2026

02095641-0006